内澤旬子の島へんろの記

光文社

目次

本文デザイン　寄藤文平＋古屋郁美（文平銀座）
本文イラスト・編集協力　大林慈空

I

四海線を、北へ

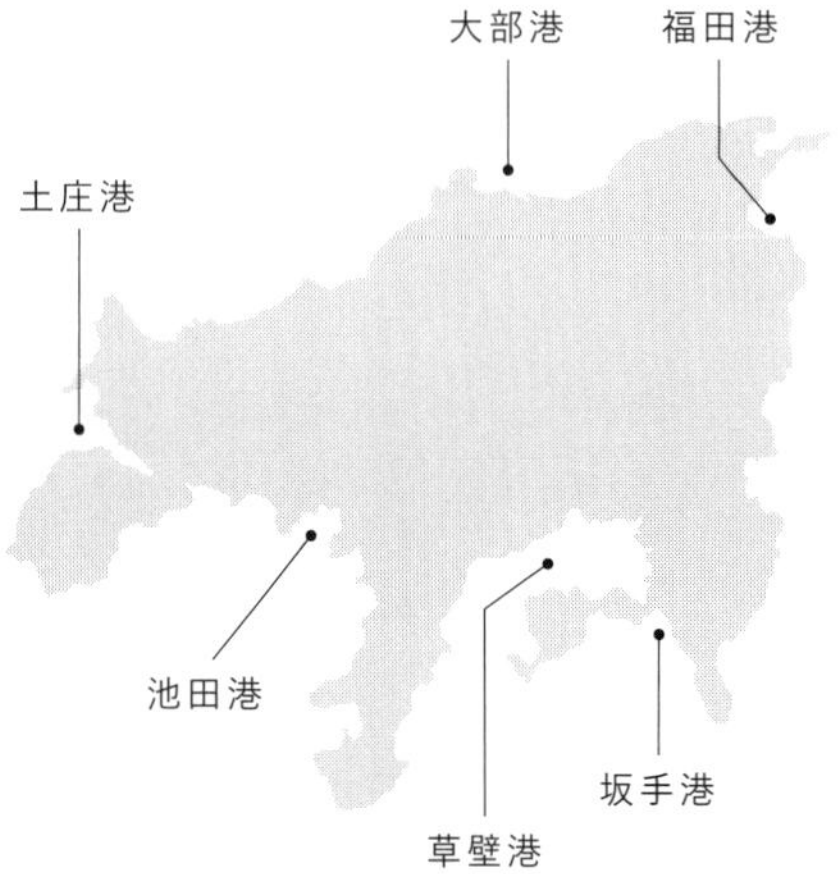

1 悟りの世界よ、こんにちは

小豆島のお遍路回ってみようかな。そんな気持ちになったのは、小豆島に移住してから三年ほど経った頃のことだ。島に遊びに来た友人を案内していて、お遍路回りをしてみたいのだけどどうしたらいいのかと聞かれ、愕然とした。あれ、そういえばどこに連れて行けばいいのだろう。

小豆島というのは、瀬戸内海の、香川県と岡山県の間あたりに位置している。豊島《てしま》、直島《なおしま》などとともに香川県に属する。小さいようで大きく、大きいようで小さい。いや、たぶん瀬戸内出身でもなく、島マニアでもない人は、名前の通り豆粒みたいな島で、港のまわりに寄り添う個人商店で買えるもので暮らしを賄《まかな》う、というイメージを持つのではないだろうか。それよりは、はるかに大きい島です。

人口およそ二万八千人。こないだまで三万人と言われていたけど少子高齢化の波に押されて、ガックリ減ってます。海も綺麗だし景色もいいので、香川県の中でも移住者は多いのだけど、減るほうが多い。で、二万数千の規模というのがピンとこない人に続けて解説しますと、つい先年ひとつに合併するまで高校が二つもあった。そして昔は三つ、今は合併して土庄町《とのしょうちょう》と小豆島町の二町で構成。極め付きがコンビニの数。五つもある。全部セブンイレブンですが。

スーパーマーケットもあれば、ドラッグストアもあるし、百円ショップもホームセンターも、カラオケもある。ただし田舎の定番、イオンモールはありません。映画館も、なし。そんな感じです。少し摑《つか》めてきたでしょうか。

そして肝心の本土と島をつなぐ命綱、フェリーが就航する港が、なんと六つもある。土庄、福田、大部《おおべ》、坂手《さかて》、草壁《くさかべ》、池田《いけだ》。多すぎる。何年経っても全部一気に言えずにひとつ忘れてしまう。行き先もさまざまで、高松、神戸、岡山、姫路。昔は大阪に行く船もあったとか。瀬戸内海ってどこにでも海でつながってしまえるのだなあと思わされること、しきり。

関東で生まれ暮らしてきた身としては、島といえば東京都下の伊豆七島を思い浮かべるので、港は各島ほとんどひとつか二つだし、つながりも、伊豆半島か、東京方面かという

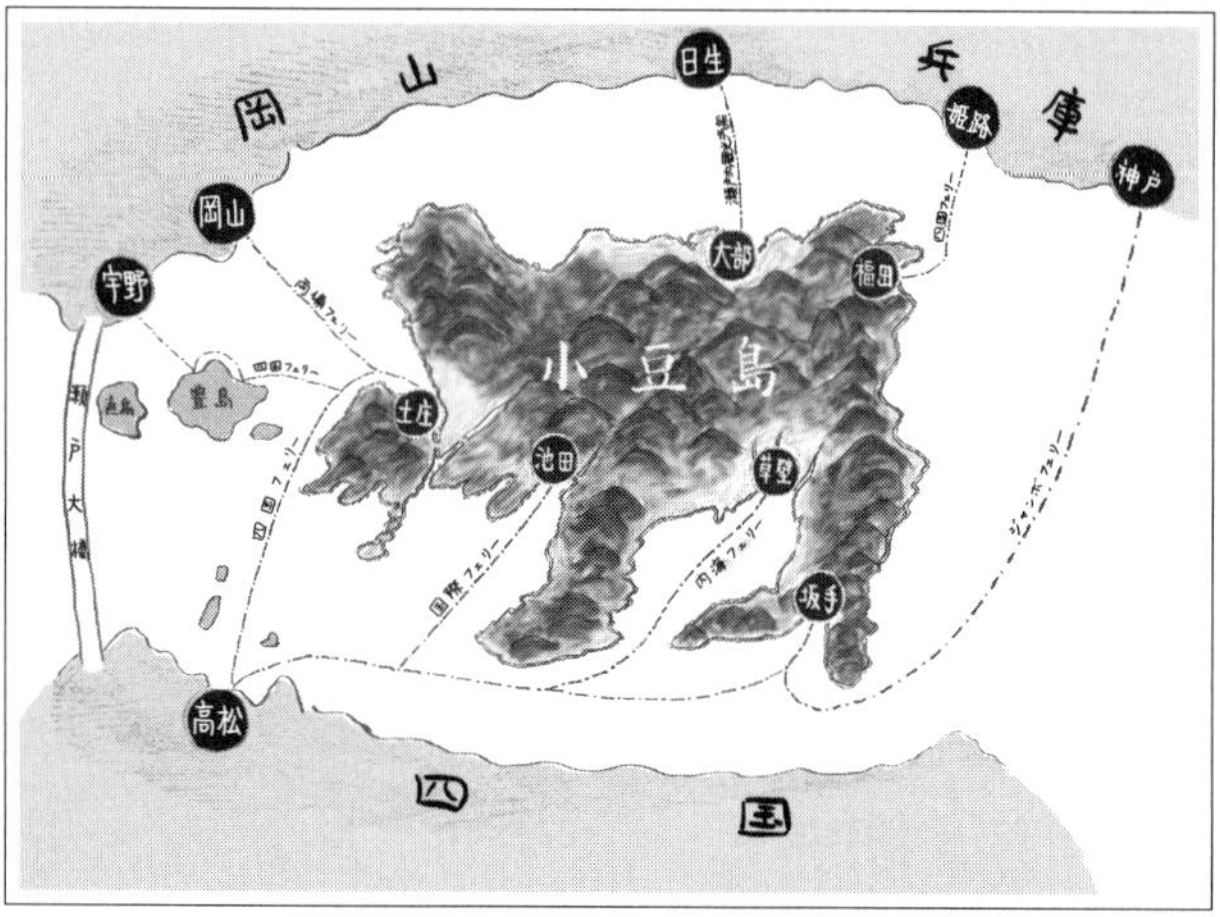

瀬戸内海に浮かぶ島の中で、淡路島に次ぐ大きさ。
この中に全行程150キロ、88の霊場がある

具合で、方向的にはひとつ。本州に無理矢理しがみつくようなイメージ。一方、まるで蜘蛛《くも》の脚のように四方に航路を延ばしている小豆島は、孤立感が非常に少ない。本州の中にいるようなものだ。瀬戸大橋ができて、四国が本州とつながって以降、余計に生け簀《す》、じゃなくて内海の中にいる感じが強い。

　という島である。当然のことながら、一日歩けばぐるっと一周できるなどという広さではない。はじめて来た時は、車で朝から夕方まで、一日かけて海岸線を一周、案内していただいたくらい。当然お遍路巡礼も、一日で回りきるなどということは、できそうにない。なにしろ札所の数は四国と同じ、八十八もあるのだ。

そう、四国と同じで八十八の霊場があるってことは、なんとなく知っていた。車でその辺を走っていれば、「第〇番札所　〇〇寺」という看板に出くわす。歩いていると「へんろ道」と書いた指さし看板も、ちょこちょこついている。え、ここが⁇　けもの道じゃないの？　というような山の小道を指していることも多くて、ぎょっとするのだ。

　四国の八十八か所を歩いたことがあるわけではない。高松近辺のいくつかのお寺は車で立ち寄ったことはある。どこも島の寺院に比べて巨大で、はじめの門をくぐって大木が並ぶ風情ある参道を歩くだけで、まあまあ大変であり楽しめた。ただし、友人のエッセイスト宮田《みやた》珠己《たまき》氏の『だいたい四国八十八ヶ所』（集英社文庫）によれば、巡礼路の全体を俯瞰《ふかん》すると、ほとんどが国道のつまんない道だという。そりゃそうだろうなと当時は妙に納得した。あれだけ大きい島、じゃないや、四国なのだもの。

　ともかく足のマメが痛いことと、イマドキの全国一律同じデザインのチェーン店が軒を連ねる国道を延々と歩くシーンばかりが記憶に残っているのだけれど、面白かった。いや、あれだけつまらなそうな道中なのに一冊退屈させずに読ませてしまう宮田さんの筆力に、ひたすら感心したのだった。

　自分で歩かずに決めつけて、大変恐縮なのであるが、歩く前から思うのだけど、小豆島の遍路道、結構それなりに昔ながらの道が残っているんじゃなかろうか。自分が知っているだけでも、県道や国道に並行して、牛が醤油を運んでいた道などが残っている。アスファルト舗装しているけれど、並びは古い家ばかり。いや、小豆島の集落はどこもかしこも風情はとっても豊かなのだ。それこそ移住希望者が絶えず寄って来るのも、この集落と山と海の織りなす景色がとても素晴らしいからなのだと思う。なにがどうというわけではないのだが、高松や岡山郊外の国道を走っている時に感じる味気ない気持ちには、ならない。チェーンのドラッグストアやスーパーマーケットもあるのだけど、必要最小限で、町の景観を邪魔するほどではないのが、いいのだ。

　で、遍路をするとして、どこから始めればいいかとか、そういうガイド的な何かが、霊場一覧が載ってる地図一枚でいいんだけど、欲しい。私は友人を連れて土庄港に向かった。港の中で一番大きくて、フェリーと高速艇の本数も高松便だけで一日三十本を超える。岡山便もある。フェリー乗り場と高速艇乗り場の間に立つ土産物店と食堂のどこかに観光案内的なチラシやガイドブックを置く場所もあったような気がするよ。なにしろ一番たくさんの観光客が出入りする場所だもの。なにかあるはず。

　あれ⁇　ないのだ。なんにも、ない。いや、普通のイラストマップとかは置いてますけどね。巡礼用の地図が、なーい。ガイドブックも、なーい。嘘でしょう⁇　せめてお遍路をはじめたい人はあそこに行ってくださいみたいな、張り紙とか、そういうのも、ない

結願までず〜っとお世話になりっぱなしだった慈空さん

の⁇　すみずみ、置いてあるチラシや本をほじくりまわして、見つけたのは、「小豆島パワースポット巡り」という地図のみ。霊場の番号と位置が書かれてある地図はないのか⁇

「ああ、お寺は観光スポットではなく、参拝する場所だという考えが根強くあって、観光と遍路が一緒に扱われることがないのが現状です。それもわからなくないのですが……」

と、教えてくださったのは、常光寺《じょうこうじ》副住職の大林慈空《おおばやしじくう》さん。小豆島遍路でわからないことがあったら、この人に聞くしかない。そう思って土庄港から車を飛ばしてきた。

慈空さんは、システムエンジニアの仕

事をやめ、母堂の実家である常光寺を継ぐために、高野山での修行を経て島にIターンしてきた。普段は常光寺からずんずんと山奥にあがったところにある碁石山《ごいしざん》という山岳霊場にいる。

小豆島を一番初めに訪ね、車で一周している時に、連れて来られて護摩祈禱《ごまきとう》していただいた。移住後はフェイスブックでご活躍を拝読しているのだが、小豆島の移住者同士のネットワーク作りや、移住者と地元の人とをつなげる交流会を開いたりと、とても活発に活動している。さらに小豆島遍路を盛り上げようと、女子へんろ、卒業へんろと、女性や中高生を対象にした一日遍路体験なども企画運営されている。すごいバイタリティだ。頭が下がる。私自身は人が集まるところが苦手なので、ネットで拝見しているだけだけれど、こうやって若い世代の方々が積極的に島の未来を考えて活動しているのは、本当に心強く、ありがたいことだと思う。

女子へんろも、お誘いが回って来たのであるけれど、「女子」という歳でもないし、なにより若い女の子たちとぺちゃくちゃしゃべりながら歩くのは、ちょっと気おくれする。ちょうど当時住んでいた家の前が、遍路道に該当していて、一度女子へんろの一行を見送ったことがある。すごく楽しそうだった。うちで飼っているヤギを見つけて歓声が上がっていた。そりゃあまあ、集団で歩けばハイキング的にならないほうが変だし。ごく自然の成り行き。
「遍路をするなら、歩き遍路がいいですよ。そしてやっぱりひとりでいくのが一番いいです」

え、そうなんですか。

私の中での遍路とは、やはり巡礼であって、もし、霊場をきっちり回るというのならば、自分なりにちゃんと祈りたい。それくらいの気持ちは、ある。

けれども、基本的には霊場巡礼は組織的に行われてきた。ひとり歩きは、小豆島に限ってなのかどうか知らないけれど、とても少ない。バスツアーもそうだし、何度かフェリーの中などで見かけたことがあるけれど、先達《せんだち》さんというリーダーに連れられて、五、六人のグループで全国からやってくるのが一般的だ。

先達制度は、昭和十年頃に設けられた。小豆島霊場会が、遍路団体を世話し指導する「先達」たちを認証している。彼らは地元婦人会なのか、お寺の檀家さんの集まりなのか。四国巡礼が終わったら次は小豆島にという具合に、全国各地の巡礼路を、年に一度出かけては回るのだろうか。島から四国巡礼に向けて出かけるグループも、フェリーで見かける。もちろん高齢者中心。一昔前ならば、参拝講も多くあったろう。

だけど信仰心が篤いわけでもないし、社会人になってからずっと、神仏に本気ですがったこともない人間が、今すぐに霊場会が組織する信仰心の篤そうなグループに参加して巡拝しろと言われても、大変に荷が重い。高齢の方々が多そうだしなあ。住んでる地域のお寺の檀家になったら、そういう誘いもひょっとしたらあるのかもしれないけれど、お墓を買う気も、今のところないし。

　慈空さんはそんな移住者や、小豆島に個人旅行で来る若い人たちをよく知っていたからこそ女子へんろを企画したのだろうな、というのもわかっていた。そう、もう少し気軽に体験したい人に向けてということ。そして卒業へんろは、小豆島で生まれ育ち学び、外に出ていく若者たちに、島のことを知ってほしいという気持ちで企画したのだろう。車社会だし部活と塾に追われてるんだろうし、島生まれの若い子たち、歩いてなさそうだもんな。

「いや、それが企画して実際に歩いてみると、女子へんろ、みんなよくしゃべるんですよ。歩きながら。ず————っと」

　そりゃそうなるさ、女子だもの。女性は集まればしゃべる生き物です。ちょっと可笑《おか》しくなった。彼としてはもう少し修行という気持ちをもって取り組んで歩いてほしかったようだ。そして歩くことで、小豆島の素晴らしさも伝えたい。そう、島に三年住んだところで生活圏と観光地以外の場所を訪ねる機会はほとんどない。集落名が話に出てきても、なかなかピンと来ないという移住者は多い。これには私も全く同感で、すみずみまで歩いてみたいという気持ちがあるのだよなあ。

　それから慈空さんはいろいろと小豆島の霊場の成り立ちについて、巡礼路がどのように決まったかなどなど、どんどんと話をしてくださった。どれもこれも、とても面白い。よく調べていらっしゃるし、弁も立つ。さすが僧侶。彼自身が一冊の小豆島巡礼の本を書いたほうがいいと思って、最初は新書にできないかと画策したのだけれど、それはあえなく撃沈となった。しかし私もいつか歩き遍路をしてみたいと、決意したのだった。

　そうこうしているうちに、私自身に変化が起きた。乳癌になって四度にわたる手術の間にも、仏神にすがることなく、死なば死ね、殺せ、とひねくり返って生き残ってきた。そしてそのままどういうわけか、癌になる前よりも元気になり、小豆島に移住し、ヤギと楽しく暮らしてきたのだが、ストーカー被害に遭ったことなどいくつかの出来事をきっかけに、ふと弱気になった。

　宗教に、広義に言えばスピリチュアルな非科学的なモノ全般に対して、かたくなに距離を置いて生きてきた。いや、科学がいまだ解明できないことがたくさんあることも、わかっている。それでも、信心で病気が治るとも思っていないし、死ねばすべて終わりで、霊がウロウロしているとかも、信じていない。霊感も、ないはず。癌に効くという健康食品にも、願いが叶うパワーストーンの類《たぐい》にも、なるべく近づかずに済ませてきた。貧乏だから、というのも大きかった。しかしそれらを嫌悪するようになった根本の原因は、貧困ではない。オウム真理教の信者が起こした一連の無差別殺人事件の影響である。

もう大昔のことで、仕事でご一緒する編集者の方々も、地下鉄サリン事件が起きた一九九五年はまだ子どもだったからよく覚えていないという人のほうが多くなった。バブル世代の私たちがあとから連合赤軍のあさま山荘事件を書物で知ったように、いまや若い人にとってあの事件は、知識としてあとから読んで知る過去の事件となってしまった。

私自身がオウム真理教に関わったわけではない。オウム真理教の活動が一番活発だった八〇年代後半、私は渋谷区にある國學院大學に通う大学生であった。女子大生という言葉がメディアで持て囃《はや》されて、高級ブランドのバッグを持って、シーズンスポーツサークルに入るような、浮かれた学生たちが東京の盛り場には溢《あふ》れかえっていた。

しかし一方で、放蕩《ほうとう》をよしとする風潮に乗り切れない学生たちも、たくさんいたのである。主に実家が金持ちでもなく、だからといって荒稼ぎのアルバイトもできない、真面目で要領の悪い学生たち。私が通った大学は渋谷にありながら、むしろ地味な学生が多数派だった。消費ばかりが礼賛される世の中はどこかおかしいと考える学生も多かった。それを狙うように、オウム真理教だけでなく実に多彩な新興宗教団体が、駅や通学路だけでなく、キャンパス内を跋扈《ばっこ》していた。歩いていれば、勧誘を受けた。

そして私はといえば。恥を語るのは気が引けるのだが、ここを語らないと前に進めないのでしばらくご辛抱いただきたい。高校生の時から仏教に興味を抱いて古語辞典の仏画を模写しているような、少女であった。受験勉強もそっちのけで本を読み、哲学科に潜り込んで、すぐに北鎌倉の円覚寺の学生座禅会に参禅。今でいうなら、スピリチュアル系仏教女子とでも呼べばいいのだろうか。エキセントリックな女学生であった。しかも当時の学問の流行は、ニューアカデミズム。中沢新一の『チベットのモーツァルト』（講談社学術文庫）を読んで、自分も頭のてっぺんに棒を突き刺してズコズコしてみたいと胸をときめかせていた。実際にあれを読んでチベットに行っちゃった男子学生も結構いたと思う。

そして宗教学者で神道家でもある鎌田東二先生の講座にお邪魔するようになり、さらに異界や悟りへの興味を高めてゆく。先生を慕って集う学生たちの中には、新興宗教に実際に入信したり出入りしている者もいた。オウム真理教はいなかったけど。君の前世を見てもらいに行かない？　などというお誘いも普通にあった。今思い返すと不可思議な空間だった。

宗教学者自身が学問的、客観的な視点で宗教を研究するのではなく、自ら入信することが、当時は革新的ですごいことだとされていたし、新興宗教だからといって否定的な態度を取らずに、研究対象として扱う研究者も出てきていて、それらを私は、おそらく周辺にいた学生たちは、すごくカッコいいことと捉えていた。そんな流れの中で、オウム真理教の教祖麻原彰晃は、宗教学者と雑誌対談などに出たりしていた。

二年生になると、円覚寺の座禅会には、各シーズンに数日合宿形式で行われる学生座禅会だけでは足らずに土日座禅会にも顔を出すようになっていた。座っている時の、静謐《せいひつ》な時間が好きだった。だれとも話さず、静かに自己を見つめる。当時の私には自分とはなにかという問いもなく、ひたすら自己嫌悪からの逃避に使っていたように思う。悟りなど簡単に得られるとは思っていなかった。いや、悟りたいと思う気持ちすらも、エゴイスティックで厭《いと》わしかった。

作法をひとつずつ覚え、最初は厳しいと感じたものの、身体が臨済禅の接心作法を体得するうちに、少しばかり楽に動くことができるようになってくる。すると黙って呼吸に集中して座っていればいい空間が、結構楽ちんにも思えてくる。できるようになったという嬉しさもあった。そんな頃、ある僧侶から「こんなところにいないで、早く娑婆《しゃば》に出て行きなさい」と言われる。

他の学生もいただろうか。言われた時には意味がわからなかった。実は両親からも、座禅会に行くことについて激しい叱責を受けていた。どうしてなのか、さっぱりわからない。新興宗教に入信して多額の献金をしようとするならば、親が嫌がるのは理解できる。しかし、古刹《こさつ》の伝統的な座禅会に通っているだけなのですが。むしろ勉強熱心だと褒《ほ》められてしかるべきなのでは、とすら思った。合コンに明け暮れている女子大生よりよっぽどマシではないか。

今ならば、大人たちの気持ちが少しわからなくもない。放っておけよと思うけれども。

厭世的に暮らし、かつ半端に宗教哲学を学んだ四年間のツケは、当然ながら就職活動にいかんなく発揮された。誰もが簡単に大企業の内定がとれたあの時代に、なかなか就職先も決まらず、さらに決まった先は労基もへったくれもないファミリー系独裁組織で、半年で音を上げた。次に親のいいなりに決めた経理事務の仕事についたものの、経理の世界にまったく適性がなく、こちらからも逃げ出し、追い詰められた末に、趣味で描いていたイラストで、なんとか仕事を得るようになる。

九五年は、挿絵やイラストルポの仕事で、貧乏ながらも暮らしていけるようになっていた。事件が起こる直前の、オウム真理教が何をしたのか、しようとしているのかがだんだんと疑わしくなってきた頃も、鎌田東二や島田裕巳や中沢新一を愛読していた私は、オウム真理教にシンパシーを持っていたわけではないが、世間は新興宗教に対しての偏見が強すぎると思っていた。信仰自体は悪いことではないのではないか。

当時はイスラム原理主義グループによるテロ事件もあったけれど、そう深刻に取りざたされるほどの脅威ではなかった。アメリカ同時多発テロが起きるのは六年後だ。ユーゴスラビア紛争のさなかだったけれども、宗教に民族の問題がからんでいたこともあり、宗教が本来持つ危険性を提起する声もなく、私自身、つきつめて考えることもなかった。

地下鉄サリン事件が起きて、茫然《ぼうぜん》とした。自分はなんて愚かだったのだろう。先にあげた研究者の先生方は、それぞれの立場で、果敢にこの問題に取り組んでいった。当時すさまじいバッシングを受けた方もいる。それはそれとして、私自身だ。ものすごくいい加減に、中途半端に先生方の教えを、宗教を、面白がって読んで、楽しんでいた。ただそれだけ。そういう時代であったといえばそれまでだけど、猛烈に恥じた。

そしてあまりの恥ずかしさに、私は宗教と、スピリチュアルと総称されるすべてのものから、自分を遠ざけた。霊も、超能力も、石の力も、なにもかも、信じない。踏み込まない。とにかく、娑婆でまっとうに生きていくことだけ、考えよう。

で、二十数年が経過した。人並みかどうかは測りようがないけれど、世間の荒波にも揉まれつつ、生きてくることができた。いや、実は最初のほうにも書いたが、癌になった時点で死んでもいいやと思っていたのに、一向に死なない。どころかどんどん体力がついている。なんなの自分。しかも前述したようにストーカー被害で刑事事件被害者になって。癌とはまた全然違うどうにもならないしんどさを背負い込むハメとなる。一方で、同病を支え合って来た友人や尊敬する先輩たちが、再発して闘病していたり、それも甲斐なく死んでしまう。これがしみじみと淋しく辛い。自分にその番を回してくれないことに落ち込む。新たに癌が見つかった友人も少なからずいる。こういう辛さをドコに吐き出せばいいのだろう。

そろそろ、信仰とか、スピリチュアルと言われるもの全般との付き合いを、考え直してみてもいいのではないだろうか。すぐに信仰を持ちたいというわけではない。いや一生持たない可能性もある。でもちょっとフウとかハァとか息をついて、祈ってみたい。そんな気持ちになりつつある。小豆島に来たのも何かの縁ということで、八十八か所を歩きつつ、自分なりの祈りを探してみようか。

2 マダムたちと「女子へんろ」

ひとりでお遍路巡礼する。しかも徒歩で。それは私の気持ちの中では、とてもしっくりすっぽりバッチリ嵌《は》まる行為。歩くという単純反復運動とともに、頭の中を空っぽにしたいともがくもよし、人智の及ばない大きな存在に、思いを馳《は》せてみるもよし。ひとりであるからこそ、自由にできる。そもそも団体行動も組織も苦手で、ひとりでいることは全く苦にならない。慈空さんに「遍路はひとりで歩くのがいい」と言われ、ちょっぴり嬉しく思った。

ただし問題がひとつある。猛烈な方向音痴をどうするか、だ。小豆島に来てから四年目となるのに、いまだに島を大まかに一周する国道県道以外の道が、ほとんどわからない。頭に入っていない。自宅から港、スーパーマーケット、役場、郵便局、そしてホームセンターといくつかの飲食店。あとは友人の家数軒。それ以外の場所を訪ねる機会は、とても少ない。

「島で生まれた人でも、自分の生活圏以外の場所を知らない人は結構多いんですよ。歩き遍路のいいところは、島の中をくまなく歩いて知ることができることです。それぞれの集落によってたたずまいも違います」と慈空さんは言う。

八十八か所に奥の院と番外の六札所を加えた九十四か所の中には、寺院や山岳霊場にまざって、堂庵《どうあん》なるものが五十ほどある。集落の真ん中にまさにちんまりと立っているそうだ。ああ、なんとか庵て書いてあるところですね。こんな小さな無人のお堂が札所なんだ、と思って眺めたことがある。無人だからといって、侮《あなど》るなかれ。運転中にチラッと見るだけだけど、いつもどこも綺麗に掃き清められ、千羽鶴などが飾られている。各集落の老人会か婦人会か、よくわからないけれど、毎日手入れに通っている方々がいると思われる。

お寺や山の霊場は、かしこまった、少し威圧的な空気すら感じられる場所であるが、堂庵は違う。長い年月そこに住む人々の暮らしの中に根付く、祈りの場という感じだ。堂庵の札所を訪ねるには、集落の中の細い路地を歩かねばならない場合も多々あるという。

「だからね、私は遍路する人には白装束をつけることを勧めています。普段着でも構わんのですが、住宅地の路地を歩く時に、不審者に間違われずに済むから」（慈空さん）

なるほど……。小豆島の場合、平地の面積が少ないせいか、集落の中の路地が細くてくねくねしているところがたくさんありそう。そういう路地を歩くのは風情があって楽しいだろうけれど、そこに住む方々にとってはどうか。島民である私自身、誰でもウェルカムな気持ちになれるとは、思えない。このご時世、洗濯物を干している時に知らない人がウロウロしていたら、ちょっと構えるのではないかな。

考え出したらどんどん気が重くなる。これが四国八十八か所やそのほかの巡礼地ならば、ここまで気にしない。よそ者として観光客として、好きなように（もちろん一定のマナーは守るけれど）歩くだろう。住んでいる島だからこそ、気になってしまう。ちょっと気恥ずかしいなと思っていたんですが、回る時はきっと白装束にします。気が小さいもので。

「私の印象ですけど、島で生まれ育った人の中でも、歩き遍路で一周回った人は、特に『島はひとつの島』ととらえて話をする人が多いように思います」（慈空さん）

そう。この島はもともと三つの町から成っていて、今は合併して二つとなったけれど、それぞれの縄張り意識が、大変高い。本州どころか四国から見たって小さな島にすぎないのに、二つの町で別々に観光パンフレットを作っていて、土庄町の特産品はごま油、小豆島町（旧池田町＋内海町）はオリーブオイルとなっている。土庄町でオリーブを育てている農家さんは⁇　なんてことがいくつもある。当然地区、集落ごとの意識も強い。交通機関や情報伝達手段が発達していなかった時代には、今よりもっと強かっただろう。それがさらに昔の、少なく見積もっても江戸時代から続く巡礼という行為によって、グローバルと言ったら大げさかもしれないけれど、ひとつの島として俯瞰する視点を獲得できる。実に面白い。

　グローバルと言えば、弘法大師は千年以上も前の人間なのに、とんでもない距離を移動していた。とはいえ、移動と俯瞰の末に得られるものを過信するのは危険だ。これでも私は世界三十か国は旅してきたけれど、何かを得たかと言われても、「どこもそれぞれ、違います。違いを尊重しながら楽しみましょう」くらいのことしか言えない。凡人なもので。もちろん素晴らしい経験だったのだけど。今回の巡礼を旅と呼ぶなら、おそらくこれまでの旅の中で、一番「家」から近い旅だ。

　ちょうど来月に「女子へんろ」の最後の会がありますよと、慈空さんに教えていただき、参加申し込みをした。今回の十一回目で、ちょうど全札所を制覇し、結願となるという。単発での参加も大丈夫とのこと。

　みんなで歩くのは得意ではないけれど、実際に歩くとどんな感じなのか、遍路のお作法や歩き方、読経の仕方などなど、知りたいことがたくさんある。こういうものかとわかりさえすれば、ひとりでもなんとかなるだろう。ちゃっと行ってさくっと体験してこよう。

その日の朝は、預かっていたヤギ、まさおの受け渡しがあった。そのままうちで飼うことも検討したのだが、先住のヤギ、カヨとの死闘が止まず。まさおを飼いたいと言うご夫婦が見つかったので、仲介する友人に運転を頼み、軽トラの荷台にまさおを載せ、私は助手席に乗り、土庄港そばの旭屋旅館からほど近いセブンイレブンで降ろしてもらった。

すでにたくさんの女性たちが来ていた。貸し出された白衣《はくえ》を身に着ける。背中には「南無《なむ》大師《だいし》遍照《へんじょう》金剛《こんごう》　同行二人」という筆文字。同行二人とは、弘法大師とともに二人でこの遍路道を歩きますという意味である。

参加料金三千円に含まれるという数珠《じゅず》代わりの薄紫色をしたパワーストーンのブレスレットを手首につけ、貸し出しの金剛杖《こんごうづえ》を持ち、同じく輪袈裟《わげさ》という艶々した綾織の布を何重かに折り縫い合わせた、幅六センチ、長さ九十センチ前後の布を渡された。両端に紐がついていて、結んであるため輪になっている。首に掛けて使う。真言、天台、浄土真宗などで用いられる、略式の袈裟なのだそうだ。トイレに行く時は外さねばならない。

白衣以外は普段着。「歩きやすい格好で来てください」と言われた通りにしてきた。十二月なので、日よけが必要というほどでもない。軽い日焼け止めで十分だ。今日のコースは前島《まえじま》。慈空さんを先頭に、長い列となって歩き始めた。歩きながら、橋を渡る時にはお大師様が橋の下で休んでいるかもしれないので杖をついてはいけない、というルールも教

海と山。風光明媚な遍路道をもくもくと歩く

わった。伝言ゲームのように後列に伝えていく。

参加者は、「女子」と名付けているけど実質は「マダム」が多い。ネットを見て、島の外や東京から来たという人もいた。

「内澤さん」と声をかけてくださったのは、以前に地区の集まりで一緒になった女性二人。「女子へんろ」だけでなく、島で行われるイベントによく参加しているようだった。島で働き、子育てもしている。

「先頭の慈空さんのすぐ後ろを歩くのが一番楽なのよ」と言う。

なるほど。先頭から離れるだけ、プレッシャーがかかりそう。約三十人の列はばらけていくとそれなりに長くなる。実は列の最後尾にはちゃんと人が配備されていた。

この「女子へんろ」、フェイスブックで以前からちらちら読んでいて、ショウドシマクリエイティブというグループが運営していることは知っていたが、想像よりずっとたくさんのスタッフが当日の運営にも関わっていた。最後尾で一緒に歩く人だけでなく、何かあった時のために、なんと併走車も準備。さらに、遍路道や参加者の様子を撮影する人、それから昼ごはんやお菓子を用意してくださる人までいる。

しかも、このお昼ごはんがとってもとっても美味《おい》しかった。私が参加した回では、これから小豆島に移住してレストランを開くという男性が豆のカレーライスを作ってくださった。小瀬《こせ》の自治会館を借りてくださっていて、到着すると待機していたスタッフさんたちが配膳してくれる。食後には、やっぱり移住してきた女性ちほちゃん――友人でもある――が、手作りドーナツを差し入れてくださった。差し入れと言っても、スタッフを合わせたら四十人分超えのドーナツ。しかもサクフワでこれもまた美味しい。

もうすみずみにまで、慈空さんとショウドシマクリエイティブのみなさんの配慮が行き届いていた。そこらの一日バスツアーよりも断然行き届いていた。機械的なところなど何ひとつなく、心がこもったおもてなし。チラシに書かれていた通り、「身体ひとつで来て」遍路体験ができる。これ、三千円でいいの？　と思った。スタッフの半数くらいは知人友人なので余計によくわかるのだが、彼らは本当に小豆島が好きで、生真面目な若者たち（とはいえ四十代も多い）なのだ。

　いや、配慮、おもてなしと呼ぶべきではない。あれは彼ら流の「お接待」なのだ。遍路体験を通して、小豆島を知ってほしい。美しい山、集落、海、すべてを体験してほしいという気持ちが溢れていた。また、集落の堂庵で、住民の方がミカンを配っていたり、飴をくださったりもした。堂庵の中には、腰かけて休む場所が設《しつら》えてある。これが伝統的「お接待」。ありがたいことです。

　記述が昼食の後に回ってとても恐縮だけど、最初に着いた西光寺《さいこうじ》で、肝心要《かなめ》の礼拝お作法の一通りを慈空さんからレクチャーしていただいた。礼拝がなければ遠足になってしまう。まずはお堂に入るときに鐘《かね》をつく。複数で礼拝する時にはひとりがつけばよい。住宅地の場合は小さめに。この鐘、礼拝を終えて札所を出る帰りについてはいけないのだ。これは帰り鐘、戻り鐘と言われるＮＧ行為。玄関のチャイムのようなものだと覚えておけばよい。

　そして堂内の入り口脇にある（もっと手前にある場合もある）杖立てに杖を入れて、中に入る。ロウソクを灯し、線香を立てる。結構な人数の団体だったので、ほとんどの人がロウソクと線香は遠慮していた。私も遠慮してしまった。で、読経だ。般若心経だけ唱えればいいというわけではない。

出発時に配布された、慈空さん手描きのイラストが入った折本に、唱えるべきお経が印字されてある。これがポケットサイズで持ち歩きにとてもよく、その後もずっと使い続けてぼろぼろになってしまった。団体で礼拝する場合、先達と呼ばれるリーダーは、何度もお遍路をして、道も作法もよく知った人だ。「女子へんろ」の場合は慈空さんだ。その先達が読経をリードする。「経頭」というワンフレーズは先達が唱え、尺やリズムを把握しつつ、その次から唱える。これは、読経初心者にとってはとてもありがたいシステム。独立して歩くとなると、ひとりで唱えなきゃならないのだが、読経というのは、大勢の中で繰り返して読むうちに自然と節やリズムをとれるようになるものだ。

　や、私が音痴だからだろうか。般若心経は、学生の時に一応経文を見ずに唱えることができるようになっていたのに、残念ながらすっかり忘れている。しかし忘れているとはいえ、唱えれば出てくる。経文を見ながらであれば、スイスイ出てくる。しかし臨済と真言《しんごん》の違いなのか、般若心経の前につく懺悔文《ざんげもん》には全く記憶がない。唱えたこともないのですぐにつっかかってしまう。

　そして般若心経の後の真言。本尊によって違う本尊真言、光明真言、このあたりは「ザ・密教」といわんばかりの独特のひらがな表記。「そわか」、とか「まにはんどま」、とか。唱えると脳内で千日行の阿闍梨《あじゃり》が走り出す（あくまでもイメージです）。おいおい、それは天台宗……と脳内で突っ込みが入る。すみません。慈空さんが木魚を叩くリズムの刻みがどうしても走り回ってる感じがして。しかし真言を自分で唱える日が来るとは思わなかったなあ。腹に力を籠《こ》めないと発音しにくい、不思議な文言だ。続いて大師宝号、つまり南無大師遍照金剛に、廻向文《えこうもん》。こちらは比較的すんなり唱えられる。

　読経についてのじくじくした思いや疑問は、今はいったん預けて、女子へんろ、そしてその先のひとり遍路でも、まずはきちんと唱えようと心に決めていた。心がこもっているのか微妙で大変申し訳ないが、遍路すると決めたのだから。

　しかし慈空さんの読経は素晴らしい。若く、張りのある声。斬り込むような節。生意気を言わせてもらうと、すごく彼の性格が出ていると思う。経文と真正面から向き合っている感じがする。

　朝の八時から歩きはじめて午前四つに午後五つ。小豆島を牛の形になぞらえると、前島というのは頭の部分にあたる。ほとんどが平らな海岸線で、途中なだらかな傾斜はあったけれど、辛いと感じることはなかった。むしろ、私の場合は、しゃべりながら歩くことが難しかった。息継ぎができなくなった。ふう。黙って歩くほうがリズムもとりやすいし、深い呼吸もできると思うのだが、本当にみなさんよくしゃべる。エンドレスにしゃべる。私もはじめのうちはおしゃべりに参加してみたけれど、息が苦しくなり止めた。

昼過ぎに霊場会で授戒という儀式をしていただいたのだが、昼食のカレーを食べ残すのが悪くて三杯もお代わりしてしまったこともあり、猛烈な眠気がさしてしまったことをここに震えながら告白する。何をしていただいたかの記憶が、ない……。

しかしその後は元気をとり戻し、夕刻に本覚寺《ほんかくじ》でしていただいた護摩祈禱は、よく覚えている。大きな身体のご住職が、全身全霊をもって祈禱してくださった。私たちも般若心経を一所懸命大きな声で唱えた。「本来は経文など見ずに暗唱《あんしょう》すべきもので……」と御住職からお小言をいただいたが、それでも頑張った。

驚いたのは、終わった後のことだ。最初に声をかけてくださった二人のマダムが、「なんだか腰が軽くなったみたい」「私も肩がすっきり……」と語り合っているではないか。この二人、たぶん私と同世代。おひとりは般若心経を暗唱していらしたから、それなりの信心があるのかもしれない。とはいえ、そんなに素直に御利益《ごりやく》を感じるものなんですか。

いま七十代以上の方ならば、わかる。けれど曲がりなりにも、我らバブル世代。しかもちょっと伺ったところでは島の生まれではなく、外から嫁いできているとのこと。うーむ。私がひねくれすぎているのか。そもそもお遍路に来てお願いすることは、難病の快癒が多かったようだ。しかしそれは医学が発達する前の話かと思っていた。

私とて、祈禱してくださったことへの敬意や感謝の気持ちは大いに持っている。のだけ

おごそかな護摩祈禱中は
心が鎮まる

れど、これで具体的な困難を回避できる、解決できると思っているのかというと、少し違う。祈りは、私の中であくまでも、人智で変更不可能な領域に語りかけるものではあるのだが、そこですぐ現実に物理的な変化をもたらすことが可能かというと、そこまでは期待していない。その柵は、堅固にして崩れそうに、ない。

彼女たちは――もしかしたら他の参加者の女性たちも――しゃべってばかりだったかもしれないけれど、非常に柔軟に、祈禱を、礼拝を受け止めているのかもしれない。

「女子へんろ」は、小豆島で遍路体験

してみたい人にとって、とてもありがたい企画だった。参加して助かった。ただし、これからひとり立ちして回ることを前提に参加してみると、ちょっぴり過保護とも思う。あまりいろいろと居心地よく用意してもらってしまうと、ひとりで回る時のギャップを考えてしまう。

　ひとりでふらりと訪れる巡礼者にお接待がふるまわれることは、きっとほとんどないと考えておいたほうが良い。親切なショウドシマ　クリエイティブの若者たちもいないし。庵主さんがいるところでお茶を出してくださったらラッキーなのかも。飲食店は基本的にないから、コンビニか自作で昼食を用意するべきだろうし。歩いてみた感じでは、自動販売機だけはたくさんあった。全部稼働している。水筒を持っていくとしたら、小さめのもので大丈夫。足りなくなれば買えばいい。

　一番の心配は、道だ。海沿いの道などは迷いようがないのだが、集落に一歩入るとラビリンス、というところが結構あった。え、ここを歩いていくの？　人の家の裏口じゃないの？　と思うこともしばしば。案内板もあるのだが、少ない。みんなと一緒に歩いていれば迷う心配はないけれど、ひとりだったら、たぶん地図を持っていても迷うだろう。どうしようか。いやそれより、一回にどれくらいずつ回ろうか。

3 旭屋旅館で旅支度

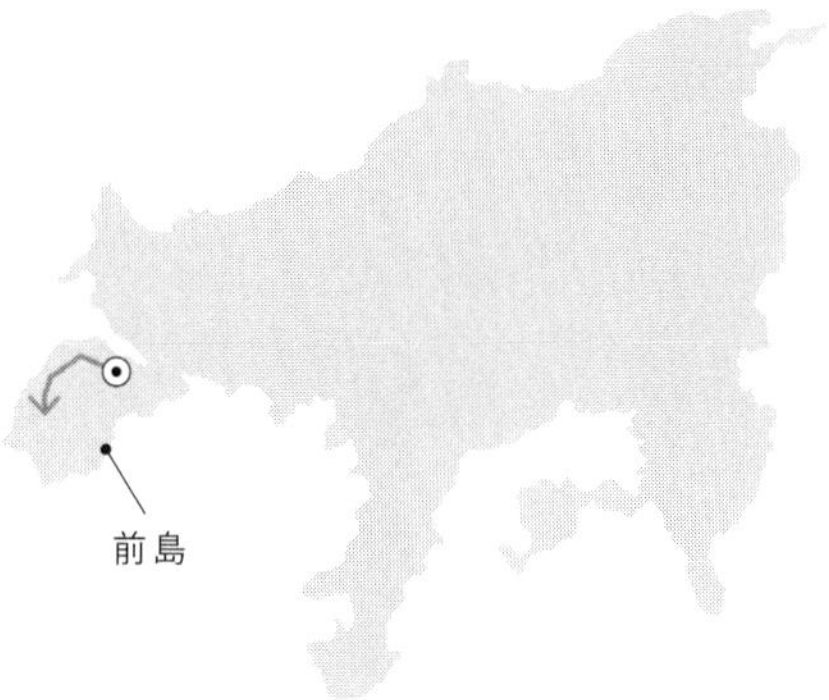

女子へんろに参加させていただいてから、すぐにひとり歩き遍路をしようと思っていたのだけれど、気が付いたら十か月近くが経ってしまっていた。仕事が猛烈に忙しくなってしまったことも大きいが、ストーカー事件の加害者がようやく逮捕され、起訴・公判に立ち会わねばならなかった。『ストーカーとの七〇〇日間戦争』（文藝春秋社）に詳しく書いたので割愛するが、加害者が逮捕されたらそれで終わりではなく、苦行は続いていた。歩きながら祈る気持ちには、なれそうで、なれなかったのだった。

いや、やっぱりこういう時だったからこそ、お遍路すれば良かったのだろうか。大師様にお願いします、助けてほしいと頼んでも良かったのではないか。

けれども実際の私はひとりで手続きに奔走し、

資料を取り寄せ、力を貸してくださる専門家を探し出し、意見を陳述できる場面においては長文をきっちり作成し、最初に言われた時間を超えて読み上げ提出した。思うとおりにいかないこともあったが、一応の成果（と書いていいのか迷うところだが）をあげた。負けなかった。なぜなら絶対に負けないと決めたから。

まあ、つまり私は、ぐうたらでどうしようもない人間なのだけれど、一度スイッチが入ればとことんやり抜いてしまう。誰が何を言おうと、意地でもやり抜く。いわゆる「できる女」ではないけれど、他人に頼ることなく生きてきた。「自力」という言葉を仏教用語として使えるほど理解しているとは思わないが、あえて言えばそれだけの女。

他者からの助けを全く受けなかったわけではない。さまざまな場面で友人知人に助けられ、助けてもきたつもりだ。ただしいつも、「無理のない範囲で」。これ以上は迷惑だろう、ここまでなら力になれると、力を貸してもらう時にも貸す時にも、見えない線を常に引く。そのためなのか、成人してからずっとさまざまな人から「かわいげがない」と言われ続けてきた。否定する気もない。

ただ今回の事件では、つくづく懲《こ》りたというか、自分の力の限界を感じた。法的な手続きは、慣れない人間には難しいけれども、専門家の助力は得られる。全力で立ち向かえば、なんとかなる。恐しいことにならない場合もあるけれど、一応基本的には法のもとに公平に判断される。そして私の場合は、とりあえずそれなりの結果を得られた。私自身の努力も大いに影響した結果であることも、間違いない。

けれども、この虚しさはなんだろう。加害者の気持ちは、結局変えられなかった。被害者である私の心の傷も、やっぱり癒えない。今も恐怖が蘇《よみがえ》り、パニックを起こしそうになる。それが祈りによって変えられるのかというと、わからない。いや、どう自分を大師様に投げ出していいのかすらも、わからない。けれど、ひとり遍路をすることになっていたのだから、とにかくひとりで歩きはじめようかと、ようやく思えるようになった。いつまでも抜け殻になっていてもしょうがない。歩こう。この連載を始める期限も迫っていた。

さて。およそ十か月前に計画した予定では、小豆島の外からやってきて、ひとりで歩き遍路をする人の役に立てたらと、二泊三日くらいのスケジュールで数回に分けて歩くつもりだった。これまでも上京時には、事前に餌となる草木を軽トラ一杯山から刈り出し、山積みにしておいて、友人に頼んでヤギ舎に放り込んでもらっていた。けれども私が「闘争」している間に、隔てて飼っていたはずのヤギたちは本能のままに交配、出産し、頭数が七頭に膨れ上がった（当時。その後里子に出すなどして五頭に落ち着く）。せっかくまさおをよそにやったというのに。餌があっという間になくなるようになった。仕事も連載が重なっていた。

地図とにらめっこしていろいろ考えた結果、半日から一日くらいの時間で回っては帰宅するという形ではじめることにした。その代わり、一日の始点と前日の終点は必ずつなげる。始点に行くのに自家用車を使うと、前日の最終札所から次の日の一番目の札所まで、車で行きたくなってしまうのだけど、それをすると島を一周歩くことにならない。いや、単なるマイルールだが、ひとり歩きでしかも宿泊すらしないとなると、少しくらい課すものがなければ、マイカー遍路とたいした違いがなくなってしまう気がした。

ただし始点まで車で行くとなると、終点から始点までの帰り道をどうしよう。そして、遍路中に自家用車を数時間停められる場所を毎回確保することができるのかどうか。地図を睨《にら》みながら四回分くらいまではなんとかシミュレーションできたけれど、その先が……。

まあ、とりあえず、時間のかかり具合を測るためにも一度回ってみよう。それには、一度「女子へんろ」でみんなで歩いた前島からはじめるのがいいだろう。そもそも小豆島巡礼は、番号順に回らなくても構わないという。一番札所は坂手港から近い場所にあるのだが、現在では土庄港から島に入って回り始める人も多いため、『小豆島八十八ヶ所巡拝おへんろ道案内図』というガイドブックで小豆島霊場会が推奨するコースの始点は、土庄港の近くだ。前島は土庄港のすぐ近くなので、土庄港を始点とするコースでは最初と最後に分けて回ることになっている。女子へんろでは、最終回でまとめて回っていた。

土庄港には町営駐車場があるので、駐車する場所について思い煩《わずら》う必要もない。一度は歩いているのだから、道に迷う恐れも少ない（たぶん）。平坦な道が多かったから、なんとかなるだろう。般若心経を写経してから……とか思っていたのだが、ぐずぐずしていると腰が上がらなくなりそうで怖い。よし、必要な品を買いに行ってしまおう。

十月三十一日、世間はハロウィンらしい。なんとか昼過ぎに仕事を終わらせ、遍路宿の旭屋旅館に必需品一式を買いに行く。土庄港から歩いてすぐのところにある。ここでは一階の売店に、遍路用品一式が揃っている。小豆島遍路独自のファッションがあるわけでもなく、四国巡礼の格好と同じ。つまりインターネットのショップで揃えることも可能だ。けれども小豆島を回るのだから、わずかであっても小豆島のお店の売り上げに貢献したい。旅館の売店の女性は、推定五十代後半だろうか。何度もお遍路に行っているらしく、てきぱきと、初心者が最低限何を買えばよいのかを教えてくださった。

まず白衣。ダウンなどの上着の上から羽織れるように、長袖Lにした。ポケットファスナー付き。二千八百円。背中には南無大師遍照金剛の筆文字あり。これだけでかなりのインパクトである。素材はポリエステルで、給食の白衣と同質の生地だ。黄ばまないし、洗ってもすぐに乾く。雨に降られてもすぐに乾いてくれそうで、心強い。

つぎに首にかける長細い布、輪袈裟。女子へんろの時は白衣とともに貸し出してくださったものだ。改めて感謝。千六百二十円。三色あって、さらにもっと高級そうな品もあった。とりあえず緑色の無地のものにした。

そして数珠（念珠）。長いほうが本格的とのこと。黒を選んだら結構高かった。三千九百円。売店の女性が心配そうに見る。え、ええ。大丈夫です。なんとなく数珠は、好きな配色のものにしたい気持ちがあり。パワーストーンは信じないとか言っておきながら、ホント、いいかげんだなと自嘲しつつ、ここは張り込んだ。数珠には輪ゴムがついていた。これで手首にかけると、取り落としがなくて楽なのだそうだ。これまで便利を否定し、昔ながらの煩わしいことを我慢するのが美徳であると、伝統宗教信仰の現場で散々聞かされてきたような気がする。大丈夫ですか??と思ったのだが、先輩の言うことが絶大であるのも伝統信仰の世界。甘んじることにした。結果、紛失防止、落下防止には絶大な効果があった。

そして意外なことに、バッグをお勧めされた。防水のさんや袋というもの。肩に掛ける。リュックで回りたがる人も多いんじゃないかと思うけれど、白衣の背中の文字が見えなくなってしまうのがちょっと……と、慈空さんがおっしゃっていたっけ。化織の防水布で、白い。同行二人と書いてある。名札を差し入れる場所もある。もうひとつ並んでいるさんや袋はマチが小さく、不便とのことだったので、大きいほうにした。二千九百五十円。バッグの中には紙が入っていて、「こんなものが入ります」という説明が書いてある。ペットボトルの水とか、納経帳とか。持ち物チェックシートにもなるな、これ。

そして納札入れ。これ必要?? と思うが、まあいいや。二百八十円。各霊場に納めていく納札《おさめふだ》百枚セット百十円を入れるためのビニール製の袋なのだが、これが歩いてみれば、大変重宝した。水がしみないし、札がバラけたりシワになったりもしない。持ち物は、伊達《だて》に勧められたものは何ひとつなかった。あっぱれ。

必ずしもフル装備である必要はないが、
形から入ると背筋も伸びる

　ちなみにこの納札、小豆島霊場は巡拝回数によって色分けされているという。初回から六回までは白。七回以上が赤、十三回以上は青、二十五回以上銀、五十回以上金、そして七十回以上は錦の札となる。そういえば、一度だけ錦の札を見たような気もする。巡礼たるもの、一回りして終わりではないらしい。しかし全霊場を一回踏破するだけでも果てしなく遠いというのに、七十回も巡礼する方がいらっしゃるのかあ。すごいなあ。

仏前勤行次第（三百三十円）は、勧められたわけでもなく、自分から買ってみた。お経の折本だ。しかし、必要な経文は女子へんろの時にいただいた慈空さんのイラスト入り手本にすべて載っているし、白衣のポケットにも入れやすいサイズなので、こちらはバッグに入ったままでいまいち活躍していない。

それから冊子『小豆島歩いてみたいへんろ道』（三千円）も、勧められたわけでもないが、なんとなく資料にもなるかと思って買った。金剛杖・カバー付き（千六百二十円）。こちらは必需品。カバーは見分けがつきやすいかと思ったので、派手な錦織で鈴がついているものにした。杖には般若心経が書かれている。鈴を鳴らせば、下を向いて作業しているひとも、遍路が歩いているのだなとわかるのだろう。

そして菅笠《すげがさ》（二千六十円）は、白衣とともにどうしても欲しかった。これがまた値段の割によくできていて、竹を削ったような素材を編んで作ってあるのだが、ビニールがしっかり巻いてある。雨を通さず日よけにもなるし、被り方によっては顔も隠れる。生まれて初めて菅笠というものをかぶることになったのだが、内側にはきちんと頭が収まる輪のようなものが針金で設えてある。

店の人が言うには、この針金にゴム紐をつけたほうがいいらしい。なるほど、風で煽《あお》られたら、風を通さないのですぐに飛んでいってしまいそうだから、紐はあったほうがいい。それもパジャマのズボンに入れるような平ゴムがお勧めだそうで。

お店の人が「ちょっと待ってて」とバックヤードに消え、ご自分の愛用の菅笠を持ってきてくださった。針金の、頭に当たる部分に、タオルを巻いて縫い付けてある。なるほど、これなら頭に当たる部分がごつごつしないし、収まりもよさそうだ。しかもそのタオルの上に布手ぬぐいでカバーを作り、ホックで取り外して洗えるように細工していた。す、すごい。一番汗をかく部分だからなのだろうか。たしかに汚れそうではあるな。しかしさすがにそこまでやる時間もない。とりあえず日本手ぬぐいを防災頭巾のように二つ折りにして、一辺を縫い合わせた。首が日に焼けるのを防ぎつつ、針金の台座のクッションにもなる。

さらに菅笠の中には、「何かの時に役立つように日本手ぬぐいを畳んで入れておくのよ」と教えられた。日本手ぬぐいは万能で、遍路中の手拭きにもなるし、転んだ時に包帯代わりにもなるのだそうだ。先輩方のこまやかな知恵、そのまま受け継がせていただきます。菅笠のタオルクッションもいつか縫えたら頑張りたい。

帰宅し、翌朝に備えて持ち物を揃え、衣服を考えることにした。財布とスマートフォン

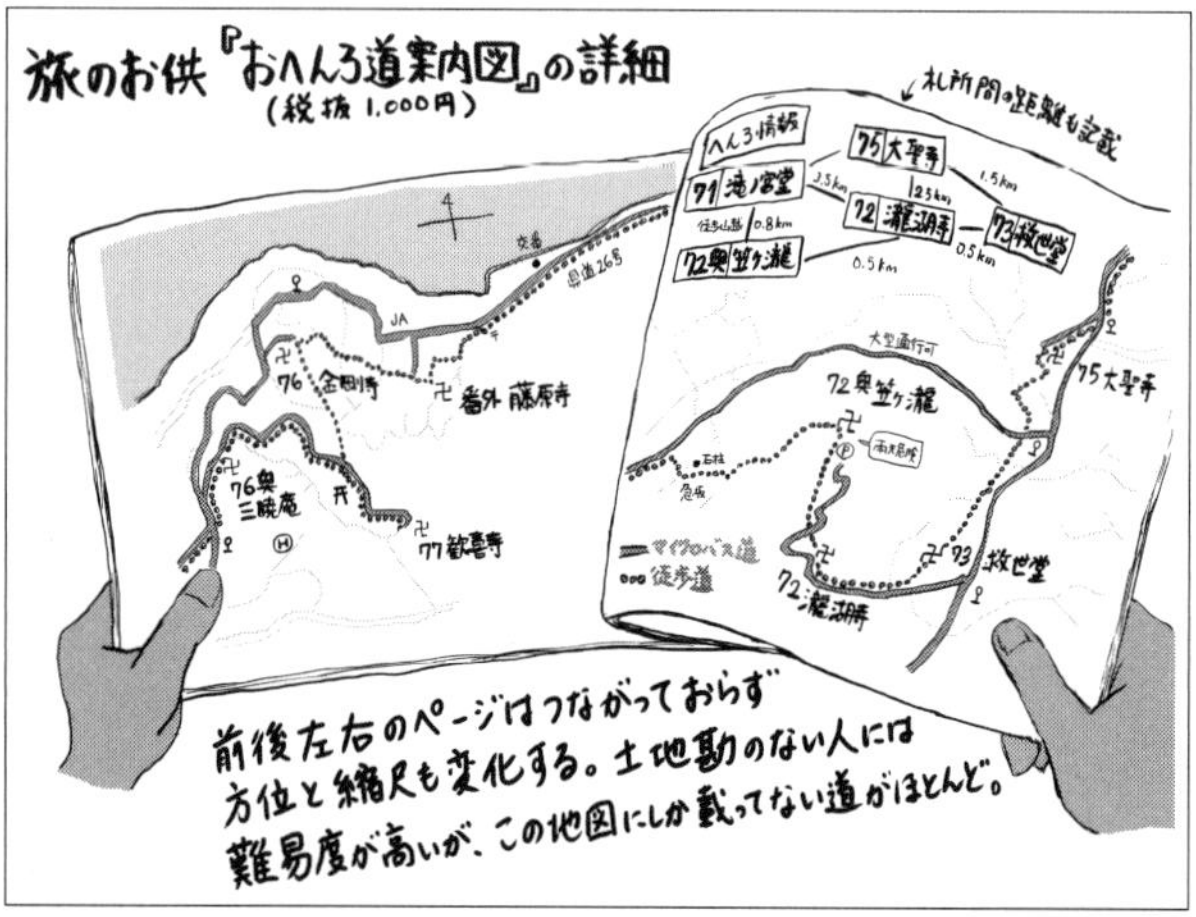

旅のお供の冊子地図『おへんろ道案内図』

は必携。それから地図と本。しかし後から判明するのだが、地図は以前に買っていた『小豆島八十八ヶ所巡拝　おへんろ道案内図』（千円）が、徒歩やマイカーで回りたいという需要にあわせて目印が付けられているし、回っている時に必要な情報はすべてきっちり載っているため、他の冊子や地図は重いだけでまったく不要だった。ただし、この『おへんろ道案内図』、横長でA4判と大きく、ポケットにも鞄にも入れにくいのがちょっぴり辛い。私はとにかく道に迷うので、何度も立ち止まって確認するには、出し入れが楽にできる形がありがたいのだが。電子書籍化されてタブレットにダウンロードできるようになったら、すぐに買いなおしたいくらいだ。

上着は、持っている中で一番軽くて小綺麗

な登山用のジャケット。適度に中綿が入っているため、暖かい。通気性も良い。その上から白衣を羽織る。

あったほうがいいと思ったのは、絆創膏《ばんそうこう》と虫よけと虫刺され薬。十一月に入っても、ヤギ舎には蚊やぶよが飛び交っているから。

実は一回目に忘れてきて困ったのが、賽銭《さいせん》用の小銭だ。ジュースをこまめに千円札で買って小銭を作ったのだが、足りない。回る札所の数だけの、小銭とロウソクと線香の代金を用意すればいいというわけではない。ひとつの札所の中に複数の賽銭箱がある。弘法大師など石像の前にも。もちろん自由裁量だろうけれど、ひとりで回っていると、誰かがお賽銭を置いているからここは遠慮して……などという失礼なことはできないし、気持ちだけでも、となる。普段使っている長財布に入れるとパンパンになってしまうので、小銭専用のがま口か、ちょうどいい袋を用意したいところだ。

そして納札。ビニールの札ケースはサインペンも入るので、ちょうど良かった。白衣のポケットにも入る。この白衣のポケット、ファスナー付きで大きめに作ってあるのがとても重宝する。

ところで納札には、年月日に住所氏名と、祈願すること及び年齢を書く欄がある。ということは。前日に立てた予定通りに回れない場合のことを考えて、全部書いておくのは良くない。年月日だけはその場で書き入れるのがいいのかも。

　小休止にもなるので、結局二回目以降はすべてその場で書くことにしたのであるが、迷うのは住所氏名だ。本来杖にも書かねばならないようだが、私の金剛杖は般若心経が書かれているため、住所氏名を書き入れるスペースがない。たしか行き倒れたら、遺体を埋めて、この杖を墓標がわりに立てるのだ。昔読んだ、四国遍路を題材にした小説に書かれてあった。死なないにせよ、病気などで倒れた時のために住所氏名がわかるようにしておかねばならないというのが、従来のお遍路の原則。いや、たぶん今もそのはずだ。先述したように、鞄にも住所氏名を書いた札を入れるところがある。

　しかし現代人の私は、住所や電話をあちこちに書き散らすのには、どうしても抵抗があるのだった。女子へんろに参加した時に知ったのであるが、札所に入ったところの脇に杖立てがあるため、巡拝する間は完全に杖が身体から離れてしまう。

　納札についても同じだ。札を入れる箱があるが、簡単に手を入れて摑み出せる。「この住所の人は今家を空けている」と言っているようなものなのではないか。その住所が小豆島の中ならば「今行ける」と思うのではないかと、悪いほうに悪いほうにと考えてしまう。

　ほとんどの人は、犯罪に利用しようなどと思いもしないだろう。けれども、万が一のことがあったら、無防備であったと世間から詰《なじ》られるのが現代社会。自分が被害者になってみると、身に沁《し》みる。車で札所を巡っている人も多いし、観光客もいらっしゃる。熱心に信仰されている方や、霊場を整備してくださっている方にも本当に申し訳ないのだが、日中誰もいなくなる場所に、自分の住所をすべて書いて各所に置いていくことは……ごめんなさい、やっぱり怖いです。不可能です。

　名前は書くとして、住所は小豆島で止めておこう。阿弥陀如来弁財天大日如来その他の皆様におかれましては、島内を神通力で検索していただいて、私の祈願を聞き入れてくださればと存じ上げます。行き倒れた時のために、さんや袋に名前と緊急連絡先の電話番号を書いた紙を差し込んだ。

　そして肝心の願い事。四文字熟語のアレだ。心願成就にするか、家内安全にするか。災厄消除とか？　いや、実際には消えるもんじゃないし。商売繁盛……はおこがましい。無病息災も、なあ。乳癌になってしまってから、無病なんてありえないと思ってしまう。そうそう、大昔に円覚寺の足立大進《あだちだいしん》老師の説法で、人間は病気の巣といわれたっけ。あれだけ説法していただいても、大した人間に育たなくて、申し訳ないです。やはり家内安全にしよう。ペンで書き込んだ分を上に重ね、ビニールケースの中に入れる。

　朝から仕事以外にお弁当を作る能力はないので、セブンイレブンでおにぎりと水を買うとして、あと必要なものはなんだろう。タオルハンカチとビニール袋、貼るカイロ。そうそう、手甲《てっこう》を勧められなかったから、代わりに日焼け防止のためのアームカバーを入れておこう。普段から手首が冷えやすいし、運転中の日焼けを避けるために、百円ショップで買ったものを複数持っている。親指だけ付いているものがいいだろう。手元にあるのは黒か紺だが、そのうちに白いものを買っておこう。あ、日焼け止めも必要だな。

遠足の前日のようにあれやこれやと荷物を点検し、着る服を揃えて眠りにつく。翌日は五時に起きて、喫緊の仕事を二本仕上げた。

遍路の格好をご近所に見られるのはなんとなく恥ずかしくて、さんや袋を肩に掛け、白衣を丸めて先に車に載せる。菅笠を持つと、どうもバリバリしていて落ち着かない。弾力性のない素材のようで、折ってしまいそうだ。

車に乗ったのは八時前だった。ごはんを食べたほうがいいと思い、土庄港の手前にあるホームセンターの敷地内にあるコンビニで食べ物を買いこむ。おにぎり二つにサンドイッチ、そしてチーズケーキ。サンドイッチとコーヒーをその場で食べる。温かいお茶も買う。それでも足りないような気がする。いやでもたかだか一日弱、しかも今日は山の中を歩くわけでもないのだからと、摑みかけたスニッカーズを手放す。

しばらく車を走らせて土庄港の高速艇乗り場のあたりまで来た時に、急に金剛杖を忘れたことに気づく。わー!!　あわてて車を回して取りに戻る。金剛杖は、宿に泊まる時には床の間などの上座に置くらしく、うちには上座もなんにもないのだが、一応部屋の奥に置いていたのだ。今後も忘れやすそうだから注意しなければ。しかし、こんな調子で本当に出発できるのだろうか。

　午前九時を過ぎると、土庄港の駐車場は満杯になる。予想通りのことだが。奥にある第二駐車場に車を走らせる。第二駐車場は広い。そして海に面している。港の端っこのあたり全部が駐車場という感じだ。入り口近くの隅に停めた。さあ、もう後回しにするものは何もない。諦めて歩こう。

　ちょっぴり逃げ出したい気持ちを抑えて、ジャケットの上に白衣を羽織る。昨晩試しに羽織ってみたものの、ジャケット自体もそこそこ大きいため、実際に羽織って動くとややきつめ。次回からは、ユニクロのウルトラライトダウンとウィンドブレーカーを組み合わせたほうがいいかもしれない。手ぬぐいを被り、管笠をつけた。ゴムのおかげでしっくり頭に収まるゴムを付けて本当によかった。

　高松行きのフェリーが入ってきた。船体に描かれたマスコット、オリーブしまちゃんを横目に、車のドアを閉めて第二駐車場を出る。出口の小屋の中にいる人が立ち上がったのがわかったが、あえて黙礼して通り過ぎた。案内をしなければと思ってくださったのかもしれない。最初に行くところは、さっき車の中でしっかり暗記しましたので、大丈夫です。
とりあえず駐車場を出てどっちに曲がるのかは、わかります。目指すは六十二番、六十三番の大乗殿《だいじょうでん》と蓮華庵《れんげあん》。杖が邪魔で歩きにくいし、鈴の音がうるさい。もう少し山奥に行く時には必要なのだろうが、今はすみません。鈴を握りこんで、杖を地面につけないように持って歩いた。

『おへんろ道案内図』では、徒歩の道と自動車の道の二種類が記してある。いきなり第二駐車場から自動車で行くならほぼまっすぐ行けばいいところを、徒歩の道はぐるりと回り道になっている。小さな川沿いの道だ。素敵な道だが、住宅と畑が並ぶ集落の中なのである。慈空さんの言う通りだ。

そしてこの道、女子へんろで歩いたのかどうか全く覚えていない。それもそのはずで、女子へんろの時とは逆回りで前島を回ろうとしているのだ。前島は、島に分類されてはいるものの、本島とは大股十歩ほどの幅しかない小さな海峡で隔てられているだけで、橋でつながっている。いわば半島のような形でくっついていて、国道がまわりをぐるりと一周している。だから、どっちから回っても同じところに戻ってくる。

逆に回ろうとしたのは、車を停めた土庄港の第二駐車場から一番近くてかつ人が少なそうなほうに向かって歩きたかったからだ。女子へんろで最初に訪ねたのは五十八番の西光寺で、こちらは迷路の町と呼ばれて、観光客も行き交う路地の中にある。カフェや商店もたくさんある。集団で訪れるならばいいけれど、まだ白衣と菅笠に慣れない身で、ひとり町の中を歩くのはちょっと気恥ずかしい。

　地図の拡大図を何度も見ながら、オーキドホテルを通過し、腰《こし》掛《かけ》川《がわ》橋を確認。おお、橋だ。ええと、橋では金剛杖をついてはいけないので、教わった通り杖を持ち上げたまま渡る。そこから脇道に曲がる。川沿いの家並みがかわいらしい。のどかな秋の光景が広がる、とても素敵な徒歩道だ。

　町営バスの置き場まで来たら右折し、自動車の通る舗装道に合流。だんだんと登り坂になる道の右手に八幡神社が見えてきたら左折するようにと、地図の点線（徒歩経路）は語る。語ってるんだが、道はない。八幡神社の敷地は広そうだし、もっと立派な参道がこの先にあって、そこを左折するのかいなと、ずんずん進む。ずんずんずんずんと調子にのって歩いているうちに、ふんわりと下りに差しかかったところで、稲妻のように記憶が蘇る。あれ、この道、もうすぐ鹿島《かしま》の浜に着いてしまう気がする。やばい、どう考えても通過して歩き過ぎている。あわてて身を翻して、もと来た道を戻る。どこにあるのだ、左折地点。いきなり初手から迷いまくりで、この先どうなることやら……。

4 迷いへんろ

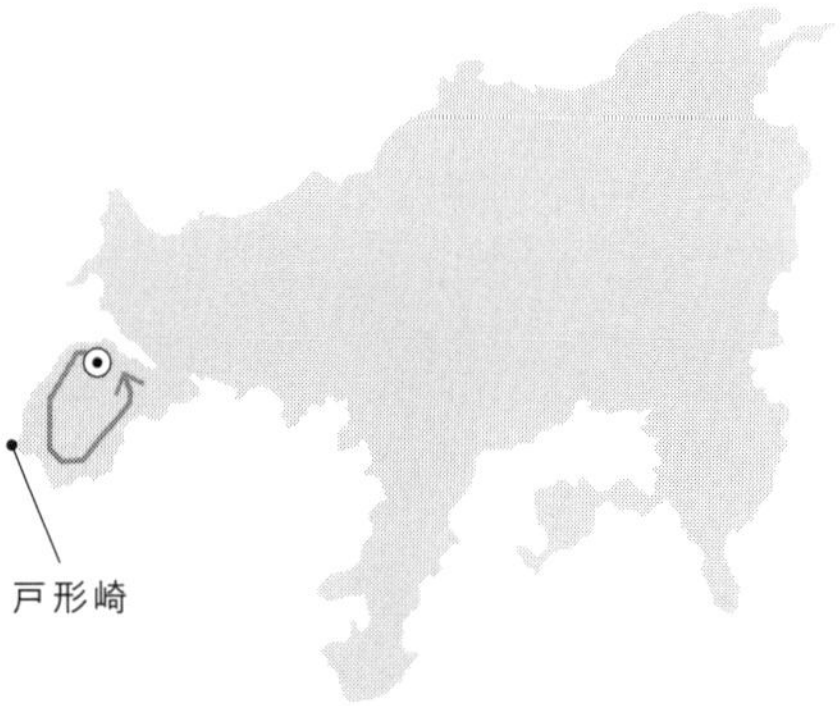

逆走とはいえ、一度は来ている地域なのに、いきなり迷っている私。救いようがない。

以前慈空さんにご相談した時に、「遍路中はスマホを家に置いていくとか電源を切るとかして、デジタルデトックスするのもいいですよ」と言われていた。確かにその通り。私たちは日頃スマートフォンを手放さず、常にチェックしていることで、逆にストレスを抱えこんでいる。

ただし、家に置いていくことはできない。まず第一の理由は、治安の問題。何かあった時の備えを各方面から推奨されている身上である。一一〇番通報できるツールを手放すことはできない。それと時刻確認。この先歩き道を一筆書きのようにつなげるためには、バスの利用も視野に入れている。一時間に一本程度で運行しているバスに、乗り遅れるわけにはいかない。時刻を見るだけなら腕時計でもいいのだけれど、まともな腕時計を持っていない。そして第三の理由が、現在地確認機能だ。しかしこの機能をつけっぱなしにして歩いて楽しいだろうか。せっかくの歩き遍路なのだから、少しは迷ったりしたほうが、到着の喜びも増すというもの。

そこで、歩き遍路中のスマートフォンとの付き合いに決まりを作った。携帯の電源は入れておくけれど、ＳＮＳは見ない。書き込みしない。電子メールについては、緊急を要する案件以外は、見ないしレスしない。そして道に迷った時だけ位置情報サービスをオンにして、現在地を参照する。現在地がわかったら、冊子『おへんろ道案内図』の地図に戻る。目的の札所に着くまでサービスをつけっぱなしにして、画面ばかり見るようなことは、しない。おそらくそれをやっていたら電池の消耗も激しく、遍路中に電池切れになってしまうだろう。

というわけで、迷子になった今こそ、位置情報サービスを開けるのだ。案の定、私は目的地を大きく過ぎて、鹿島に近づきつつある。しかしこの画面上の位置を、紙の地図に落とすのが意外と難しい。縮尺の問題なのだが。周囲は山か住宅。なんの目印もないのだ。私の迷い方だと、歩き遍路の冊子でもｉＰｈｏｎｅのマップでもなく、ゼンリンの住宅地図でないと目印が追いつかないのかもしれない。嫌だよ、そんな重くて大きな本を持ち歩くのは。

　とりあえず左右をしっかり見て、脇道の見落としがないように、慎重に来た道を戻る。

……ないよなあ。やっぱりないよ。とうとう最初の八幡様の看板のところまで戻ってきた。すると向かいの納屋のようなところにいた男性がこちらを見て、歩いてきた。この方、先ほどもいらした。

「大乗殿に行くの？」

「はい。そうなんです。六十二番と六十三番、隣り合ってるところなんですけど……」

「ここ、ここね。ここの階段を降りて右折して、左」

　男性は力強く指さしながら、しっかりした口調で教えてくださった。ありがたいことです。つい気分が上がって、お遍路さんっぽく手を合わせてお礼を申し上げる。

　ここ、たくさんの歩き遍路やマイカー遍路さんたちが、迷ってるスポットなのかもしれない。なにしろ階段の幅は狭いし、公道というよりは私道に見える。よく見れば案内板があるんだけれど、個人の敷地と思って目に入らなかった。

　少し階段を下ったところで、はっと記憶が蘇る。そうそう、こんなにこぢんまりした路地では、ひとりじゃ絶対来られないなあって思ったところだよ!!　もうちょっと手前で記憶が蘇ってくれればよかったのに。地域の名前は大木戸《おおきど》という。

曲がり角には案内板が付いていた。階段の下まで辿り着ければ、大丈夫。こちらはいかにも上ったらお堂がありそうな階段です。そう、階段にもいろいろあるのだ。さっきみたいな小さな階段も、今後私道という思い込みは捨てたほうがよさそうだ。

　こうしてやっと六十二番の大乗殿、六十三番の蓮華庵に到着した。ひーー。えーとえーと、何をするんだっけ。迷ってしまった分、軽くパニック状態。

　まず鐘をついて、そんで金剛杖を置いて、くっついて並んだ双子みたいな本堂のうち右手の大乗殿に入って……。灯明、線香、賽銭をして、読経。こちらの御本尊は、阿弥陀如来、それから一度お堂の外に出て隣の蓮華庵に入り、もう一度灯明、線香、賽銭をして、読経。こちらの御本尊は、千手観世音菩薩。本尊真言はどちらも目に入るところに紙に書いて貼ってくださっていたので助かった。ひとりだと、思っていたより大きな声が出ない。それでもとにかく唱えて、終了。本尊真言以外は立て続けに二回唱えられたので、少し慣れたようにも思える。

　この双子みたいな建物、大乗殿改築の際に蓮華庵の隣に引っ越して、隣接というか結合？　して建てられたそうだ。

　あ、納札を忘れていた!!　ケースから札の束を出して上から二枚の札に日にちを記入し、ぺりっと剝《は》がして入れた。自分の名前と家内安全はすでに書き込んである。申し訳ないと

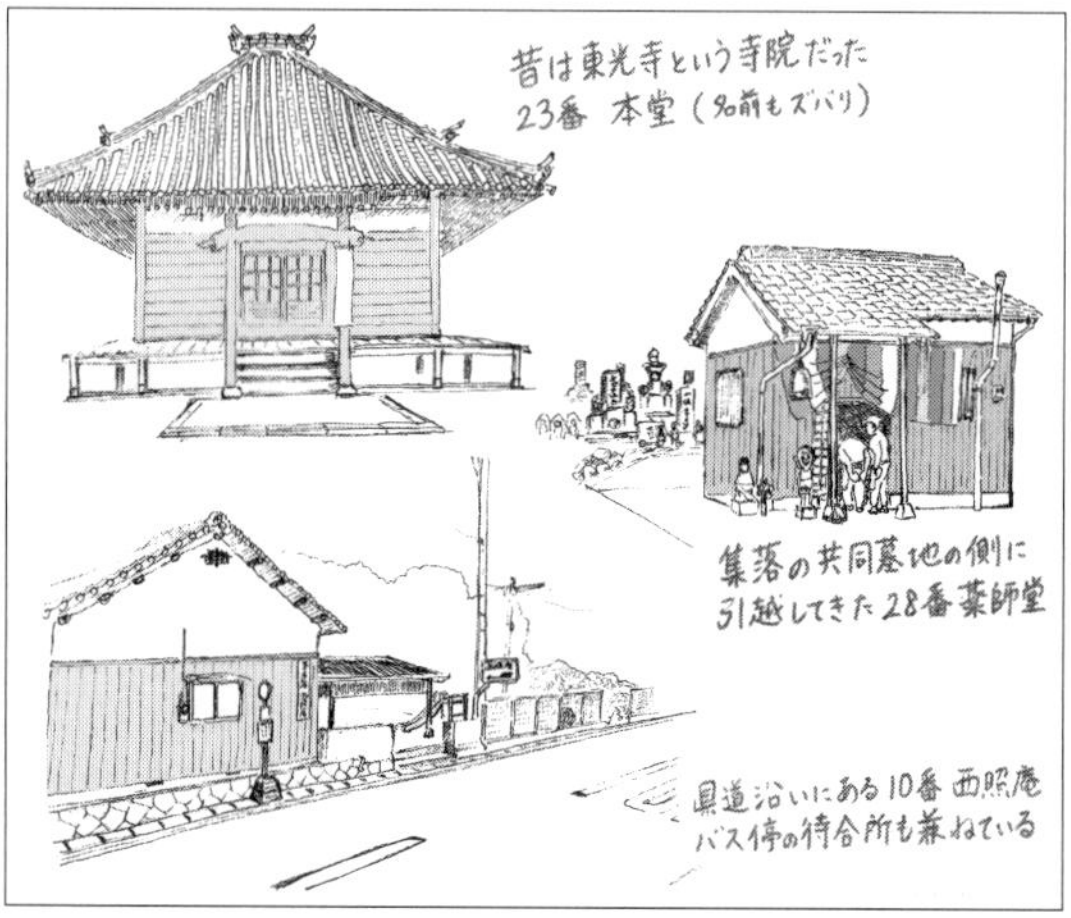

「堂庵」はお寺ではないが仏様が安置され、地域としての役割を担うことが多い。
「堂」と「庵」の違いは明確ではなく、規模もさまざま

思いつつ、納札を入れる木箱の上から見てすぐに住所がわからないように、木箱に手を入れて、端っこに押し込んだ。自意識過剰ですみません。お、金剛杖を入れるところもそれぞれにあったのか。大乗殿に杖を入れたまま、蓮華庵もお参りしてしまいました。

さてこれから南側の鹿島に出てしまうか迷ったが、次の札所までの距離が長いほうを先に済ませるのがよいかと、最初の計画通りに腰掛川橋まで戻って、前島の北側の県道を歩いて小瀬に向かうことにした。

県道は、広い。小瀬までの半分くらいは内陸で、半分過ぎたあたりからスカッとした海沿いの道になる。女子へんろで歩いた時は、内陸の道は勾配の緩い登りと下りの

坂があり、だるくてちょっと辛かったような記憶がある。この内陸の道沿いには食品の工場などがいくつかある。工場といっても小さなものだけど。それとあとは空き地。山を切り拓いたように見える。季節は秋で、まだいろんな草が茂っている。ここらへんまでヤギたちを連れて来たら、ここの草は喜んで食べるだろうなあ、いや、ここもいいかも。帰りに鎌で刈って帰りたい。などと草木ばかりを見てしまう。

集落と呼べるところもない。人通りもほとんどない。ときどき車が追い越していくだけ。道も迷いようがないので、ここはひとつガンガン歩いてみようと、呼吸を整え、早歩きで歩いてみた。どうも金剛杖が邪魔だ。歩くたびに杖をアスファルトにつけると、痛めた肘《ひじ》に響く。これもだんだん慣れるのだろうか。

うむ。しかしやっぱりひとりのほうが速く歩ける。競歩とまではいかなくとも早歩きでどんどん進んで、少し辛いけれど気持ちと身体にゆとりがあるうちに、海が見えるところまで来た。札所とは関係ないけれど、海を眺めているお地蔵さまが立っている。比較的新しそうだ。

海沿いの道は、歩いていてとても気持ちよい。なんといっても小豆島の海の青さは素晴らしい。小豆島生まれの人は首をかしげるけれど、名ばかり有名でどす黒い湘南の海と比べたら、地中海もビックリするくらいうっとりする彩度だ。それも小さな島なのに、見る位置から海の青の色も、風や波の具合も、水平線に見える島影も、くるくると変わる。前島の北側といっても、海沿いまで進むと、北西向きとなる。航路地図によれば、手前に見えるフェリーが高松から、そして遠くに見えるのが、宇野・豊島からのフェリーということになる。

ふうー。海を見たら嬉しくなったので、立ったままお茶をひとくち飲む。海沿いの道は、スカッと爽やか、全然飽きない。楽しくて仕方がない。それに、これから行く小瀬の集落の入り口には案内板があると冊子に書かれてある。道もひたすらまっすぐとすごく単純だから、絶対迷わないだろう。気楽に歩き続け、案内板のところまで来た。大きく見やすい。

この看板から海沿いの道と、家一軒分挟んで並行して内陸側の道がある。どっちから行っても辿り着くはず。ただ、ここは集落のお堂なのだから、内陸沿いの道が玄関口なのではないかしら。看板には、海沿いに進めば駐車場があるという印だけ。案内図にも、徒歩巡拝路は内陸側に点線が付いている。じゃ、内陸の道を行こうか。

これがまずかった。行けども行けども、記憶のお堂は見つからない。おっかしいなあ。なんの案内もない。住人や工事中の人とすれ違うも、なんとなく、冷たい。ような気がする。もしかして、海沿いの道を歩けってことなのかな?? とうとう重岩《かさねいわ》への案内板が見えた。あれ、ひょっとして通り過ぎた??? まさかこんなに簡単な道で???

重岩というのは、小瀬を見下ろす山の上にある奇岩だ。高松からのフェリーに乗っていても、天気がよければ、山の上にボコッと不安定な形で大きな石が載っかっているシルエットを見ることができる。山の上なので、海を望む景色も素晴らしい。大人気のパワースポットでもある。以前に一度、いや二度、三度くらい友達を案内しただろうか。「このあたりを歩き遍路するならば、ついでに寄るといいですよ」と、遍路グッズを買う時に旭屋旅館の方にも言われていた。

しかし駐車場からでもかなりの段数の階段を登るので、体力の消耗を考え、今回はパスすることにしていた。

行き過ぎたのだろうか。もう一度浄《じょう》土《ど》庵《あん》の案内看板のところに戻ってみることにした。看板に何か書いてあったのかもしれない。てくてく歩いて戻り、案内を見る。よくわからん。ダメだ。位置情報サービスを開くしかあるまい。開いてみたら、なんのことはない。まだ先だった。重岩の看板の手前なのかと思っていたのだけれど、勘違いだったか。

集落の中を歩いて気疲れし、どっと疲れが出たので、休むことにした。まだ十一時だがもういいや。素敵な海を見ながら突堤でおにぎりでも食べよう。おにぎりを二つ、お茶とともに食べる。チーズケーキが残っているけれど、これは後半にとっておこう。

突堤にはちらほらと釣り人が立っていた。平日の昼間から釣りをするとは、なんと優雅なことかと思うが、それはお互いさまというもの。

さて、疲れもとれたことだし、海沿いの道を歩いていく。気楽だ。気にしすぎなのかもしれないけれど、やはり住宅街をひとりでのしのし歩くのは、遍路の格好をしていても、疲弊する。私自身がなるべく人と会いたくないと思っていることも、大きいか。

先ほどよりも長く歩いたはずなのに、位置情報サービスを時々つけて位置確認しながらだったためか、なんの不安もなく浄土庵駐車場の看板まで辿り着いた。うーむ。あまり頼りたくないのだが。私の場合、迷うとどっと疲れてしまうことがわかった。東京でも迷うとクタクタになるからと、スマートフォンが手放せないのだ。小豆島なら大丈夫かと思ったのだが、ダメらしい。これからは迷い果てる前段階で、位置情報を確認したほうがいいだろうか。

それにしても、道案内、少ないよなあ。「こっちではありません」とか、「あと少しですよ」みたいな看板があると嬉しいのだが。日本の観光地は看板が多すぎて興ざめするといつも思っていたけれど、小豆島お遍路は、もう少し増やしてもいいようにも思う。しかし道しるべをつけるにしても、歩いている途中で「あそこに欲しい!!」と思っても、あとからそこに行って設置しようとすると、結構大変だ。どなたかの手間を考えると、位置情報サービスで確認すればいいでしょうとなるのかな。

　女子へんろの時には、浄土庵でお接待のミカンをいただいたのではなかったか。庵は手入れが行き届き、小瀬集落の方々が小まめに手入れされているのだろうなあと思わされる。本堂の脇にいくつか石仏があって、信者の方々の奉納品も飾ってあるのだが、そのなかにひとつ、明治期の日本画家・狩野芳崖《かのうほうがい》の最後の作品、悲母観音《ひぼかんのん》の刺繍裂があった。屋根のある場所ではあるけれど、屋内ではない。かなり傷んでいる。前に来た時にも気になっていた。まるで古裂《こぎれ》のようだが、もしかしたら新しいものなのかもしれない。

　空中に浮かぶ観音様と嬰児《えいじ》。しかも嬰児はシャボン玉のようなものに入って、観音様を見上げている。はじめて見たのは、中学生の美術教科書だったろうか。衣や装飾具も非常に細かく描かれているのだが、教科書の印刷ではそこまではわからなかったのではないかと思う。大学生になったあたりで、原画を観に行った。ただもう舐《な》めるように見つめたものだから、今でも細かな装飾や手のひらの曲線、そして男性にも女性にも見える顔つきまでよく覚えている。なぜそんなに惹かれたのか、自分でもよくわからない。悲母観音という言葉もよくわからないまま。

　下絵を写し取って刺繍したのだろう。たいへんな手作業だ。ひと針ずつ刺して布を埋めていく行為は、歩き遍路にも通じるものを感じる。何を思っての奉納だったのだろう。そしてなぜ小瀬の浄土庵に？　浄土庵の御本尊は無量寿如来《むりょうじゅにょらい》だ。つながりはあるのだろうか。

札所にはさまざまな奉納品が壁に貼られていたり、飾られたりしている。納札だけでなく、何かを置いていきたい気持ちになるのだろうか。

私はといえば、歩いてはいるものの、祈る気持ちにすらなれていない。道に迷ってビクビクしてばかり。読経しても、間違えていないか、上手く唱えられているかばかり気になる。座禅をはじめた時にそっくりだ。座禅は作法を身体が覚えていくにつれ、集中できた。遍路もそうなっていくといいなあ。

浄土庵を出てしばらく歩くと、戸形崎《とがたざき》に着く。前島折り返し地点だ。結構楽勝だ。ここには来たことがある。戸形小学校、今は廃校になって戸形公民館である。眺望は最高で、端午の節句には海上にこいのぼりを泳がせるので有名だ。いや、全国規模なのかはわからないが。映画『八日目の蝉』に続き、二〇一七年二月には『8年越しの花嫁』のロケ現場となった。

さらに歩いていくと、千軒《せんげ》という地域になり、もうひとつのロケ現場の工場にさしかかる。自動車工場だ。撮影時は人と車両でパンパンになっていたのだが、今はだだっ広い空き地だ。自販機があったので、飲み物を買ってひとくち。とにかく喉が渇く。最初の霊場ですでに中に着込んだパーカを脱いでいたが、もっと脱ぎたいくらいになった。寒暖の調節はなかなか難しい。

さらに進んでいくと、両備《りょうび》フェリーの海水浴場だ。今は閉鎖されている。このあたりになると、急に道がわかるようになる。何回か自分の運転で来たことがあるからだ。急に楽な気持ちになる。そんなわけで迷わずにするすると辿り着けた。六十番江洞窟《ごうとうくつ》だ。困ったもので、迷わないとどこを曲がったのか、道しるべがあったかどうかすら覚えていない。赤い鳥居と球体岩と洞窟と建築が一体になっていて、なんとも不可思議な場所である。台風の時は一体どうなるんだろうと思うくらい、海のキワにある。

訪れるのは何度目だろう。最初は友人に連れられて、次はまた別の友人に連れて来られて、それ以降は友達を連れて来たり、なんとカヤックを漕いで海から訪ねたこともある。

杖立てに金剛杖が一本刺さっていたが、本堂の中に人の気配はない。脇にある休憩室も、窓から見た感じでは人の気配はない。金剛杖を忘れたまま次の札所に出発したのだろうか。私もいつかやるだろうなと思いつつ、杖を見ると、香川県○○町、そしてフルネーム。女性の名前だ。細かい番地は書いていない。やはり。住所を知られたくないと思う方、いますよね。このような時代ですから。少しほっとした。しかし忘れ物を預かる側としては大

石手印。不思議と見落としてしまう

変かもしれない。気をつけよう。

　本堂は石段を降り、洞窟の中に入っていく。独特の湿気と匂いがある。ご本尊は弁財天だ。庵主の宮城さんは、ＧＨＱの通訳という驚愕の経歴を持つ方である。とてもお話し好きな方で、御在庵であれば休憩室でインスタントコーヒーを出してくださり、春分の日には洞窟の奥まで朝日が差し込み、神秘的な光景となると、写真を見せてくださるのだが、本日はお留守であった。いつまでもお元気でいてほしい。

　無事に読経を済ませ、海を背に立つ大師像にもお祈りし、海岸から県道に戻ろうとすると、何度も来ているというのに迷ってしまった。なんとしたことか。油断したのだろうか。方角は正しいはずなのに行き止まりになったりして、集落をグルグル歩き回ってしまった。位置を見失っているわけではないのに。ちゃんと『おへんろ道案内図』を見れば良かった。県道に戻ったところで二十代から三十代くらいだろうか。欧米人と日本人の男性二人に出会った。管笠も白衣もないけれど、ウォーキングの格好をしている。私を見てすぐに「六十番はこっちですか」と聞いてきたので、涼しい笑顔で頷いて道を指した。彼ら、なんと初めての「お仲間」。実はここまで歩いていて、誰一人として出会わなかったのだった。歩きはもちろん、車での巡拝者もゼロ。歩きやすい季節だと思うのだけどねえ。

しかし私は迷うたびに疲れていく。計算外であった。他の人もそうなのだろうか。歩くという行為だけだったら、同じ勾配、同じ歩数でも、まだ全然疲れていないはず。そう、女子へんろの時も、ゆっくりテンポであったこともあるが、先達である慈空さんの後を付いて歩くだけ、しかもはぐれないような心遣いまであったので、疲れ方がまるっきり違っていた。メンタル弱いなあ。

次の五十九番甘露庵《かんろあん》まで県道を歩いていくと、案内図冊子の通り、細い脇道の入り口に石手印が立っていた。ううう、やっとまともに見つけることができたよ。感涙。この石手印が一番わかりやすいなあ。風雨で文字が消えることもないし。これが各所にきっちりあると、ありがたいんだけどねえ。お金持ちになったら寄進したいものだわ。

スマートに路地に入り、地図の通りに歩いていくだけで、無事に甘露庵への石段に到着した。桜や紅葉などの紅《あか》い落ち葉を掃き集めている方がいらして、「歩き遍路？　ご苦労様」と声をかけてくださった。どこの札所もそうだけれど、この季節はとにかく落ち葉が多いのに、きちんと掃き清めてくださっていて頭が下がる。

ここが鹿島、最初に間違えて道を行き過ぎて辿り着きそうになった集落だ。一応これで前島をほぼ一周したことになるだろうか。庵のあるところからは海がよく見える。ご本尊は阿弥陀如来。巡拝を済ませて外に出たら、どこかで見たことのある女性がひとり、休憩所で『おへんろ道案内図』を開いていた。服装からして、移住してきた女性だろうか。どこかの市で見かけたかなあ。ひとり歩き遍路、地味だけど、目立たないけど、ゼロじゃない。がんばりましょう！　と彼女の背中に心の中で語りかけ、庵をあとにした。

鹿島は海水浴場があり、お気に入りの居酒屋もある。もう少し歩けばオリーブ温泉と大きなスーパーマーケットと百円ショップなどが一緒になった複合施設であり、江洞窟どころでなく、何十回も来ているところだ。まわりには飲食店やスナックなどもあり、土庄東港がある。実は島唯一の歓楽街なのである。歩いてみると、お店の植え込みなど普段目に入らないものが気になるのがおもしろい。

銀《ぎん》波《ぱ》浦《うら》まで出て、山側に曲がる。トンネルの脇に徒歩用のトンネルがあるのをはじめて知った。カラフルなイラストがたくさん描いてあった。トンネルを出れば、幼稚園。園児たちの声が聞こえる。ここらあたりで急速に疲れが襲ってきた。五十八番の西光寺は、「迷路のまち」土庄の路地の中のお寺。大きなお寺だ。春と師走に門前の路地で行われる大師市は、島の風物詩だ。苗木などの他に、手作りのお菓子や料理の屋台も出る。

しかし、ここでもまさかの迷子となる。何度も前を通っているところなのに。車と徒歩ではこうも違うものなのか。西光寺の奥の院・誓願《せいがん》之塔の塔頭《たっちゅう》が見えているのに、辿り着けない……。なんじゃこの路地は。

すごいぞ私、一度巡拝したところなのに、コースのほとんどで迷っている。自分の人生より迷走しているんじゃないか。これでは瞑想どころではない。などとダジャレを言っている場合ではない。

半泣きで西光寺に辿り着いた時にはもうクタクタ。住宅地なので鐘は静かについてくださいと書かれてあるけれど、激しくつく元気なんてもうありません。ここから六十四番の松風庵《まつかぜあん》……に行けるか？　自分。いやしかしこれくらいは回らないとあかんやろ。歯を食いしばって松風庵まで。もう周りの景色もなにも目に入らない。ご本尊は延命地蔵菩薩。ちゃんと巡拝したはずだけど、よく覚えていない。霊場会もそばにあるのだが、最後でもいいですよと旭屋旅館で先輩に言われましたので、今日は割愛いたします。すみません。

ここからもうひとふんばり、二回目の巡拝で車を停める予定のオリーブタウンの駐車場に一歩足を踏み入れて、終了……。正確には、さらに土庄港の第二駐車場まで歩いて、愛車に乗り込んで、あがり。楽勝だと思ったのに、ギリギリという感じだ。時刻は三時半。帰宅して、仕事できるだろうか。いや、できない。ヤギの世話だけで精一杯だ。

5 路線バスへんろ

いやはや。一日目の歩き遍路を終えてみて、茫然とした。一年前に参加した女子へんろでは、六時までだったから今回よりも三時間も多く歩き、札所に至っては三か所も多く回ったにもかかわらず、それほど疲れを感じることなく歩けてしまった。むしろペースが遅くてイラッとした時すらあったというのに。ほどよいペース配分と、ゆとりのあるうちにとる休憩が、実は長く歩く秘訣だったのだろうか。

ひとりで歩いていると、最初のうちは好きにペースアップできるので、とても気持ちよく早歩きできる。しかしいざ後半、疲れが溜まってきた時には辛さは倍増しとなる。足が辛くなる時ほど、ダラダラと話す相手が欲しい。痛みやだるさから気を紛らわせることができるからだ。しかしそこはひとり歩きへんろなんだから、受け入れないといかんだろう。気を紛らわせて歩くことが目的ならば、ラジコかYouTubeを聞きながら歩くという方法もあるけれど……。いや、一応巡拝なのであるから、辛い時こそ南無大師遍照金剛と唱えるとか。まあ、そもそも迷ってばかりだったし、本気で気を紛らわせたかったのはラスト一時間くらいなのだけれど。

　そして辛い時ほど、金剛杖はありがたく頼りになった。元気に歩いていた時は邪魔でしかなかったのに、踏み出しの足が重い時には、まず金剛杖を先に出すことで、なんとか足が付いてくるという感じであった。しかし、握り手につける錦織のカバーは終日煩わしかった。緩くてすぽっと抜けてしまうのである。紐を何度も縛り直すのであるが、どうしても抜けてしまう。グルーガンでくっつけてやろうか。

　慈空さんに相談してみると、NGが出た。金剛杖の先端は、四角錘形になっていて、「地水火風空」の梵字が書かれている。各文字の境目に四つの切り込みが入って、五輪の塔をあらわしているのだそう。また、杖はお大師さまと同体とされるので、先端を鷲《わし》摑みすると首を絞めるように思えるためもあって、カバーが付いていたのだ。塔にグルーガンはまずいですね、たしかに。紐の部分で調整してくださいと言われたのだが、何度きつく縛っても、すっぽ抜けるのである。困ったことだが、今のところ抜けないように持つしか対応策はなさそうだ。

次の反省点は小銭だ。圧倒的に足りなかった。ここは普段から小銭をきちんと貯めておくしかない。さらに、普段持つ長財布に入る量ではどうにもならない。出し入れが非常に煩わしかったので、専用の小銭入れを用意することにした。小さな巾着袋だ。しっかりしたがま口などは、かさばるし重くなるので避けた。

そう、荷物はなるべく軽くしたほうが良い。あれもこれもと冊子や地図や経典、買ったものを全部持って行ったのだけど、結局歩きながらたびたび参照したのは、『おへんろ道案内図』だけなのである。歩き遍路のための道が記されているので、結局は一番役に立つ。

ただしこの冊子、横長のＡ４判型。申し訳ないのだが、非常に持ち運びにくい。私のような極度の方向音痴は何度も何度も、それこそ二十メートルも歩かないうちに、さんや袋から引っ張り出してページを開いて……とやらねばならない。Ａ４判なので、さんや袋ぴったりの大きさ。はじっこまでぴったり納めた冊子を、おにぎりや財布やスマホを押しのけて何度も出すのも手間で、最後には二つ折りにして、空いたほうの手でずっと持っていた。しかしそれも邪魔なのだった。

せめてもの対策として、その日の行程に対応するページには付箋を貼ろう。何度も該当ページを探しめくり続けていては、冊子の傷みも早いだろうし。この冊子、半分の大きさだったらどんなにいいかと思いかけたが、不可能だろう。ほとんどの愛用者が老眼だろうから、あんまり小さな文字だとピントが合わなくなってしまう。地図はある程度は全体像がわかったほうがいいし、こういう時こそタブレットにダウンロードするのが良さそうなのだが、実用化にはまだ時間もかかりそうだ。

荷物を軽くするために持ち歩きを迷うのが、霊場会公認ガイド『小豆島八十八ヶ所霊場』。厚さ一・二センチほどの、B6判。持ち歩きにちょうどよい大きさ。けれども、すべての霊場をカラー写真つきで紹介してくださっているために、本文紙全部がカラー対応のコート紙。九十キロ（紙の厚さ・重さを示す単位）だろうか。持ち重りがするのである。ちょっと古めかしいペーパーセレクトだ。

霊場についての説明とともに、じつはこの本で頼りになったのが、各霊場の説明ページごとに文末にご本尊と真言が書いてあることだ。正面に大きく貼り出していることがほとんどなのだが、札所によってはご本尊がどなたなのか、判然としないこともある。えーとどの真言を唱えればいいのかしらん、と迷う時に、ぱっと開くことも簡単で頼りになる。

じつはあとから気が付くのであるが、『おへんろ道案内図』にも、御本尊は記述してある。ただし真言はない。しかしそれは二ページ目の霊場一覧表の中。字は小さいし、冊子を二つ折りにしてしまったことも手伝い、非常に閲覧しにくい。しかも真言は書いていない。やはり公認ガイド『小豆島八十八ヶ所霊場』も持ち歩くとしよう。

荷物はなるべく少なくと思いながら、なかなか減らない。さんや袋に六割くらいの量で抑えておきたいのだ。いや、理想は五割。半分はあけておきたい。そうすれば昼ご飯を入れて、さらに暑くなってきたころに脱ぐ服を小さく畳んで収納できる。大きいほうのさんや袋を強く勧めてくださった旭屋旅館の先輩に、感謝だ。これでも小さいくらいです。

二十代で、中東やアジアを旅していた頃を思い出してみれば、当時から私は荷造りが壊滅的に下手くそであった。十年前に何もかも捨てまくる発作を起こしたが、結局いまだに整理整頓も、荷造りも身に付かない。度し難き哉《かな》、人生。

いや、いやいやいやいやいや。この十年、捨てる発作と同時期に身に付けたものもある。それは、筋肉。運動が嫌いすぎる腰痛持ちの虚弱体質が、四十を前にヨガを開始。少しずつ、本当に少しずつではあるが、筋肉量が増えていき、今ではヨガのなかでも相当量の体力を必要とするアシュタンガヨガにハマり「体力には自信あります」と言える身体に変貌した。疲労と睡眠不足が重なれば腰痛は再発するが、一生手放せないと思っていた腰痛コルセットを付けることはもうない。東京を去る時に捨ててきた。有り難き哉、人生。

おかげさまで遍路だって、途中でひとり歩けなくなってしまったらどうしようとは心配しなくて済んでいる。もちろん事故や不慮の発作などはあるかもしれないが、体力が尽きることはないだろうという自信はあった。

次の遍路は、一週間後とした。体力に自信ありとはいえ、三時過ぎまで歩けば足はパンパンで、お風呂にゆっくり浸かってマッサージは必須。ふくらはぎと太ももに溜まった乳酸を揉みだすのだ。その他にできたことといえばヤギのごはん（草刈り）と自分の夕ご飯を作って食べるだけ。せめて睡眠後、翌早朝から仕事をするしかない。連載がひとつ終わる三月までは、週に一度が限度だろうか。よくマッサージしたせいか、翌日、翌々日のダメージは少なかった。

前島は、島と呼ばれるだけあり、ちょうど一周して元の出発点に戻ることができたが、今回からは、出発点と終点が異なる。出発点に車を置くとして、終点から出発点に戻るのに、小豆島オリーブバスを使うことにした。今回の出発点は、土庄の渕崎《ふちざき》にあるオリーブタウンの巨大駐車場。スーパーマーケットのマルヨシセンターあり、セブンイレブンあり、セルフのガソリンスタンドあり、そしてホームセンターのＤＣＭダイキがあるのでしょっちゅうお世話になっている。半日駐車することになるが、帰りにはマルヨシセンターとＤＣＭダイキでお買い物をいたします。ガソリンも入れます。それでなにとぞご容赦いただきたく……。

問題は、どこまで行けるか、どのバス停から戻ってくるか、だ。ネットでバス路線図を引っ張り出して眺める。小豆島の中には、坂手線・南廻り福田線、北廻り福田線、四海《しかい》線、西浦線、三都《みと》東線、三都西線、中山線、神懸《かんかけ》線、田ノ浦映画村線と、なんと九本ものバス路線があるのだ。このうち三都東線、三都西線は小豆島町町営バスが、それ以外は小豆島オリーブバス株式会社が運営している。神懸線は観光客が寒霞渓《かんかけい》に押し寄せるシーズン以外は土日祝のみ運航で、冬季は運休する。

なぜこんなに複雑なのだ!! と呻《うめ》く人は、一度島にいらしてほしい。バス路線を北廻りと南廻りで一つにつなげるには、島は広すぎるし、凸凹しすぎているのである。屋久島みたいになめらかな海岸線を持つところでは考えられないくらい、出っ張りがある。前回歩いた前島もそうだし、三都半島、そして映画村のある田ノ浦などだ。それに険しい山もある。

一番の人口集中地帯は、土庄港から池田港、草壁港、そして坂手港までの国道沿いなので、バスの需要も高い。だけどそこから出っ張った部分については、県道もヘアピンカーブの繰り返しの山道で、スピードを出すことも難しい。人家も少なめ。つなげてしまうとロスが出るというわけだ。島の北側には詳しくないが、似たような事情があるのだろうと思われる。

もちろんという言い方も失礼だが、赤字であり、経営難がささやかれている。なのに料金は一番高くて三百円。税金を投入してでもこの膨大な路線と低運賃を維持しているのは、観光客への配慮もあるけれど、自動車運転免許を持たない、もしくは返納した高齢者の移動手段を守るためであろう。頭が下がる。そう思うと余計に路線バスに乗っておきたくなる。そして少しでも長く存続してほしいと思うのだった。

今回利用を予定しているのは、四海線。しかいと読む。始発は馬越浜《うまごえはま》だが、『おへんろ道案内図』にバス停は記載されていない。周りに札所がないためか。バスを利用しなくても、バス停はどこまで歩いたかの目印にもなるので、できれば全部のバス停を載せていただきたかった。

海岸線の国道を走るバス路線の中で、この馬越浜から屋形崎《やかたざき》の区間だけバスがない。唯一の切れ目だ。路線と路線の狭間《はざま》だ。目測で二キロ強といったところか。屋形崎は福田港と土庄港、または小豆島中央病院までを結ぶ北廻り福田線となり、屋形崎から内陸を通って土庄方面に向かうのだ。

がんばって歩いて四海線エリアを越えて、北廻り福田線の路線エリアまで足を延ばして内陸経由で渕崎まで戻ることも考えたが、膨大すぎて無理だろう。かといって渕崎から長浜までだと、前島よりも短距離になる。バスの時刻表では、午後以降の長浜停車時刻は十二時三十一分、十六時四十六分、十八時五十一分。

いや、長浜から内陸の札所を、屋形崎の手前半分くらいまで回れば、十四時六分馬越

（馬越浜から内陸に南下したあたりにあると思われるバス停）で帰ることができるのではないか。いやでもその場合、内陸の札所を中途半端に回ることになって、次のコースを考えにくい……⁇　だんだん頭がごちゃごちゃしてきた。

ここはきっぱりと、楽をしよう。無理をしては続かなくなってしまう。福田線に乗るのをあきらめ、楽をして、おそらく二度と乗る機会もないと思われる四海線に、乗ろう。バスはバスでもツアーバスへんろとは大違いの、ノロノロ路線バスへんろのはじまりだ。


当日は五時に起きて細かな仕事を済ませ、早めに出発したのだが、今度は財布を忘れて来たことに気が付き、また家に戻る。セブンイレブンで昼食を仕込み、オリーブタウンの駐車場に車を停め、菅笠を被り八時二十二分、白衣を羽織って歩き出した。小雨交じりの天気のため、雨具を搭載したさんや袋は前回より重い。ブルーな気持ちになる。

渕崎近辺は、よく来ているくせにほとんど知らない。女子へんろの時に歩いていて、慈空さんが道を間違えたのを覚えている。何度も歩いているのに、間違える。魔の路地地帯なのかもしれない。

そんなわけで、五十七番の浄源《じょうげん》坊《ぼう》にあまりにもひょっこり到着した時には驚いた。駐車場からは本当に近かった。地元の高齢婦人が二人ほど参拝されていた。きっと日課なのだろう。大きなウバメガシと、四国八十八か所の石板が美しい。

　もしかして慈空さんが迷ったのは、次の五十三番本覚寺だったのだろうか。自分の方向感覚への警報を鳴らしつつ、恐る恐る路地に踏み込む。この地域の『おへんろ道案内図』の徒歩巡拝路は、どうにもアバウトなのだ。目印となる何かもないし、道もないところに点線がついている。県道と並行して進めば着くってことですか？

　すると路地に、遍路はこっちだよと言っているように「見える」シールを発見。ありがてえ、と進んでいくと、弘法寺《こうぼうじ》というところに着いた。こちらは札所ではない。へーえ。札所ではない寺院もあるんだ。島の場合、札所ではない寺院のほうが珍しい気がする。いや、いいんだけど。こっちは迷ってばかりでキリキリしてるんでね。ちょっと誤誘導に思われかねないシールは、どうなんでしょう。札所でないけど寄ってくださいなとか書いてくださると、グンと温かい気持ちで「ではちょっと寄らせていただきます」となるのだが。

　ええいこうなっては伝家の宝刀、位置情報検索をかけるしかあるまい。目的地は、本覚寺。それでもなんだか不安になって、むりやり路地を進もうにも行き止まりになりそうで、県道へ県道へと進んでしまった。ここらへんも渕崎なのだろうか。家と家の合間に草ぼうぼうの空き地がボコボコと目立つ。耕作放棄地だろうか。島の中でも便利な場所だと思うのだが。いや単に草刈りに手が回らなくなっているだけなのかもしれない。

今年は柿が豊作で、どこを歩いても柿だらけ。十二月初旬に入ってようやく気温が下がったためなのか、干し柿を軒に下げる家が出てきた。気温が高いまま干しても、黴《か》びてしまう。二階家のベランダに、十個だけ、干し柿がぶら下がっている。十個だけかあ。干し柿する御宅って、たいてい百個二百個の単位で玉すだれのように干すのだが、ひとつずつ皮を剝かねばならないし、紐に結ぶという手間を考えただけで萎える。昔ながらの手仕事が大好きな移住女性たちは、教えてもらって挑戦しているようで、インスタグラムなどで見かけたりするが（重労働だし写真映えするから誇りたくもなるだろう）どうにもやる気になれない。しかし十個だけなら、私でもできそうではないか。いや、干し柿を食べるのは好きだから、二十個。いや十五個かな。それくらいならストレスでキーッとなったりしないだろう。

十五個の渋柿の皮を剝いて、紐に括《くく》り付ける手順を脳内で繰り返しているうちに、県道に出てしまい、そのまま目印の老人ホームのところからまた路地に入り直した。車での巡拝路を辿っているので少し遠回りになったのだろうけれど、迷うよりはマシだ。

歩を進めると、いきなり巨大なエレベーターが目に入った。本覚寺だ。階段が苦手な高齢者のことを考えて設置されたのだろう。女子へんろの時に護摩祈禱をしていただいた、大きなお寺だ。

鐘をついたら住職様がいらしたので、ものすごく緊張して読経をした。経にあわせて鉦《しょう》を叩いてくださった。ううう、下手くそで、すいません、まだお経を覚えておらず、申し訳なく……。次に来る時までには覚えているといいんですけど。しかし小銭を専用の袋に収納したことで、巡拝はまあまあスムーズにできるようになった。ちょっとずつ、なめらかにできるように頑張ります。

お寺の外に出て六十五番の光明庵《こうみょうあん》を探す。ない。地図ではすぐ隣のようなのだが。引き返して道を尋ねると、境内の中でつながっていた。階段をたくさん登って行くと、インドのストゥーパのような塔が立っている。お堂にはたくさんの仏像が、奉納者の名前とともに。本覚寺のエレベーターといい、支援する信者の多さをヒシヒシと感じさせる。『小豆島八十八ヶ所霊場』によれば、元の堂宇は渕崎西方にあったのを、本覚寺境内に移したそうだ。六十四番松風庵の近くだろうか。本覚寺自体も二度ほど火災に遭っているそうで、元の場所は違うのだろうか。番号と位置が合致しない。比較的狭い場所に多くの札所があるために、移築する時に番号と合わなくなっていったんじゃないだろうか。

高台からは、土庄港と、前島が見える。あそこからここまで、歩いてきたということだ。ちょっと嬉しい。

なぜか名物の一髪観音像を見ないままに、庵を後にして、県道に出た。ここから次の六十六番等空庵《とうくうあん》までは、少し距離がある。本来ならばここまでの三つの札所は、前回に参拝してきたかったくらいのところだ。ここからが本番と、気を引き締めて歩き出した。

しばらく行くと、左手に海がひらけた。またもや海沿いロードである。嬉しい。このあたりの海は西向き。ちょっとずつ青みが深まっていくようだ。大谷という場所らしい。雨のためか、波が立っている。とはいえ菅笠のおかげでびしょ濡れというほどでもない。

二人連れのサイクリストが、追い越しざまに「がんばってくださーい、ファイトでーす」と声をかけてくださったので、手を振る。車に乗っていると「邪魔」と思いがちなサイクリストたちだが、こうして歩いていると、あっという間に先を越されていく。今の私は芋虫よりも遅いのだった。県道を北上していくうちに、MINA.UTARIという看板を発見する。話題のボルダリングジムだ。一度挑戦してみたいと思っていた。詳細は知らないのだが、移住してきた方がはじめたそうだ。ええところ見つけたなあ。

このあたりは車で通ることも極端に少ないので、何もかもが珍しい。生えている植物だって珍しい。ホテルグリーンプラザ小豆島を通り過ぎ、「ご自由に利用してください」と書いてある公園を過ぎて、集落が見えてきた。馬場崎というバス停。馬越だの「馬」がついているバス停の多いこと。島の北部は牛を飼養する農家が多かったと聞くけれど、馬もたくさんいたのだろうか。

芋畑の脇に案内の石碑を発見した。県道とはしばしのお別れ。意外と近かった。いや、県道は迷う可能性がないぶん、楽だから疲れないのだ。集落内路地へ入ってゆく。集落名は伊喜末。いぎすえと読む。ああー、ここなのか。なんだっけな。だれかの会話に出てきた。会話中に音で覚えた集落名に、漢字という視覚情報が加わり、さらに位置関係を徒歩でたたき込むと、さすがの私も忘れない。

　等空庵に到着したのは、十時二十五分。あと四つ回るとはいえ、距離的には近いしなんとかなりそうだ。等空庵は、いや伊喜末の建物すべてがだが、とても四角く感じる。天井が低いのだろうか。建物同士、非常に密接していて、お隣の家の台所仕事の音が巡拝中に聞こえてきていた。

　六十八番の松《しょう》林《りん》寺《じ》までの路地は、『おへんろ道案内図』の地図には、「店」だの「消火栓」だの四つも目印がついていた。わかりにくいのだろうかと恐れていたが、ここは素直に案内の通りに辿り着けた。ものすごく綺麗に磨かれた石畳なのに、「土足でどうぞ」と書いてあり、恐縮しながら本堂に入り、巡拝。女性が出て来てわざわざロウソクをつけてくださったりして、さらに恐縮。お寺の奥様はなにかと仕事が多くて大変そうだ。

　さあ次を急ごうとして松林寺を出て路地を歩いていたら、また松林寺に戻って来てしまった。え、なんで⁇　案内のままに歩いていたはずなのに、何があったのだろう。テレポーテーション⁇　オロオロしていたら、先ほどの女性が「わかりにくいから」と、サンダル履きのまま道案内をしてくださった。路地とはいえ段差がたくさんあって歩き辛かっただろうに、ありがたいことです。

6 納経帳、はじめました

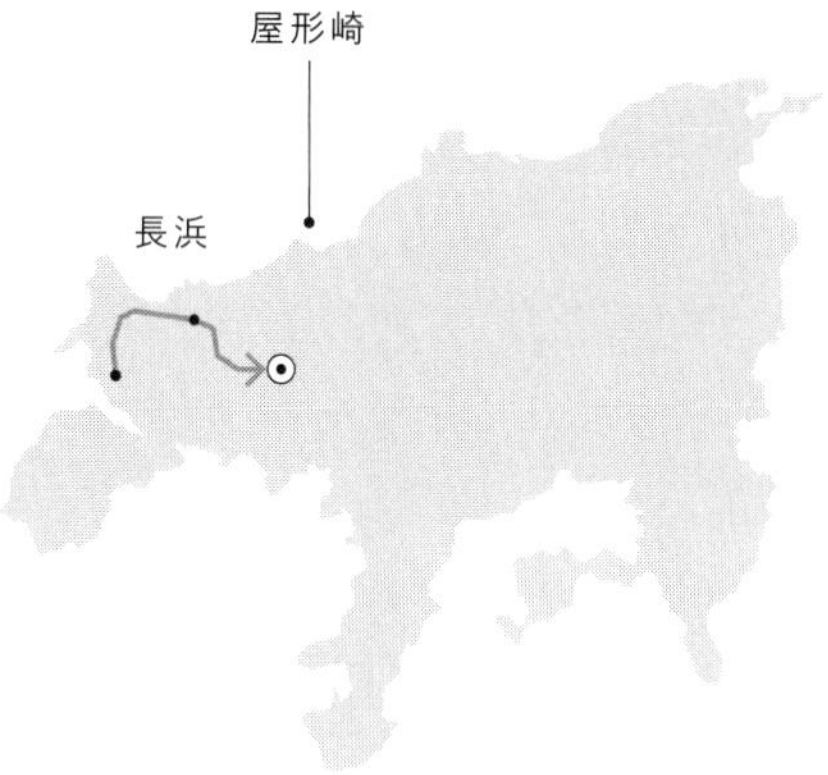

松林寺を出て彷徨《さまよ》った挙げ句、お寺の女性にサンダル履きのまま、高台にある六十七番瑞雲堂《ずいうんどう》が見えるところまで案内していただいた。小豆島に限った話ではないが、お寺の女性、ほとんどの場合は住職の身内の方なのだろうけれど、常に細々《こまごま》と働いていらして頭が下がる。いや、正直に言えば、ちょっと不思議な気分にもなる。

　お寺なのに、家族を感じるからだ。日本の仏教寺院ではむしろこちらが普通の姿で、浅草にある私の生家の旦那寺もまさにそうだった。私が子どものころに先代住職が亡くなり、御子息が勤め仕事と二足の草鞋《わらじ》を履いて跡を継いだ。家業なのだ。

　先代住職夫人は、法事やお彼岸法要の時には必ず控えの間で法要を待つ檀家全員と会話を交わす。そこで進学先も就職先も、結婚も何もかも、まあまあ立派になられてとおだてられながら、聞き出される。一方で、うちの親類筋のあの家は昨日お見えになった、どこどこ高校に行っていらした息子さんは大学を出て××にお勤めになって海外転勤になったなどなど、すさまじい記憶のアーカイブで、知らない情報ももたらされたものだ。もちろんこの手の社交は煩わしい部分もある。私のように離婚や大病などネガティブマターを抱えていると、特に面倒にもなる。

その寺院に参れば、必ず五つくらいの墓石を洗ってお線香を立てていたので、かなりの数の親類が檀家のはずだった。しかしそこは田舎と違って、普段は首都圏でもかなり離れた場所に散住していて、会うこともない親戚がほとんど。彼女を通じて家と家の薄い絆を束ねていただいていたような気さえする。他にも山のようにたくさん、寺院の住職夫人に課せられた裏方仕事があるだろう。察するに余りある。

それはさておき、これまで私の親族関係でお世話になった寺院、宗派はいろいろだが、すべて檀家のためのもの、墓を守る、つまりは契約した家の先祖を守る存在だったのだ。そして墓と御本尊を守ってくださる側も、ほぼ世襲の家族。

東京都内の小さなお寺で、特別な碑があるわけでもないし、住職家族の住居が敷地内にあることも多いため、檀家でもない人が訪ねる雰囲気ではない。どうしても閉鎖的になりがちなのだ。そりゃいつでもだれでも入って来たら嫌だろうし。

子どもの頃はそれが普通のお寺なのだと思っていたけれど、海外の仏教寺院やキリスト教会やイスラム寺院を訪ねるようになり、寺院たるもの、大きくても小さくても不特定多数の人に開かれた存在であろうとしていることに気づいた。寺院を管理運営する僧侶や宗教者が、世襲制で、なおかつ一家のメンバーが運営に従事しているという状態には今のところ出会ったことはない。僧侶や聖職者に妻帯が許されていない宗教宗派も多い。

日本の仏教がおかしいと批判したいわけではない。私が自分の人生の中で関わったり、通りすがりに眺めたりしてきた世襲制寺院は、大正昭和と日本の家族制度を補強するには、結構うまく機能してきたのではとも思う。

ただし、困窮した者を救済する機能はどうなのか。イスラム教の寺院ならば、泊まることができる。もちろん宿坊のような施設になっているわけではなくて、困窮した旅行者には軒《のき》を貸してくださるという意味だ。頭を剃り、男の格好をしてモスクを泊まり歩いたことを自慢げに話す女性バックパッカーにも会ったことがある。面白半分で施設の厚意を試すものではない。今なら原理主義者に捕まって斬首されてもおかしくないだろう。とはいえ、ちょっと見れば怪しいとわかるフトドキ者にも宿を貸すとは、なんと懐の深い宗教だろうかと思ったものだ。

タイの仏教寺院では、ハイヒールを履いたごく普通の勤め帰りの若い女性が、寺院に御布施をして、一時間くらい座ってご本尊に祈っていたりする。檀家制度もないので、適当に自分が気に入った寺院に行くのだそうだ。お寺の入り口や参道には屋台のようにお供えセットが並べてあって、バケツ一杯にお菓子や雑貨、花や米やお金が入っているものを買って、お供えして祈る（タンブンという）。お供えは僧侶がいただかなくてはならないため、僧侶が肥満になるほどだ。

　こういう不特定多数の、悩みを抱え、困窮した者たちを拒まずに受け入れる施設で祈ってくださる聖職者は、出家し、家族制度から離れ、俗世から離れ、財産所有を一度は放棄した者たち。圧倒的な寄る辺《べ》なさを漂わせている。だからこそ共同体から外れたアジールな場として、行き場（物理的にだけでなく、心理的にも）のない人を引き付け、祈りの場として機能するし、迎える側の僧侶たちも、所有から離れた身だからこそ、たとえ怪しい風体の人であっても受け入れられる。

　小豆島八十八か所の寺院は、お見受けしたところ、大半が日本の大多数の仏教寺院と同じく、僧侶とそのご家族で運営管理されていて、檀家は近隣集落の人たちが中心になっている。私のイメージでは、堅牢な家族制度の延長線上にあるように見える。そうしたところが全国各地からの巡礼者＝流浪のよそ者を迎えてくださることが、なんともアンビバレントで、不思議に映るのだ。

巡礼者の側も、漂泊の民というよりは、霊場会という組織も作られて、心の中には行き場のない思いなどもあるのかもしれないが、檀家や集落の婦人会の有志など、これまた堅牢に管理された、数世代も続く人間関係の延長で巡礼にやってくる人たちが一般的になっていたのだから、おあいこなのだろうか。そもそも多くの人にとっての巡礼とは、真の漂泊というよりは、漂泊の疑似体験に近いものなのだろうか。

寺院の住職家族たちだけではない。『小豆島八十八ヶ所霊場』によれば、一昔前には、遍路道の近くに住む農家が大事な人の命日に供養のために遍路を泊める「善根宿《ぜんこんやど》」という習慣があったという。今は善根宿どころか遍路宿も減少傾向だが。島の人たちがいまだに閉鎖性を持ちつつも、都会からの移住者をわりと気軽に受け入れる（これもちょっと不思議な）気質は、この善根宿の精神に連なっているのかとも思う。

瑞雲堂に到着する。すぐそばに寺院と見まごうような立派な家があって、間違えかけたのだが、目指すのは堂庵なのだからと、視覚情報に頼らず、教えていただいた通りに歩いたため無事に着いた。これまでも何度かあった、〝遠くからだとお寺と間違えてしまうくらい立派な家〟の中でも、ひときわお寺に見える個人宅であった。正面の門構えが見えてようやく、間違いに気づくこともある。他の集落から訪ねて来るネイティブ島民には見分けがつくのだろうか。島の北側の集落は、南側の国道沿いなどと比べると、現代的なデザインの住宅が極端に少なくて、集落ごとの統一感がきっちりとしている。とても美しい分、区別がつきにくく、寺院と堂庵と一般住宅の区別も、遠目からはパッとはつけられない。

瑞雲堂の裏にあるトイレに回ったところで、男性に呼び止められた。六十九番瑠璃堂《るりどう》に行くことを告げると、トイレ脇の半分山道のような小道を登っていってT字路を必ず左に行くようにと、手で指し示しながら教えてくださった。ありがたや。少し山道を歩いたあとは集落に出た。

伊喜末から小江に入ったようだ。「こえ」と読みそうだが「おえ」と読むそうだ。山側から集落に入ったことになるので、県道に出る『おへんろ道案内図』の徒歩ルートとは明らかに異なる。先ほどの男性が強い口調で話していたのは、案内図と違うルートだったからなのだろうか。県道沿いの家の敷地内に漁網が目立つ。各戸の敷地面積もこぢんまりしていて、漁村らしいたたずまい。

案内図ルートとは違ってしまったので、遠目に見える堂庵らしき建物を目指して適当に集落の中を歩く。路地が比較的ごちゃごちゃしていなかったためか、すんなりと瑠璃堂に着いてしまった。適当で着いた。私にしては珍しい。瑠璃堂も高台にあって、漁港の他、沖之島や葛島《かづらしま》が見えた。沖之島には今も人が住んでいるそうだ。移住してきた看護師さんから、訪問看護のために週に二回ほど、渡し船で通っているという話を聞いたことがある。いつか行ってみたいと思うけれど、まずは遍路を歩き切ってから、だなあ。葛島は、グーグルマップで見たところ集落らしきものも道もなく、無人島のようだ。

港に降りてみたかったけれど、次の長勝寺《ちょうしょうじ》までは辿り着きたい。時刻は十一時。案内図の徒歩ルートは、小型車まで通行可と書いてあるし、それなりに広い道なのだろうけれど、内陸の山の中。坂道の勾配がわからないので、あきらめて来た道を戻って山に入り、七十番長勝寺を目指すことにした。

　山の中の道は予想通りそれなりに広く、軽トラックで走れるくらい。けれども両脇は鬱《うっ》蒼《そう》とした山。お遍路以外に使う人はいるのだろうかと心配になる。島の中にはそういう道がとても多い。それでも道の先に極小限界集落や別荘、畑などがあればまだわかるのだが、このようにただひたすら藪山《やぶやま》しかない道を保持する意味はあるのだろうか。道を手入れするには手間暇がかかる。夏場は二か月おきに草を刈らないと、あっという間に前が見えないくらい草が生い茂るのだ。お遍路のために道を保持していただいているのかと思うと、せめて少しでも多くの人が歩いてほしい。などと考えていたら、軽自動車が停車していた。なんでこんな場所で⁇　マイカー遍路かそれとも逢引き⁇　もっと利用してほしいなどと考えながら、人気《ひとけ》の少ない場所で行き交う車は、ちょっと怖いのであった。

　しかし山道は恐れていたほど長くなく、二十分後には長浜集落に到着。ここは小江と比べてどっしりした家が多い。それぞれの敷地面積が大きいように思える。また私の悪い癖で、立派な家を勝手に寺院と勘違いして降りて行ったのだが、なんだか怪しい。ちょうど石油屋さんが軽トラで通りかかったので道を尋ねると、やっぱり間違えていた。

そして長勝寺は、私の予想をはるかに超える広さ大きさの寺院であった。ううう、失礼しました。『小豆島八十八ヶ所霊場』によれば、なんと本堂の建物は元禄十五年、縁あって（ちょっと略）大石内蔵助の邸宅を〝もって建立〟と書いてある。「もって建立」って移築ってことなんだろうか。よくわからない。赤穂《あこう》は岡山県の日生《ひなせ》港から近いから、可能と言えば可能？　まあとにかく立派な建物であることは確か。そして小豆島はたしかに播州赤穂と縁がある。塩田技術も醤油製造技術も、播州赤穂の職人が移り住んだことによってもたらされたとか。土庄の渕崎には赤穂という地名が残っているのだった。

本堂には、悲母観音の刺繍裂が奉納されていた。なんとここでも。同一人物が奉納したのだろうか。室内でしかも額装してあるからなのか、こちらのはピカピカに新しく、平成十九年の文字も読めた。十年前か。

綺麗に整備された庭をじっくり見たためか、そう遠くないはずの長浜のバス停に着いたら時刻は十二時を回っていた。疲れが出たのだろうか。長勝寺に着いた頃から骨盤の左が痛む。バス停の周りはなんとなく整備され、車が数台停められるようになっている。これなら次回はここに車を停めて回り、戻って来ることも可能だろうか。

海岸に出ておにぎり三個を平らげたところでバスが来た。十二時三十一分。時刻表通りだ。このバスを逃すと十六時四十六分までない。餌が来ないとヤギたちが怒って脱柵脱走しかねない。十四時台にバスがあればもう一つくらい回れるような気もするのだが、あいにく長勝寺の次は南東、つまり内陸に五キロ入ったところにある滝《たき》ノ宮堂《みやどう》。四海線からも北廻り福田線からも、程よく遠い。骨盤も痛いし、ここで引き返すのがいいだろう。

二回目を歩き終えてみると、前回の前島よりも疲れは少なかった。時間も短いし、ｉＰｈｏｎｅで歩数を調べたら五百歩ほど少なかった。よく歩いたと思うのだが。丸一日歩く遍路のみなさまの体力には程遠い。

さて、三回目を歩く前に。ようやく、よおおおやく、納経帳を買うことにした。これまで御朱印をいただいてこなかったのだった。特にこだわりがあったわけでもない。なんとなく巡拝作法に慣れなかったもので、御朱印でお寺の方をわざわざ呼び出したくない（＝会話も控えたい）。ひっそりこっそり歩かせてもらいます、という卑屈な気持ちと、行こうと思えばいつでも行ける。なんなら車で行けばすぐなんだし。というイージーな気持ちがないまぜになっていたのだった。それと強いて言えば、御朱印をいただけば、いただくことにこだわりが生じる。コンプリートしたいという欲は、歩き回るための結構な原動力になる。十数年前に立ち上げに関わった地域イベントでスタンプラリーを取り入れたことがあり、その効果はよく知っている。御朱印とスタンプは違うと重々承知だが、巡拝をスタンプラリー化させたくない気持ちもあった。

しかし歩いてみれば迷いまくり、お寺や近隣の方々に案内していただいたりと、地元の人々に全くお世話にならないわけにもいかず。道を整備してくださっているであろう方々の手間暇にも思い至った。たったひとりで歩いているけれど、たったひとりではないのである。ご一緒してくださる大師様（これもまだ実感薄いが言ってみた）だけでなく、この遍路があり続けるためには、たくさんの人が関わっているわけで、当然コストもかかるということだ。朱印が欲しいというよりは、些少であるけれど、宜しくお願いしますという意味をこめてお金をお支払いしたほうがいいだろうと思うようになったのだった。

長勝寺の威風堂々たる本堂も素敵だし、悲母観音に再会できたご縁もあるしで、三回目の最初に通るこのお寺で納経帳を買うことに決めた。

三回目の朝もまた五時に起き、短い原稿を一本書いて、センダングサを刈り取ってヤギたちに与えてから、着替えて土庄のコンビニに向かった。前回、前々回と、食料をたくさん買いこみすぎて重かった。そもそも半日くらい何も食べなくたって生きていけるはずなのに、何もない場所に行くと思うとつい買いこんでしまう。情けないことである。今日こそは買うまい。そう思いながら、気が付くとコーヒーに飴やらあんまんまで買いこんでいる。いや、半分は朝ごはんだ。ここで食べてから出発しようかなっと。

あんまんをほおばりながら地図を眺める。車で長浜に行くのに、もしかして近道があるんじゃないか、などと欲を出したのがマズかった。ものすごく遠回りしまくり、長浜に着いたのは九時二十分だった。これなら土庄港近辺に車を停めてバスで来ても同じだったかも。それにしても長浜から屋形崎までの道のりは、路線バスの空白地域でもあり、車で移動しても遠い。帰りはここを歩くことになるんだが、大丈夫だろうか。地図で見たところ前島のコースと長さ的には変わらない。なんとかなるだろう。駐車地点まで歩いて戻るのは大変かもしれないけれど、路線バスのように時間を気にしなくても良い点は気が楽だ。

気を取り直して、目をつけておいたバス停脇の駐車スペースに車を停めた。ここならば半日くらいは許されると思う。たぶん。

滝ノ宮堂まで山道をおよそ五キロ。でんでん歩いてゆく。ん、なんか忘れていないか私。ああっ長勝寺で納経帳を買うつもりだったのに、すっかり忘れて通り過ぎて来てしまった!!　バカ……。次の寺院で買い求めることにして、進もう。

山道とはいえ軽トラが走れるくらいの幅はあるので、足元難儀はしない。しかし時々、ん？　ここを入るのかなと思わされる微妙な脇道がある。道から見える距離のところにお堂が見えたので、ちょいと曲がって登ってみた。お堂を覗いてみたら、白蛇の像が祀《まつ》られている。う。これ、だれがお手入れしているのだろう。素性のわからないお堂の類には近づくなと以前に本で読んだことを思い出し、ずりずりと後ずさって失礼した。

南無大師遍照金剛を唱えつつ、元の道に戻ってみれば、遍路の指示板がここぞとばかりに貼ってあった。まっすぐ行けよと。了解です。しかしたいした信心もしていないのに、こういう時には大師宝号が口をついて出てくる。「とりあえず」「落ち着く」で、いいものなのかどうなのか。わからないまま唱えております。

さらにずんずん登っていくと、少し明るく開けてきて、皇踏山《おうとざん》ハイキングコースの看板が出てきた。あれ、ここって八坂神社の交差点じゃないか!!　あ、交差点って言っても信号とかあるわけじゃなくて、単なる農道の四辻ですけどね。ここの八坂神社には牛の石像があるのだ。このあたりは牛の牧場が多く、神社の境内には生体取引が行われていたと思われる牛の体重計もあるのだった。昭和四十年代、いや五十年代くらいまでは使われていたのではないだろうか。ブロックでできた簡素な小屋なのだが、床が体重計になっている。小豆島が誇るブランド牛、オリーブ牛の農場もここから近い。まったく逆方向から歩いてきたので、さっぱりわからなかった。以前来た時は目にも入らなかったけれど、辻には七十一番滝ノ宮堂を示す案内板が立っている。おうおう。

二百メートルほど歩いた小高い場所に、滝ノ宮堂はあった。お、自動車から遍路姿の人たちが降りて来る。杖なし笠なしだけど、白衣に輪袈裟をつけて、大ベテラングループの予感。男性四人に女性一人。いずれも後期高齢者。読経をご一緒させていただく。

不思議なクセがあって面白かった。女ひとり遍路、訳アリと見られたのか、特に話しかけられたりもせず、お互い巡拝を済ませて別れた。さっぱりしていて素晴らしい。なるほど、先達さんについて回るのは、あのような感じなのだなあ。紅一点の女性はひときわ熱心に、ロウソクを用意する間も札を納める時も、ずうっと小声で経文を唱え続けていた。それぞれ思うところがあって、遍路に出るのだろう。それはひとりでもグループでも、本質的には変わらないのかもしれない。

　そして少し進んだところで車道と別れ、笠《かさ》ヶ《が》瀧《たき》への山道を入っていく。『おへんろ道案内図』には「徒歩山越え」「雨天危険」などと小さな文字で書いてある難所だ。幸いなことに天気は良い。素敵なおへんろ日和です。

　ところで、小豆島でヤギを飼っていると、笠ヶ瀧という地名をやたらと聞かされる。すごいヤギがいるらしいのだ。一時期は島で唯一無二のタマ付きの雄ヤギであった（カヨが産んだ茶太郎が二年ほどタマ付きだったが去勢したので、またオンリーワンになった?）。ただし化け物のように大きくて気が荒いらしい。

いつか笠ヶ瀧に行って、化け物ヤギを見たい。笠ヶ瀧のどこにいるのか聞いても、寺の周りまで行けばわかるとしか聞かされていなかった。しかしもうすぐお寺なんだろうに、ヤギはぜんぜん見当たらない。道はどんどん険しい山道になっていく。あれっと気が付いたら、これまでで一番険しい山道になっていた。

山道はもう道とは言いにくくなってきて、樹の股などに縛り付けられた遍路道の案内板がどっと増える。案内板が連なってようやく道とわかると言えばいいのか。

そうしてどんどん土が岩っぽくなってきて、なぜだか細道に仏像がどしどし出現する。登攀《とうはん》する姿を沿道から頑張れーと手を振って応援されているような。ハイタッチしたくなるではないか。すごいなこの仏像の群れ。一体誰がここまで担いできたのだろう。

しかもこの岩肌に生えている苔植物、まるで高地を登攀しているようだ。そこまでの標高ではないはずなのだが。いったいいくつの仏像に応援されたのか数えておけばよかった、と思った頃にちょっとしたお堂が現れる。え、これが笠ヶ瀧?? 立派な不動明王像がそびえている。納札入れは、あるけれど。ここなのかなあ。一応納札と御賽銭をして読経して、さらに進むとああー、やはりこちらか。本格的なお寺らしき場所に辿り着いた。

いやー山道、楽しかったがすごかった。足場が不安定で傾斜が強すぎて、杖を持て余したくらいだ。落とす人もいるのでは。途中で少しだけ迷ってしまったけれど、仏像たちのお導きで、楽しい気分のまま辿り着けて本当によかった。ありがとう、仏像のみなさま。

しかしお寺の中を少し進んだところで、気が付いた。自分が来た道がお寺の裏口みたいなものであり、本堂かと思ったのは単なる休憩室。本堂はこれからまだ先で、ほぼ絶壁みたいな岩に鉄の手すりを打ち込んだところを登攀しなければ、辿り着かないのだ。岩壁の上に、お堂のようなものがちらりと見える。うわ——あああ。これだったのか……。そういえばうんと遠くから、車を運転しながら笠ヶ瀧とも知らずに山の上に張り付いたようなお堂を見てはいた。あれに今辿り着こうとしているということで。

山道ですっかりハイになっていたので、一気に崖みたいな岩を登攀した。楽しい！　楽しいぞ！　ようやく本堂の前に到着すると、今度は洞窟みたいなところに入る。しかも人ひとりやっと通れる穴をくぐってようやく、堂内に入れるのであった。脇に普通の道もあったけど。どこまでも楽しい。アスレチック要素満載！　これじゃ観光客が群がっちゃうんじゃないのかしらと中に入ると、堂内撮影禁止の大きな張り紙が目立つところにドーン。まあ……仕方ないか。

7 瀬戸の島の辺地修行

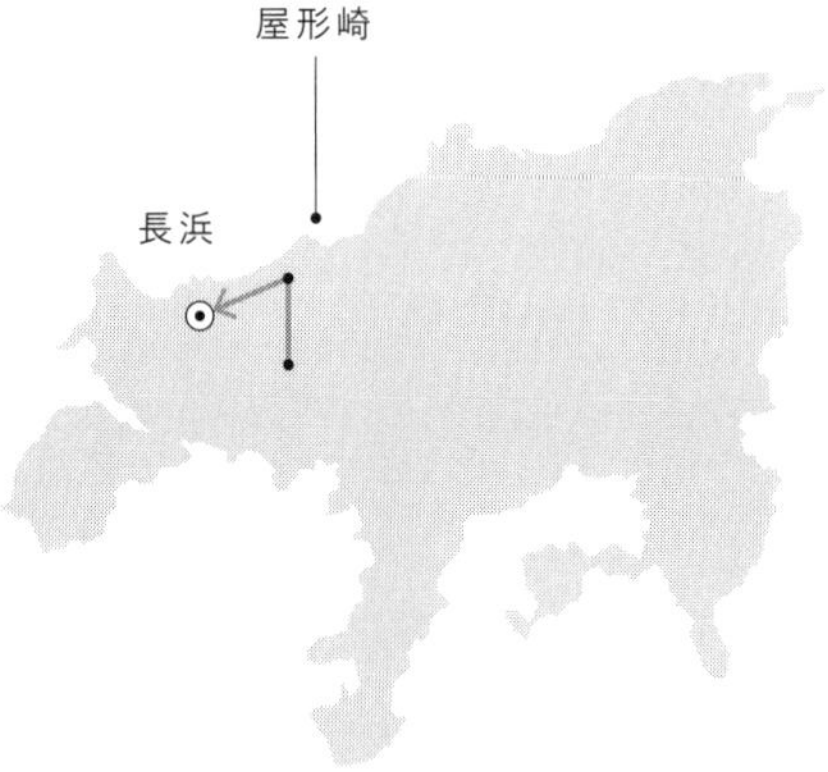

これまで、小豆島まで訪ねてきた友達を連れていく山やお寺と言えば、慈空さんが常駐している碁石山か、前島の江洞窟、重岩の三択であった。歴史的建造物などに興味がある人ならば中山か肥土山《ひとやま》の農村歌舞伎舞台に連れていく。内陸の棚田の風景は本当に美しい。

重岩は遍路の札所ではないけれど、いわゆるパワースポットとして知られていて、小さなお堂もあれば鳥居もある。巨大な岩が山の尾根の上に絶妙なバランスで載っかっているのである。指で一押しとまではいかないけれど、地震が来たらぐらりと転がって、そのまま海までゴロンゴロンと落ちそうなのだ。

素人目の判断なのだが、この岩と江洞窟の上にせり出した岩は、同じような色と風合いをしている。薄い茶色で表面は比較的滑らかなのだった。重力に反して？　巨体を崩さずに何かの上に位置しているところも、似ている。位置的にも近く、二つとも西端の出島である前島の中にある。

一方で、碁石山は小豆島の東南に位置する。いずれ巡拝する日も来るので詳しくは書かないが、かなりの山の上にあり、半分洞窟のような本堂や、ゴツゴツの岩肌に不動明王像が立っていたりと、笠ヶ瀧と共通点が多いのである。岩の質感も似たような溶岩石。前島の巨岩たちとは明らかに別物なのだ。笠ヶ瀧は、島の西北の山間部にあるから碁石山とはかなり離れているが、山が続いているという感じを受ける。

実は碁石山や笠ヶ瀧だけではなくて、溶岩石の山の洞窟を利用し（?）へばりつくように立つ、いかにも修行道場のような趣の寺院は、他にもいくつかある。どこもそのうち巡拝するけれど。これらの溶岩山系の寺院群は景勝地なもので、歩き遍路をはじめる前に、島のだれかに案内してもらってだいたいは訪ねていたつもりだった。

なんというか、いかにも修験者が好みそうな、ごつい洞窟寺院が多すぎる。これくらいの規模の島なら、観光的に言えば一つか二つで十分なのに、あちこちにボッコボコある。不思議な島だよなあ。それでも一応、主《おも》だった溶岩洞窟系の寺院は訪ねているものだと勝手に思っていたのだが、有名なのに笠ヶ瀧はどういうわけだか未訪であった。こんな、ラスボスみたいな寺院だったのか。

いや、寺院のたたずまいに優劣はない。どこの寺院も見下ろせば青い静かな瀬戸内海が広がり、その向こうにボチボチと島か四国や岡山の山を望める素晴らしい景観を有し、溶岩石の洞窟も独特の雰囲気を醸し出している。けれども、笠ヶ瀧が他を圧してラスボスと呼びたくなるのは、鎖や手すりづたいに登る岩壁の距離というか面積が、頭抜けて大きいからだろうか。一応ほぼ規則的に足の届くところに段がついているので、階段と呼んでもいいのだが、限りなく絶壁に近い。そしてそこを登らなければ、本堂自体に辿り着けないという立地もなかなか……。まさに修行！　という感じなのだった。

私は幸いにして足腰に問題なく、体力もそれなりにはある。裏の山道を仏像たちに見守られて歩いてきた興奮が強く、本堂に辿り着いた感はそれほど強烈ではなかったが、それでも独特の高揚はあった。高齢の巡拝者の方々だと、マイクロバスで下まで連れて来られていきなり鎖にしがみついて登攀するとなると、こういってはなんだが彼岸に片足突っ込んだような気分になるのではないだろうか。岩の途中に不動明王とその眷属《けんぞく》三十六童子も見守っているし。本堂に辿り着けた時のありがたみもひとしおだろう。

絶壁をよじ登ると言えば、一九九五年春に訪ねたエチオピアのデブレ・ダモ修道院を思い出す。標高三百メートルの岩山の上の絶壁の崖を十五メートル、ロープでよじ登ったそ

こうした山岳寺院が
小豆島霊場にはいくつもある

の上に建つ。ロープでよじ登る以外に修道院に辿り着くルートはなく、食料となる鶏やヤギもロープに吊られて上に運ばれていた。

女人禁制だったので、一緒に行った男性たちがロープをよじ登り、天上界を訪ね滞在する間、私は絶壁の崖下に掘られたいくつかの洞窟に住まう修道女を訪ね、洞窟に泊めてもいただいた。男性であればエチオピア正教徒でなくても上がることはできる。カソリックの聖地巡礼なのか、イタリア人ツアー客が多く、先週もイタリア人が登る途中で落ちて死んだと聞かされた。そもそもこの絶壁の麓までの道もかなりの悪路で、観光客を荷台にてんこ盛りに乗せたトラックが坂を上がることができず、あきらめて引き返していたくらいの場所なのだった。

麓とはいえ高い。下を眺めていると延々と土漠が広がっていた。集落のようなものも見えなかったのだが、遠くからぼんやりと歌っているのか喚《わめ》いているのかよくわからない音声が聞こえて来て、ありんこのような人々が見えて来た。なんだろう。道は蛇行しているので、ゆっくり少しずつ迂回《うかい》しながら近づいて来る。棺を担いだ一団だとわかったのは声が届いてからずいぶん経ってからのことだった。彼らは、ここを目指しているのかとジェスチャー交じりの英語で尋ねると、そうだと言う。修道院のなかに墓地があるという。

喚き声が、死者を悼んで女たちが泣き叫ぶ声なのだとわかるのに、どれくらいかかっただろうか。長い時間をかけて私がたたずむ麓に到着した彼らは、上から垂らされたロープに棺をしばりつけ……かなり危なっかしくて途中で落ちないかハラハラしたけれど、棺は無事に〝天上界〟に吸い込まれて行ったのだった。

女性は死んだら上に行ける、とウットリとした表情で教えてくれた修道女は、老女のように見えたが四十そこそこだった。

日本を出たのは三月末。聖地ラリベラの岩窟教会で四月二十三日（正教の日取り）の復活祭を見ようと、以前から計画していた。出国直前に前代未聞のテロ、地下鉄サリン事件が起き、思考停止状態のまま出国した。その二か月前に阪神・淡路大震災が起きたばかりでもあった。

　エチオピアで見たものは、のどかな信仰世界ばかりではなかった。内戦と飢饉を拡大させ、多くの難民を国外に送り出しただけでなく、大規模な粛清を敢行したメンギスツ将軍が、国を追われて亡命してからまだ四年しか経っていない。現在はアフリカ諸国の中でも順調に経済発展しているが、当時の人々の荒《すさ》みっぷりはこれまで旅したどこよりも強烈だった。現実がめちゃくちゃだからこそ、神にすがるしかない。教育も行き渡らず情報すらない状況で、不幸から心を守るには、信仰しかないということなのか。

　翻って日本はといえば。高学歴の〝恵まれた若者〟たちが、オウム真理教を信じ、すべてを捧げて無差別殺人まで犯した。なぜなのか。答えを出せないまま二十数年経った。当時は見えてこなかった貧困だけが、相対的貧困という名を得て可視化され、〝恵まれた若者〟という言葉は、気が付いたら死語となっていた。たった二十年で。

　物価は下がり、安くても小綺麗で使い勝手の良い高品質な生活用品や衣服が増え、格安の航空会社まで登場した。表面的にはかつて願っていたことがどんどん実現していくようだった。けれども以前より豊かさを感じる社会になったかと言えば、むしろ不安が増している気がしてならない。

　あれから科学技術はそれなりに発展し続けたというのに、世界から災害と戦争とテロはなくなるどころか増えているようにも感じられる。私個人を振り返っても、愚かな失敗と災難の連続で、なんとかやって来られたのが不思議でしょうがない。

なのに、笠ヶ瀧の絶壁の岩場をよじ登る時、その先に、ふと気楽に天上界を思ってしまう。奇妙なことだ。信仰から距離を置き、神頼みも占いすらも否定して、ほぼ封印してきたはずなのに。登りつめた先に別世界があるのかもと思えてしまうのは、無意識に埋め込まれた感覚なのだろうか。

後日担当編集者のＭさんが来島した時、彼女にもあの絶壁の岩を見せたくて、笠ヶ瀧を再訪した。絶壁の麓で休んでいる年配女性が話しかけてきて、本堂屋根の上の山にチラチラ見える石塔まで行く道が山の中にあるから、ぜひ行くようにと勧められた。たしかに、笠ヶ瀧に向かう山道の中に分岐道があったような気がする。勇んで登ってみた。塔の周りは少し広くなっていて、周囲を眺めることができた。本堂からの風景からさらに頭ひとつ抜けて、なんと海が見えた。ぜひここまで登ることをお勧めしたい。

礼拝を終えて、絶壁を降りる。降りる時のほうが辛い。出口を探すと、ものすごく立派な参道が現れた。こちらが正面玄関というわけだ。歩き遍路は山づたいの裏口から入ることが多く、寺院の規模がわからず、失礼する段になって立派さに気づきびっくりする。

そして地味に長い参道階段を降りきった横の草地に、大きな角のヤギがつながれていた。

うわさに聞いていたとおり、たしかに大きい。子牛くらいある。毛並みもフサフサ。アルプス山麓あたりで放牧されるのが似合いそうなタイプ。とはいえ普段からヤギを飼っているためか、「化け物」呼ばわりするほど巨大とは思えなかった。

順当に道を進み、迷うことなく瀧湖寺《りようこうじ》、救世堂《ぐぜどう》と巡拝する。笠ヶ瀧の記憶が強すぎて、申し訳ないことにこの二札所の記憶がほとんどない。途中の道で雉《きじ》が突然飛んでいったことくらいで、写真どころかメモすらもない。本当に行ったのか自信がなくなってきたが、納経帳を見ると御朱印はいただいている。瀧湖寺の背後には降りて来た笠ヶ瀧が遠くに見えたはずなのに、それも見たかどうか。前回笠ヶ瀧に登る手前で通った滝宮八坂神社以降、島のどこに位置するのか、どの道につながるのかもわかっていて、少し慢心していたのだと思う。

次の大聖寺《だいしようじ》まで、本来ならば県道と並行して歩き遍路の道があるはずなのだ。冊子によれば。けれども私は救世堂からの道を何度も間違え、なぜか何度も県道に出ては引っ込み、遍路道を探し歩き、結局また県道に出てしまう。県道は車でよく通る道で、路線バス福田線の通り道でもある。おかしいなと思いながらも、県道を歩いていれば大聖寺の看板が出てくるのは知っていたので、どこかで安心していた。

地図によれば、県道を行く場合、東《ひがし》馬越《まごえ》のバス停まで歩き、戻る形になってしまう。

遠回りなのだ。なんとか脇道に入れないか。墓地の外れに道を見つけて入り込み、グルグル回り込んだあげく、脇の排水路のような溝を歩いてようやく大聖寺正門に辿り着いた。

納経帳に朱印を押してくださったのは、若い、まだ少女のようなあどけなさが残る二十代前半の女性。生まれたばかりの赤ちゃんを抱っこして、眠そうな顔をしていた。ものすごく申し訳ない気持ちになった。師走も近いこんな時期に、ひとりでプラプラ歩き回っている私のなんと呑気《のんき》なことか。いやいや、せっかく頑張っていらっしゃるのだから、せめて励まそう。かわいらしい赤ちゃんですね。赤ちゃんのお世話で大変な中、ありがとうございます。と笑いかけると、疲れた顔が少しだけ和らいだ。


今回の遍路はここまで。正午は回ったけれど、それほど時間をオーバーしたわけではない。ただし、軽トラを駐車している長浜のバス停まで歩いて戻らなければならない。結構な距離なのである。県道に戻ってそのまま道なりに海岸線に出ると、県道は北東に延びているので、西方向に戻るのに遠回りとなる。それはなんとかして避けたいので、大聖寺からそのまま北西方面に進みながら海岸線に出る道を模索しようと思った。

折よく地元の方らしい軽トラが通りかかったので、目的地を言って道を尋ねると、うーんと唸《うな》りながら、「そこから出ている脇道をまっすぐ進めば海に出るから」と教えてくださった。で、その道が果てしなく長い。海は見えているのに、なかなか辿り着かない。

こんな時こそ位置情報サービスなのであるが、大聖寺に行くまでに散々迷って参照したため、スマホの電池残量が五パーセントしかない。これでは一度使ったら電源が落ちてしまう。事故など緊急のためにこの五パーセントはとっておかねばならない。

海が見えているのだから迷うわけはないと、ずんずん歩いてやっとのことで海岸沿いに到着すると、なんとそこは屋形崎バス停。つまり、県道をそのまま進んだ場合と同じ地点に辿り着いてしまったのだ。茫然。ちなみにこの屋形崎バス停は、そのまま今来た大聖寺方面へと南下する北廻り福田線ルートのバス停。四海線ルートにある長浜には行ってくれない。

そう、この屋形崎から馬越浜間だけバスが通らない、欠落地帯なのである。そして私が車を置いた長浜は、四海線始発の馬越浜から四つ目にある。必死に地図を見るのだが、『おへんろ道案内図』にはそもそもバス停が全部書かれているわけではなく、さらに屋形崎から長浜までは地図が分かれていて、距離を測ることも難しい。しかし、前島一周よりは、距離は短いはず。小豆島の全体図を眺めながら、自分に言い聞かせる。第一、海岸線の道を辿ればいいのだから、絶対に迷うことはない。それにバスの時間を気にしなくてもいいのだから、何時になったところで、長浜に辿り着けば家には帰れるのだ。

道は長かった。慈空さんによれば、海と陸の境界を歩く辺地《へち》という修行があるのだそうだ。この辺地修行が四国巡礼の原型となっていったという。ちょっと調べてみると、仏道を実践する手段として伊予、讃岐、阿波、土佐の海辺の周りを歩く僧侶が今昔物語にも出てくる。今昔物語は平安時代後期の説話集だ。

そういえば。二十歳前後の頃、当時住んでいた鎌倉の海岸線を西へ西へひたすら歩く夢をしょっちゅう見ていた。夢の中の自分は、歩いていればインドに辿り着けると思っている。当時の自分が辺地修行のことを知っていたわけではない。澁澤龍彦の『高丘親王航海記』（文春文庫）という幻想小説が大好きではあったが、親王が旅したのは唐から天竺《てんじく》。

辺地修行の話を聞くと、妙に腑に落ちる。これもまた絶壁をよじ登る行為と同じく、海岸線を歩き続けるのは人類の共通の知恵なのか記憶なのか、いや単に気持ち良いだけなのか？

今回のルートは右手に海、左手に山。しかし進むのは西。西方浄土と同じ西、天竺と同じ西。小豆島の素晴らしいところは、海岸線に道路はあるのに全く邪魔な感じがしないところだ。西湘《せいしょう》バイパスほど海の眺望を分断する、不愉快な道路はない。けれど、いくら小豆島とはいえ、道路を歩いていると海が少しだけ遠くなる所が出てくる。

よせばいいのに、フラフラと波打ち際に出た。なぜと言われても、わからない。修行的本能なのか。海の色は島の南側よりも青みが深く、なんとも言えない美しさ。しかしこれが、帰路をさらに引き延ばした決定的要因となった。歩いても歩いても長浜に到着しない。

どれくらい歩いただろうか。途中でごはんも食べ終わり、ふと不安になってきた。いや、この突堤を越えれば長浜の裏手で、自分が停めた車も見えてくるはずと思って越える先には、見知らぬ入り江。何度か繰り返して、さすがにこのままでは本当にまずいと思って道路に戻った。

バス停が見えてきたので早足で駆け寄ると、目島と書いてある。めじま？　どこそれ。さんや袋に入れていたすべての地図をひっくり返すけれど、主なバス停以外は省略されている。次、次こそはと這《は》うように歩いて歩いて、渦江《うずえ》。そんな地名、聞いたことないよ!!

パニックに陥りそうになる。落ち着け自分。道の右手に海があるかぎり、島の北部にいるのだ。いや、四海も右か。いやいや、四海地区まで行ったら絶対わかるはず。通り過ぎてはいない。それに通り過ぎたとして、結局は小さな島の中なのだ。全然小さくないけど。

最後にはもう何も考える気力もなく、全身歩く機械となって、歩いて、歩いて、歩いて、ようやく長浜の駐車場に辿り着いた。会いたかったよ、我が軽トラ。倒れるように乗り込んだ。それにしても、辺地、侮りがたし……。

Ⅱ

北廻り福田線

8 北廻り福田線を、東へ

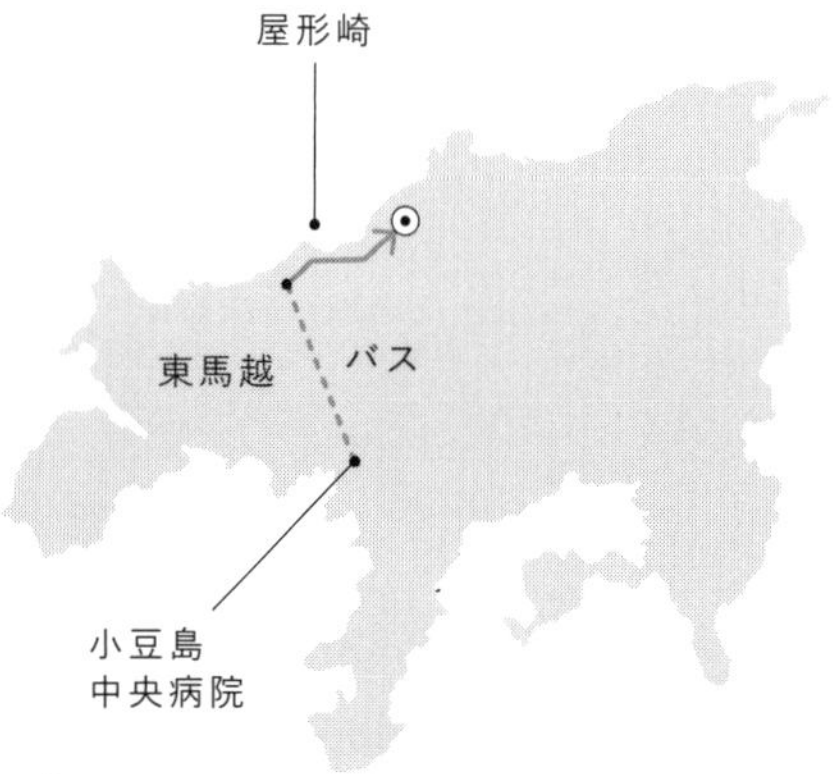

前回、行きはよいよい帰りは……駐車地点までが遠すぎて、とてつもなくしんどかった軽トラへんろ。しかしおかげさまで、バス路線でいうと四海線から北廻り福田線へ無事にバトンタッチできた。後半の救世堂から大聖寺までの道のりで、歩き遍路道を行くはずが、何度もバス道路に出てしまっていた。この道路こそが、北廻り福田線。東馬越のバス停をしっかり拝み、ここを次回の始点と決めていた。そう、始点の東馬越までバスで行くのだ。

四海線は一日五本だけど、北廻り福田線は一日九本もある。ちょっとだけ計画にもゆとりが出る、かもしれない。北廻り福田線の始発は、小豆島中央病院。池田港から少し東に進んだところにある。二〇一六年にできた立派な総合病院である。何度か通院しているが、バスは利用したことがない。

本数が比較的多いのは、自動車運転免許を返納した後期高齢者たちの通院を配慮してのことだろう。

　小豆島中央病院の駐車場は、とても広い。そして料金がかからない。商業施設の駐車場に比べると、半日駐車しても罪悪感は軽い。そういえば池田港の駐車場も広くて無料なので、池田港前からバスに乗るという手もあるか。しかし、待合の椅子は小豆島中央病院のほうが立派だ。屋根もある。自販機もすぐ近くに設置してある。具合の悪い人の利用を想定して作られているからだ。ありがたく利用させていただきます。始発は八時十分だ。

　その日も頑張って五時から仕事をかたづけていたのだが、みそ汁を出汁《だし》からしっかり作って朝ごはんを食べていたらどうにも間に合わず、始発を逃し、次の八時三十五分に乗ることになった。しかもギリギリだったので、コンビニにも寄れなかった。

　実は前日に百円玉を作るのを忘れていて、あろうことか千円札すらもなかった。財布の中には一万円札だけが三枚ほど。バスの中でＩＣチャージができたらと思ったのだが、運転手さんに「できないんですよ」と申し訳なさそうに言われてしまった。水も買えないままの出発である。バスの料金は琴平電鉄が発行するＩＣカードで支払った。残高は千円くらい。このカードが自動販売機で使えれば水が買えるのだが……。そもそも琴平電鉄は香川県本土のバスと鉄道を運営しているだけ。小豆島で琴平電鉄のＩＣカードが使えるだけでもありがたいのだ。

お客さんもほとんどいなかったので、「歩き遍路なんですか」と、運転手さんが珍しそうに話しかけてくる。歩き遍路というと、みなさん日の出から日没まで歩き通すような行程を想像するのか、必ず「大変ですねえ」と言われる。いや、もごもご……。返事をする私のほうはといえば、ちょっと煮え切らない。なにしろ半日しか歩いてませんから。毎回それなりに疲れるけれど、たぶん日没近くまで歩くような苛酷さには身を置いていない。修行という意味では、もう少し長く歩いて身体を追い込んでもいいとも思うのだが、仕事やヤギの世話などの都合もあり、なかなか踏み込めずにいるのであった。

しかし、前回はとても疲れたし辛かった。しかしその辛さの半分は、スマホの電池が切れたため、現在地が把握できないという不安から来ていたと思う。知らない道をひとりで歩くこと、間違った道を歩いているのかもしれないという疑念が、これほど疲労感を高めるものだとは思わなかった。歩き遍路を始めて知ったのであるが、これが万人に共通するものかは、わからない。

私は道を間違えることが、怖いのだ。間違えたら戻ればいいだけのことなのに。「人生の道」においては、間違いだらけの恐れ知らずと言っても良いタイプかと思う。友人の高野秀行さんの『間違う力』（角川新書）という生き方指南本の中でも「間違ってばかりの人」

として登場している。まあ間違いではない。

ついフラフラと面白いことがあると首を突っ込み、道から外れっぱなし。間違うことを少しでも恐れる気持ちがあったなら、ここまでひどくはならないだろう。それなのに実際の道を間違えるのは怖くてたまらないのだから、不思議なものだ。何度も何度も案内図を見たり、現在地を確認したりしてしまう。間違うことを恐れずに進む覚悟が決まらない。いやしかし、つい人生のコマの進め方に喩えてしまったが、たかが歩くのにそこまでの覚悟が必要というわけでもなかろう。単純に、無駄に多く歩くことを苦にしなければいいだけなんだが。それが不思議なくらい惜しくてたまらないのだった。

　東馬越でバスを降りた。目の前に枝道があり、七十六番奥の院三暁庵《さんぎようあん》の大きな看板が目に入る。ありがたい。看板が示す道は、自動車も乗り入れできる幅。足を踏み入れ、十メートルも歩かないうちに、猪が脇の藪から飛び出して道を横切られた。体長四十センチくらいか。赤ちゃん猪に見られる縞模様は消えている。

　同じ小豆島の中でも、場所によって、動物の人間社会への警戒心に違いがある。しかし余程のことがなければ、人間に向かって襲いかかってくることはない。基本的に人間を見たら逃げ出す。ただし、くくり罠にかかったのをむりやり脱出して手負いになった状態だったら、わからない。襲ってくるかもしれない。金剛杖の鈴をきちんと鳴らしながら歩くことで、猪よけにもなると以前に慈空さんが言っていたけれど、よく知らない地域では特に気を付けてしっかり鳴らしたいものだ。

そういえば、金剛杖の握り手部分についている袋カバー。握力が弱いのか、紐で縛ってもすぐにすっぽ抜けて困っていたのだが、画期的解決策を見つけた。それは、カバーと本体の境目を握るというもの。袋部分だけを握っていると、ふと握りを緩めた時にすぽっと抜けてしまうのだが、境目を握るだけで全く抜けなくなった。特に握りにくくなったということもない。なぜこんなに簡単なことにすぐ気づかなかったのか。

しいて問題をあげれば、素手で触る本体部分が汚れやすくなることか。しかしそもそも大事に扱いたいのはカバー部分なのであるからして、いいのではないか。カバーを瞬間接着剤で本体に貼り付けることに比べたら、全然マシということで、解決。

緩やかな坂を上がり、すぐに三暁庵に到着。紅葉が美しい。通称、笠松大師という。弘法大師がこの地で松の枝に笠を掛け、汚れた衣を洗おうとしたが水が少なかったため、清水を湧出させたそうだ。本堂の脇に小さなお堂があり、「笠松大師お恵みの水」と書かれた札もついている。お堂の中や周囲を見ても、お水を汲めるようにはなっていない。お堂の屋根は万年青《おもと》のようなシダのような、謎の植物で丸く覆われている。水気があることの証のように思える。もはや屋根の原型がまったく見えないくらいの青い葉の生えっぷりは、まるでアフロヘア。長い年月をかけて繁茂したのだろう。面白くてつい何枚も写真を撮ってしまった。

巡拝を済ませて歩きはじめると、どうやらゴルフ場らしきものがちらちらと見える。案内図にはミニゴルフ場とある。だれが利用するのだろうか。ゴルフが好きな島の男性は、よく香川県本土に出かける。道越しに眺めるゴルフ場に、人の気配はまるでなかった。

あとでグーグルの航空写真地図を見て納得するのだが、道の反対側のちょっと先には、リゾートホテルオリビアン小豆島があるのだった。敷地がつながっているように見える。リゾートホテルに来たお客さんが利用するのだろう。おそらく。

人とすれ違う機会もないまま、山の中をてくてく歩き、七十七番の歓喜寺《かんきじ》に到着。小高い場所にある。集落的には奥の奥。まっすぐ下って行けば、屋形崎だ。こちらは七十八番の納経も兼ねている。七十八番の雲胡庵《うんこあん》には今日中に行く予定なのだが、まだ未踏の地。そして常駐する人がいない奥の院三暁庵の納経は、歓喜寺の次に行く予定の金剛寺《こんごうじ》でやっていただけることになっている。

順序通りに歩いて回るのはロスが多くて不可能である時点で、この問題を深く考えるのはやめようと思ったのだが、これから巡拝する予定の札所の御朱印を先にいただくことが結構多いのだった。その日のうちに回るのならば先にいただいてもそれほど気にならないが、日をまたぐとなると、ちょっとだけ罪悪感が芽生える。

歓喜寺で納経を受け付けてくださったのは、六十代の優しそうな女性で、一万円札を出しても快く受け入れてくださった。島に移住してきた者だと言うと、いろいろと聞きたそうな顔をされていた。「このあたりはあまり来たことがなくて、島も場所によって雰囲気が違いますね」と言うと、北側のほうが寒くて雪も解けにくいと教えてくださった。

太陽を背にするためなのか、北側の海の青は、なんとも言えない深みがある。けれども基本的には瀬戸内海。内海なので、日本海のような厳しさや荒々しさとは無縁なのだが。

そして「これから金剛寺《こんごうじ》、藤原寺、雲胡庵まで行く予定です」と言うと、藤原寺は今人がいないので、納経は四十六番多聞寺《たもんじ》でもらうようにと教えてくださった。え、四十六番ってどこでしたっけ……と案内図を辿ると、少し南側の山の中にある肥土山集落の中にある。緯度的には笠ヶ瀧と同じくらいと言えばいいのか。簡単に言うと、前回笠ヶ瀧のあたりから北上して北側から西へと巡拝するルートを選択したため、最後のほうに辿り着く予定の札所なのであった。

うーむ。いつ御朱印をいただけるのやら。距離的には近いと言えなくもないけれど。スタンプラリー的に楽しむ人たちにとっては、この不規則な感じも難易度が上がって楽しく感じられたりするのだろうか。私としては御朱印にこだわりはないので、万が一もらい忘れてしまったとしても、まあいいか、になってしまいそうな気もする。

七十六番金剛寺までの道のりは、ひたすら海に、屋形崎に向かって下って行けばよかったように思う。途中はのどかな農道のようなところもあり、変わったことといえば、七十年代の少女漫画に出てきそうなフリルのワンピースを着た女性が、畑の中の倉庫のような建物の脇にたったひとりでジッと立ち、海を眺めていたこととか。

どう考えても、島の人には思えないし、観光客というには、なぜこんな別荘地でもない商店もない場所にいるのかが、さっぱりわからない。お遍路……かもしれないが、巡拝する格好には見えなかった。何か良からぬことを考えている可能性もあるが、しかし飛び込もうにも、海まで歩いたら三十分以上かかることは確定だし、乗ってきたと思われる車もあるしで、声をかけずに通り過ぎることにした。今でも少し気になる。

金剛寺で迎えてくださったのは、笑顔の素敵な住職だった。「歩きです」と言うと驚かれたが、一日の行程を伝えると、「ずいぶんゆっくりやな」と呆《あき》れられた。いやまあ帰りのバスの時間もありまして、ともごもご言うと、「乗り遅れそうになったら、手あげたら止まってくれるから」と親切に教えてくださった。

と、私にしてはここまで道に迷うことなく、つまりきっと子どもでも迷わないレベルの簡素な道程であった。なんだ、私も随分慣れてきたのかな、など思い上がりつつ、屋形崎、見目《みめ》の集落内を東に横断する。これがすごかった。今までの中で一番の難易度（迷いやすいという意味で）の遍路道なのだった。まさに路地へんろ。しかしあまりにも複雑すぎるためなのか、集落の方々が大変親切に道を教えてくださったため、全く迷うことなく藤原寺まで辿り着くことができたのだ。道が複雑すぎると、かえって迷わないという皮肉。

　まず金剛寺を出て最初の案内板まで行ったところで、軽トラを運転していたおじいさんが、私が何も聞いていないのに、わざわざ車を停めて降りて来て、「このあたりの遍路道は昔からのまんまだから」「ここの横を下って公民館の……」と、先の先までというか、目的地までの行き方を細かくご指南くださった。いやはや。これがなければ、私は見目の集落で永遠に迷子になっていただろう。あのおじいさんの口述道程をそのまま文字に起こして案内図にのせたらいいのに。録音しておかなかったのが残念だ。それくらい細かく長く呪文のように唱えてくださった。きっと、出会う歩き遍路全員に指南してくださっているのだろう。

　道程は、え、こんな細い道を下るんですか?? これって個人の家の勝手口脇の通路にしか見えないんですけど、とビビるような細道ばかりなのである。しかも急な下りとか。山じゃないのに。お遍路ステッカーが貼ってあっても、地元の人に「ここだから行け」と言われなければ、それとわからない道の連続なのだ。

そして後半、軽トラおじいさんの呪文を忘れてしまい（それくらい要注意ポイントや目印が多いのだ）うろうろしだしたところで、焚火をしていた女性からすかさず、「そこはまっすぐですよ」と支援が入った。ありがたい！

ホントに驚くほど、人の家に侵入しているのでは、といった感が強い。こんな路地ははじめてだ。小豆島の路地だけでなく、鎌倉や谷中《やなか》・千駄木《せんだぎ》・根津《ねづ》などの路地もよく歩いたけれど、都会だからなのか、ごちゃごちゃしていてもどこも生け垣や塀が高く、個人の家同士の境界はわりとしっかりしていたように思う。ここの路地は、もっと家と家が近い。

路地をようやく抜けたと思ったら、廃校になった古ぼけた小学校とプールが現れた。ここまで来れば路地はない。ないのだけれど、今度は小学校建築の古臭さに圧倒された。同じく古臭いプールがあるためなのか、自分が小学生だった頃の記憶が鮮明に蘇った。

廃校になった小学校ならば、島の中にいくつもある。前島の戸形小学校など、これまで見かけた小学校たちは、どちらかというと可愛らしい懐かしさに溢れていたのに、見目の小学校はなぜなのだろう、古ぼけたコンクリートの質感のためなのか、息詰まるほどの昭和の煤《すす》けた感覚が蘇ってしまうのだった。今では考えられないけれど、私が通った小学校では、苔だか藻が生えて底が全く見えないプールに入れられた。ヤゴも泳いでた。あれは辛かった。

記憶の沼に取り込まれそうになりつつ、プールの脇を進めば北浦公民館に辿り着くという軽トラおじいさんの言葉を思い出して、足を進める。しかし周りの家並みも、妙に昭和すぎる。すごいな、見目。あの小学校で真夏の怪談イベントとかやったらかなり評判になると思うのだが。しかし公民館は、拍子抜けするほど普通の建物で、ほっとした。すぐに大きな看板に迎えられ、無事に番外の藤原寺に到着し、巡拝。

気が付いたらここまで自販機がなくて、水分もとらないままだった。時間は十一時。悪くないペースである。バス通りに出て、北浦郵便局前の自動販売機でお茶を買う。

本日の終点予定の雲胡庵までの道のりは、七割が県道二十六号。つまり海岸線のバス通りだ。歩く前から安心だ。絶対に迷わないだろう。しかも県道から脇道に入るところの目印は小海《おみ》のバス停の向かいの石碑。

郵便局から少し歩いたところに、土庄町立北浦保育所がある。文字通り、海が見える保育所だ。小学校の廃墟ぶりとは対照的に、この保育所には結構たくさんの子どもたちがいて、わあわあと庭の遊具で遊んでいるのである。楽しそうだ。こんな青い海が目の前に広がる保育所に子どもを預ける人生を、しばし想像してみる。なんだか最近の邦画に出てきそうな光景だ。

都会では子どもの声は騒音扱いされてしまう。ここは海に向かって叫び放題。周りに家もないし。のびのびできる。子どもたちが柵のすぐ向こうで絶叫しているというのに、全然うるさくない。おそらく海があることと、何もない空間や山があることも影響していると思う。小豆島で子育てしたいと移住してくる人たちはとても多い。たしかにこの保育所を見たら、都会者ならクラッとくるだろう。

この海沿いには保育所の他に、児童館やゲートボール場もある。公共施設がオーシャンビューという、じつに不思議な地域なのだった。あ、公民館は内陸だけど。

小海のバス停に辿り着き、石碑のある脇道に入ったものの、なかなか雲胡庵に辿り着かず、不安になってグーグルマップを開いた。本日はじめての位置確認である。いやあ、ここまで全く位置確認せずに来られたこと自体が、奇跡としか言いようがない。さんや袋の中には電池切れに対応すべく、モバイルバッテリーとコードが忍ばせてあったのに。

確認したところ、半分も来ていなかった。道に迷いたくない病、本日も発症。

藤原寺からなんとか約二キロを歩ききり、無事に雲胡庵に到着。うんこあんと読むことについて、島の人たちに話してもほとんど動じずスルーするのであるが、なかなかの読み方である。私が子どもだったら狂喜乱舞していたはずなのだが、だれとも共有できず、せめてSNSの友人に石碑の写真を撮って送った。雲胡庵は無人であった。歓喜寺で押していただいた御朱印も、これで嘘にはならずに済んだ。

今回は道が複雑すぎて島民の方々に助けられたこともあり、かなり順調に、疲れもなく目標地点に着いた。さらに雲胡庵から足を延ばして七十九番の薬師《やくし》庵《あん》に行こうかどうしようか迷ったのだが、金剛寺の住職さんに二時間かかると言われていたのを思い出して、やめた。二時台のバスにぎりぎり間に合わないとなると、その後二時間半はバスが来ない。日が暮れてしまう恐れがある。ヤギたちが反乱を起こすだろう。

川を渡って県道に戻ると、そこは大坂城残石記念公園と、道の駅がある。何度か来たことがある。うどんなどの軽食を出す食堂もある。うどんを食べて一息ついたところで、十二時台のバスが時間通りにやって来た。携帯の電池残量は、ゆうに三十パーセントある。いかに地図を見なかったかが窺える。

9 文学の中のお遍路さん

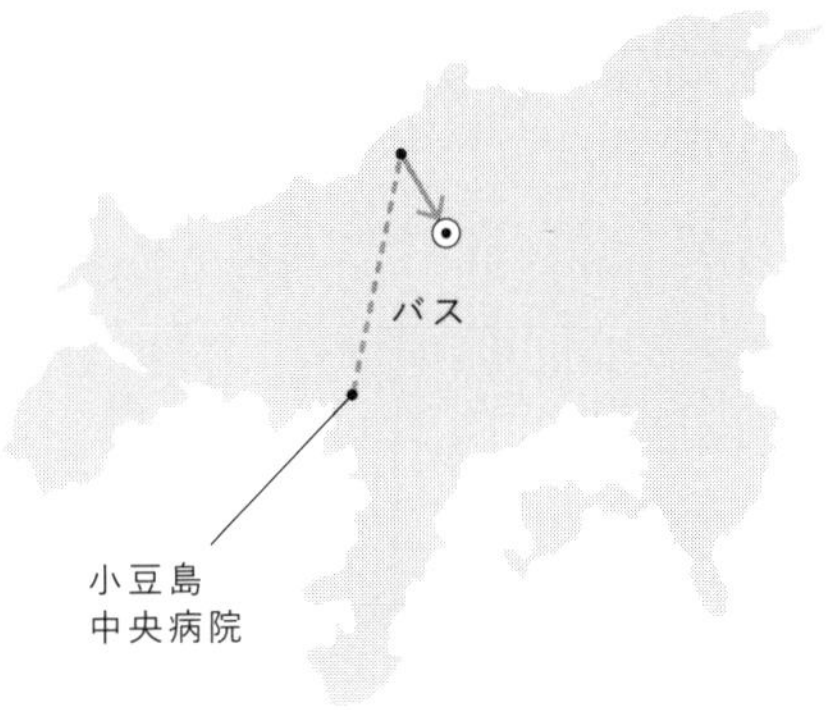

しかしこんな遍路でいいのだろうか。いまだ島の半分も行き着かない段階で、だんだんと迷いが生じてきた。地図を見て、迷わずに札所に行くことと、順序手際よく巡拝を「済ませる」ことばかり考え、昼を回る頃にはバスの時間を気にして帰ることを考える。これではオリエンテーリングかスタンプラリーとあまり変わらないのではないか。

祈りの言葉を、自分なりにでもつきつめて考えながら唱えられているかというと、これもまた惰性で済ませているように思えてならない。札所の礼拝はどうしても手順に気を取られてしまうし、歩きが単調であったり、疲れて辛い時に南無大師遍照金剛と唱えるのも、痛い疲れた辛い、目的地はまだかまだか……という代わりに唱えているようなものだ。うーむ。辛くなればなるほど、おすがりしたい気持ちが生じてはいるけれど。

道順がわかれば、集中できるのだろうか。それとも歩きをやめてバスツアーに変えてみるとか？　先達さんがいれば道に迷うことはなくなるだろうけれど、他人がいると気を遣ってしまう私は、自分の世界に没入しにくくなってしまうだろう。だからひとりでの歩き遍路を選んだのだ。しかし他者の目がない分、サボりたい気持ちや邪念もまた、入り放題なのだった。

空海についての本を何冊か読んではいるものの、やり遂げたことの物量とスケールがデカすぎて、ついていけていない。歴史上の偉人といっても千年も前になるので、どこまで本当なのかが、どうにも判然としない。空海に心酔した書き手全員が競って、空海レジェンドを膨らませているような気もする。

いやホントにすごい天才なんだろうけど。空海の偉業の中で今のところ一番身に沁みて驚き、敬服しているのは、書家としての能力の高さだ。彼が書いた文字の放つ力の、なんとエネルギッシュなことか。一応グラフィックデザインは親しんだ分野なので、良し悪しを感じる力も少しは持っている。古代の三大書家と言われるだけある。しかし彼のプロフィールのなかで書家は――ホントはそれだけでもすごい偉業なのだが――一側面にすぎない。メインはなんといっても、高野山をゼロから開いて真言宗を打ち立てたことにある。

で、彼が若かりし日には四国各地を歩き回って修行していたというのだが、ここがいまいち後年の偉業にくらべて実感が乏しい。修行時代だから記録があるわけがないと言えば、まあそうなんだろうけれど。

小豆島にまでホントに来たのかな、しかも水を引いたりとか、時間のかかることまでどこまで本当にしたの?? こんな小さな島で?? と思う。もちろんつくり話だったとしてもダメというわけではなくて、空海が信仰の対象として各地に根付いた証拠なのだけれど。それにお遍路は、空海本人が生きた時代から数百年経過してから盛んになった慣習だ。空海の伝記を読んでも、直接お遍路に結び付かないのは、ある意味当然のことでもある。

遍路が盛んになった江戸期から平成までの間で、民衆の暮らしは劇的に変わり、社会構造も変わり、科学技術は発達して、遍路のあり方も信仰との付き合い方もどんどん変わってきている。一体どこに「本来の遍路の姿」を見出せばいいのだろう。いや、「本来の」という考え方もおかしい。私がこれだと思うお手本を見つけたいというだけなんだが。

小豆島の遍路体験について綴られた本は、ほとんど見つからない。けれども本家本元の四国遍路の体験本となると、膨大にある。空海の伝記と同じくらい、膨大だ。体験記だけでなく、小説や映画の題材にもなっている。小説での遍路の姿は、どうしても遍路の影の部分を描きがちで、劇的になりがちなのではないかと思う。

松本清張の『砂の器』（一九六一年刊行）は、野村芳太郎監督によって一九七四年に映画化され、何度もテレビ放映された。私だけでなく、五十代以上の人々の心に深く刻まれている大傑作だ。小学生の私は、放映されるたびに家族そろって固唾《かたず》をのんで観ていた。

　主人公はハンセン病の父親とともに故郷の村を追われ、四国の遍路道を彷徨っていた幼少期を隠してピアニストとなる。悲惨な過去を世間に知られるのを恐れ、訪ねてきた養父を殺害するところから物語は始まる。クライマックスになると、回顧シーンとして父と息子の遍路姿が、四国の美しい風景とともに何度も映しだされる。七十年代の日本は高度経済成長期にあったのだろうが、地方にはまだまだ昔ながらの民家や田畑が残っていて、強烈に美しい。そこにボロボロの遍路姿の二人が悲しく映える。まさに前近代。そしてハンセン病の父親役の加藤嘉《よし》の迫真の演技。いや他の役者もすごいのだが、とにかく彼の演技は壮絶だった。特に、成長した息子の委細を療養施設で知った時に咆哮《ほうこう》し、自分が父と名乗っては迷惑になると、これは息子ではないと涙を流しながら言い張るシーンが痛々しく、心に張り付いている。

　これが、私の遍路のファーストイメージなのである。このまま遍路イメージが固まっている五十代、私以外にも結構いると思うのだが。

　次に読んだのは、赤江瀑の『春泥歌』（講談社文庫）。赤江は短編小説の名手である。長らく偏愛していて、単行本初版と文庫をすべて買い揃えようとしていた時もある。こちらの話も、まだ小さな男の子が目の見えない親の手を引いて、遍路する話だ。この小説で、遍路が道なかばで斃《たお》れた時には、金剛杖を墓標代わりに立てて埋めるのだと知る。

　そして坂東眞砂子の『死国』（角川文庫）。細かなところは覚えていないが、故郷や家族など帰る場所のない人々が、死ぬまで延々と四国を回り続けているというイメージだけ、強烈に覚えている。こちらの小説では「逆打ち」という言葉を知った。怖かった。

　どの話も、堅牢な共同体から弾きだされた不遇の人々が、周縁をとぼとぼ歩き回るイメージがやたらと強い。もちろんそういう人たちもたくさんいただろう。福祉政策がなかった時代には、遍路は寄る辺ない人々の受け皿的な役割も担っていたはず。

　いや今現在も、小豆島で見かけたことはないのだが、四国にはそんな遍路たちがいるのかもしれない。先日（二〇一八年九月二十九日）捕まった大阪の富田林《とんだばやし》署留置所から逃走した男は、盗んだ自転車に菅笠を積み、遍路を装って四国全県を走っていたことが判明した。寺にも宿泊していたという。四国のお接待文化を逆手に取って多くの人をだますなんて、罪なことをする。

　彼は本物の遍路ではなく遍路を装っていただけなのであるが、その区別さえ判然としないような、遍路姿に身をやつして巡礼に逃げ込まざるを得ない者たちが、今も結構交ざっているのではないだろうか。犯罪者とまでいかなくとも、借金から逃げているとか。

　ネットの記事によれば、逃亡犯は捕まった後に「四国の人たちはみんなやさしい」と漏らしたようだ。罪を償った後にでも改心して、もう一度四国を巡り、お接待した人たちに謝り恩返ししてほしいと思う。

「これで警察の遍路の取り締まりが厳しくなるだろうね」と知り合いは言う。小豆島で生まれた四十代。『砂の器』も見たことがないし、小豆島の八十八か所を全部回ったこともない。彼にとってお遍路さんといえば、先達さんに連れられて数人で歩く姿だったり、バスツアーだったり。子どもの頃は、ついて歩けば炒った豆をくれたという。ボロボロの姿で銭もろくに持たず、施しを受けながら歩き回る遍路など聞いたこともないと言われた。

　いや、高松には物乞いとまではいかないが、すり切れ汚れた白衣で読経托鉢している遍路姿の人、今もたまーに駅前で見かけるんだけどね。しかし小説でとりあげるイメージと実際は、やはり少し離れているのかもしれない。遍路の「実際」も「本来」も、人それぞれ好きに決めればいいのだから。けれどもまだ自家用車が珍しく、主な移動手段が汽車であった頃の四国遍路体験記を読んでみたい。先達制度も霊場会もすでにあっただろうけれど、前近代の混沌《こんとん》も十全に残っていた頃の記録を。

　そう思って探しているうちに、『娘巡礼記』（岩波文庫）なる書物を見つけた。作者は高群《たかむれ》逸枝《いつえ》。女性史研究の開拓者。無知を晒して恐縮だが、この女性著者の名前を見知ってはいても、彼女が書いた作品を読んだことはなかった。

高群逸枝は熊本県出身。四国遍路に出かけたのは、大正七年（一九一八年）六月四日。満二十四歳。父親が小学校校長で、幼少期から英才教育を受けた。女学校を出て小学校教師になるも、いろいろ事情があって辞め、九州日日新聞の記者になろうとして失敗し、遍路に出ることを決めた。実家はそれなりの資力はあっただろうが、当時の彼女はほぼ無一文で、実家に頼れる状態でもなく、なんと九州日日新聞の社会部長から、道々で巡礼記を書いて送ることの引き換えに十円を与えられ、それを船賃にしたという。

ほとんどフリーライターではないか。一九八〇年代、週刊朝日の企画で十二万円で貧乏世界旅行に出かけた下川裕治氏を思い浮かべてしまう。もちろん巡礼と貧乏旅行は似てはいるけど、違う。彼女は道々施しを受けて移動していったのだ。当時無銭巡礼者たちはたくさんいたようで、施しを受けることを「修行」と呼んでいた（ちなみにこの「修行」は当時から法律では禁じられており、巡査に見つかれば留置場に入れられたとか）。さらに彼女には「若い女性であること」が要素として加わる。この「娘巡礼記」は大正七年六月六日から九州日日新聞で連載スタート。誰もが予想もしない大評判を呼んだ。

貧乏無銭旅にして、ほとんど徒歩。しかもうら若い女性がひとり……のはずが大分で七十代の老人と知り合い、御付きのじいやのように同行することとなるのだが、一応タイトルは、「娘巡礼記」。私は、著書にも記事にもタイトルに必ずと言っていいほど「おんな」「ひとり」と付けられてしまう身の上なので、このタイトルには憐憫と同情と諦念を同時に感じてしまった。二十四歳といえば、大正期ならば行き遅れと言われてもおかしくない年齢なのではないか。それで「娘」と書かれて彼女は嬉しかっただろうか。しかしこのタイトルだからこそ、世間の耳目を引き、ヒットしたのだろうとも思う。今も昔も女がひとりで何かするのが珍しくてたまらないのだ、日本社会は。しかも若けりゃ若いほど騒がれ、もてはやされる。しかし彼女自身もそれをある程度は承知した上での活動、売り込みではなかったかとも思う。

　ざっと読んだところでは、彼女はこの「娘巡礼記」をもって作家としての活動をはじめたというわけでもないようだ。巡礼の旅を終えてから二年後に上京し、二冊の詩集をほぼ同時に東京の出版社から上梓し、華々しく(?)デビューした。その後に編まれた全集にも、この「娘巡礼記」は入っていない。多くの読者、出版社からの書籍化の問い合わせをもらったにもかかわらず、「未熟である」という理由から書籍化を許可しなかったらしい。作家となってから数冊、遍路についての著作は出している。

　この書が未熟とは。読みはじめて仰天した。まずは彼女の教養素養の高さに恐れ入る。

文体から相当数の漢文を読みこなしてきたことが窺える。そしてつぎに信仰心。これもまた子どもの時分からの土着の、祖母からの言い伝えなどから身に付けたものもあれど、しっかり仏教教義も学究した上での、死を、愛を考え続けている。そして一番驚くのは、そんなインテリ女史なのに、「女子」なのだ。いや「乙女ちっく（死語だがあえて）」と言うほうが近いか。旅路の情景が、吉屋信子の少女小説にも似たキラキラ感に溢れているのだ。マジか。歩きはじめてすぐに木の行李《こうり》を、重いからといって捨ててしまうし。

熊本を出て大分に滞在中に、もうすでに新聞の連載は始まっていた。自分が新聞社に出向いて女ひとりで遍路に出ますと喧伝しておいて、滞在先にお客が押し寄せてくるのを嫌がって、「私、ホントは人と話すのが苦手」「どうして皆私のことをあれこれもてはやすのかしら」（現代口語に直してみた）とか……。四国に入れば入ったで、山道で樹の蔓《つる》に乗ってぶらんこしたり、海が見えると走り出したり、お花を摘んで野イチゴを食べて足の痛みを忘れたかと思うと、いっしょについてきてくれたおじいさんが嫌になって口を利かなくなって拗《す》ねたり。読む前にはタイトルに同情したけど、こりゃあ「娘」でいいのかも。とも思い直した。

しかし彼女は同時に、彼女を崇めたり拝んだりしたがる人々を観察し、遍路といえば訳ありだろう、夜逃げか業病（やはりそういうイメージが一般的だったようだ）かと決めつけ不審がる人々の物質文明にまみれた価値観を喝破《かっぱ》し、どんなに飢えようとも理想の高みにひたすら目を向けて、祈る。このあたりがちょっと少女文学っぽい潔癖さを感じなくもないのだが。しかし同時に、大分と四国を結ぶ汽船や木賃宿の汚さ、道中に現れる怪しい詐欺師や香具師《やし》、病人、汚れを平然と纏《まと》う人々などを怖《お》じず恐れずまっすぐ見つめ、描き出す筆力も、きちんと備えている。物見遊山、怖いもの見たさに陥らない。不思議な人だ。

そして大変卑近で恐縮だが、彼女の様子を読んでいると、自分が彼女と同じ年頃にひとりで歩いた中東諸国やアフリカで、スケッチをしてはたくさんの人に囲まれて、どこから来てどこに行くのか、そしてなぜ旅をしているのか、俺の顔を描いてくれとわあわあ騒がれ、ひとりにしてくれ、日記書かせてくれ、本読ませてくれええと、逃げ回っていた頃が妙に思い出される。

文語調なのに意外なほど読みやすく、リリカルでかわいらしい描写も多かったけれど、遍路行程そのものは、荷酷だ。ほとんどが野宿、露に濡れ、蚊やブヨに刺され、蛭《ひる》などに食われまくっている。地図もないためか、道に迷うことばかり。しかも迷う距離も長大だ。脚の痛みは想像の限界を超えている（スニーカーもないし）。

そんななかで彼女は、何を祈っていたのか。そもそも本当の、本当に宗教的探究心だけで、遍路に出かけたのか。これもまた、自分が二十歳前後のころに座禅会に足しげく通った時のことを思い出すのである。当時の私は、自分の存在自体が苦痛だった。よくあることと言えばそれまでだが、小さなことに傷つくみっともない自我を消し去り、アルカイックスマイルを浮かべた奈良の仏像のようになりたくて、参禅していた。

高群には具体的な悩みがあったのか。あとがきから男性との関係に悩んでいたことなどが知れ、妙に納得した部分もある。しかしそれだけとはやっぱり思えない。

ひとつだけ。夜中の波躍る海辺で彼女が光明真言を千度だけ唱えようと思い立ったところを抜粋したい。

　そこで百唱えては草の葉をむしって袂《たもと》に入れながら、虚心平気になる事を一心に努めたがいけない。人が通りかかったら何と思うだろうか、(中略)不快な事ばかり思い出してその度声が低くなる。

　三百唱えた時、私は不意にこう思った。念仏という事は「諦める」ための早道だ。つまりありのままに我が身を天に打任せ流るるままに安心して生きゆく事である。

　要するに大悟とは諦めることなのだ。

この日は大坂城残石記念公園でバスを降りて、歩きはじめた。小豆島中央病院八時台発の二本を乗り過ごしてしまい、歩きはじめたのは十一時を回っていた。気が弛《ゆる》んでいるというよりは、身体が動かなかった。歩ける気がしない。

それでも歩きだせば、気持ちは晴れ行く。両側を緑や家に挟まれた県道を少し歩くうちに、左手に海が開けた。綺麗な砂浜と、浜辺に家や造船所が見えた。そして「山之観音」という大きな看板の下に、右手の山に入る坂道が現れた。

これか。以前に慈空さんから、今は札所から外れているけれど、お参りしたほうがいいでしょうと勧められていた。地図に載っていないのにどうやって行けるんです⁇と聞き返したら、行けばわかりますと言われた。たしかにこの大きな看板は、タダ事ではない。県道をまっすぐ歩けば正規の札所である薬師庵に着くのだが、ちょっと行ってみようか。

地図に載っていない山之観音。

『おへんろ道案内図』には、慈空さんに「このへん」と指さされた地点に一応黒マジックで印はつけてある。どうやら一本道のようだし。山の中はシダ類が濃く茂り、まるで恐竜が棲む原生林のようだ。笠ヶ瀧近辺の山ともまた違う趣だ。キーッと猿が一匹、木から木へと伝って奥に逃げ込む。群れからはぐれた雄だろうか。

登り坂は思ったほどきつくもないが、汗が噴き出す。半時ほど歩いたところに、「あと半里」の石柱。そのうち水の音が聞こえはじめたかと思うと、景色が開けて右手に湖が見えてきた。山田ダムだ。しかしここは、これまでも一番と言っていいくらい人通りがない。車すらほとんど通らない。登り口で土庄町のバンとすれ違っただけ。里から隔絶しているように思える。地区としては大部になるのだろうか。以前に大部の方々から伺った話では、山は個人所有ではなく、大部財産区という共同体所有になっているという。年に数回、整備のために山に入ると、トリカブトがとれるなどと笑っていたっけ。その山なのだろうか。道路は大型バスも走れそうな幅できっちり舗装されているのに、無人。そこはかとなく、怖い。

　その印象は、寺院に着いてさらに強化された。想像以上にものすごく立派な、観光バスが何台も入れるような大きなお寺だったのだ、山之観音は。山の、なんて付くから、素朴なお寺を想像していたのに。境内には水子供養の小さなお地蔵さんも、数百？　いや千の単位でたくさん置かれている。つまりは、参拝客が多いということ。

　それなのに、無人なのだった。境内にも庭園にも、どこにも人がいない。本堂玄関の扉を引いて、下足箱を眺めても、一足の靴も見えない。しかも玄関開けてすぐに本堂、というわけではないらしく、「本堂はこちら」と張り紙がしてあり、薄暗い通路が見える。なんだこれ。靴を脱いで上がり、毛氈《もうせん》は敷いてあるのに冷たい床を歩くと、闇が現れた。

「左手の壁の仏様のレリーフを触って頼りにして、お進みください」とある。

注文の多い料理店か!!

団体の観光客さんが、やだー、まっくらーとか笑い合いながら並んで進むのとはわけが違う。山登って来る間も、ひとり。そして山の中に不似合いなほど巨大な寺が突然どーんと現れて、しかもその中も外も、無人。日本昔話の隠れ里に遭ったような気分なのに、これからひとりで闇の中に飛び込めと?!（正確には歩けだが）

私は怖がりだという自覚はまったくないし、霊感もほとんどないし、普段ひとりで行動するのには慣れ親しんでいるのであるが、この闇は無性に怖かった。闇の中から無数の手が伸びてきているような感覚に襲われた。

ええいままよ、左手で壁に触れると、凸凹している。これがたぶん仏像のレリーフ。指先の感覚を頼りに、闇の中に足を踏み入れた。しばらく歩くと曲がる。期待していた「前方のはるか先にロウソクの灯り」はなくて、またもやただの闇。

こういう時こそ光明真言。怖いという気持ちを払いのけるために、唱えさせていただく。大きな力におすがりしていることになるのだろうか。闇の中を進むのは、真言を唱えながらも、やっぱり怖い。本当に何もない、無の世界を手探る自分。闇。

やめます。やっぱりやめます、私。そう言おうと思いながら、唇が動かない。なにしろもう全身麻酔を打っているのだから、手遅れなのに。やめます。手術やめます。実は切り

仏の胎内をくぐり、生まれ変わるための真っ暗闇の回廊

たくないんです。そう言おうとしながら全身麻酔が最後の意識を駆逐して、完全な闇に墜ちる手術の日の感覚が、鮮やかに蘇る。あの日の闇。左手の感触。あと一歩、あと一歩踏み出した先でもまた闇の中だったら、私は意識あるまま投げ出されていたのだろうか。

　左手が角を摑んだ。曲がったところには、薄明かりがあった。しゅるるるっと音を立てて飛びかけた理性が戻る。やれやれ、助かった。娑婆だ。山の中だろうが、寺の中だろうが、ここは娑婆。薄明かりの廊下を抜けて、私は本堂に上がった。

10 山之観音

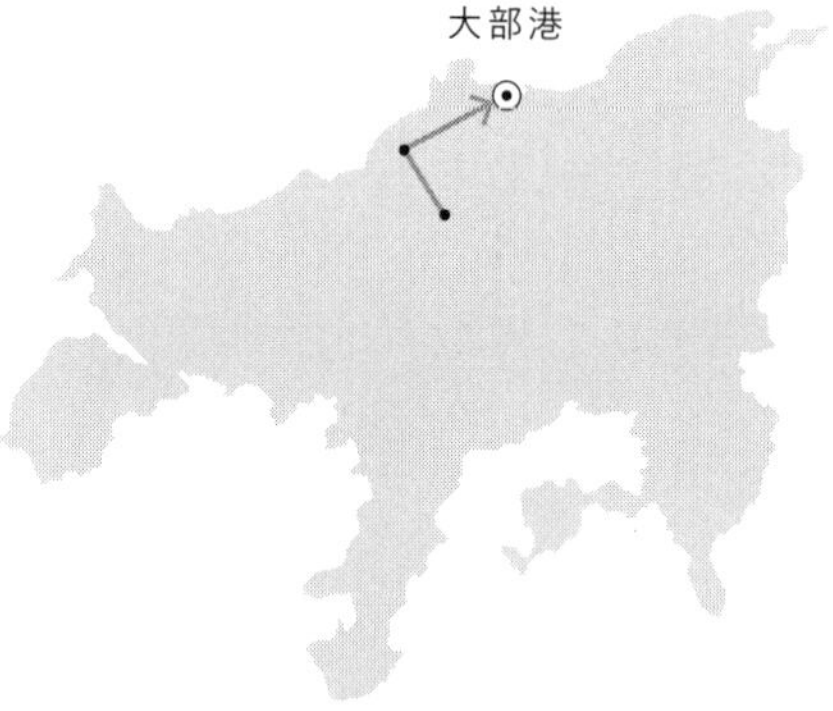

山之観音の本堂は、呆れるほど普通の本堂だった。百人単位の参拝客に対応できるほどの広さで、隅っこにお茶の入った魔法瓶と湯呑茶碗がたくさん置いてあった。誰かが利用した形跡はない。……私が今日最初の巡拝者？　山道を歩いてきたうえ、闇の通路を歩かされた恐怖のあまり、喉が渇いているのかトイレに行きたいのかも、よくわからない。

　ぼんやりお茶の前に座り、毎日朝晩どなたかがお茶をセットしに上がってきているのか、それとも常駐している誰かがたまたま留守にしているのかと考えたりしてみた。

　旅人が山を歩いていて見知らぬ集落に迷い込み、今にも宴会が始まるかのように、座敷には湯気の出るほどできたての料理が朱塗りの膳に盛られてたくさんずらずらと並んでいるのに、無人で……

って話なかったっけ。それでその旅人が料理を口にしたのかどうかが、思い出せない。朱塗りのお椀を持ち帰ったのか、それとも料理を口にして二度と帰れなくなったのか。

　いかん、現実に戻れ自分。巡拝だ巡拝！　これまで般若心経を唱える時は、その間くらいは、あとどれだけ歩くかだとか次の順路だとか、現実的な雑念から離れて、ちっとは祈りらしく、経文の深遠な意味をそれなりに考えながら唱えていたのであるが、今回ばかりは現実に戻るために唱えるのであった。

　読経が終わる頃に、話し声が少しずつ響いてきた。複数の女性特有の、高い声。三人連れの参拝客だった。全員六十代くらいだろうか。島の外から観光でやってきたといった風情。どうやらひとりは、ガイドを兼ねたタクシー運転手のようだ。私の到着があと二十分遅ければ、この人たちと並ぶようにして闇の通路を歩いたのかもしれない。ガイドの方がいれば、「真っ暗ですので足元に気を付けて」などと言うかもしれず。闇の通路は他の寺院にもある「胎内めぐり」「戒壇めぐり」のひとつとして捉え、一度死んで生まれるを手軽に追体験する装置だね、くらいの冷静さで臨んだだろうに。

　山之観音の闇通路の特徴は、本堂に行くには必ずそこを通らねばならないこと。他のお寺の場合は、付属品のように脇にちょこんとついていた記憶しかない。私が訪ねた寺院がたまたま付属タイプばかりだった可能性もあるけれど。ここを通らないと辿り着けないという状態にしていることが、効果を高めていたと思う。

運転手らしき女性がご親切に私の分までお茶を注いでくださったので、一杯飲み干してから外に出る。案の定、広々とした駐車スペースに、タクシーが一台停まっていた。いつもならばさっさと寺院を後にするところだが、なんとなく離れがたく、敷地内の石碑などをひとつひとつ丹念に見て回る。

なぜかキュウリ塚があった。「きうり塚」という文字とヘチマのように大きく太いキュウリの絵が、大きなおにぎり形の石に溝彫りされている。島でキュウリが産物であったという話は聞かない。島の外のキュウリ農家の信者が建てたのだろうか。

そもそもこの類の塚というのは、生き物の命を人間の都合で奪うことや酷使したことへの罪悪感、および感謝の念から建てられることが多く、都内の寺院では圧倒的に魚やうなぎが多かった。地方にはクジラの塚もある。それから人間に近いものとして、人形や眼鏡や針などの道具を供養する塚とか。野菜ははじめて見たなあ。野菜も当然生き物であるから、長年育てては収穫しつづけていると、何か思うところが出てくるのかもしれないけれど、個人的にはキュウリになんの思い入れもないので、この山奥になぜキュウリ？という感覚が先に立つのであった。

庭の奥へ歩いていくと山道が現れた。「御来迎ノ滝」と、筆書きの標識が目に入った。

ごらいごう。お迎えですか。知恩院の阿弥陀二十五菩薩来迎図が頭をよぎる。入滅しようとする高僧を雲に乗って迎えにきた阿弥陀如来と、二十五人の菩薩たち。ゴージャスな死にざまを平安時代の人は夢見たものだ。病気を治す医学もまだなく、戦争や仇討《あだう》ちもあっただろうし、今よりはるかに早く簡単に人が死んでいった時代と、不治の病と言われた数々の病気の治療方法を発見し、今後寿命が百三十年まで届くかもと言われる現在。死についての考えが変わってもおかしくないと思うのだが、どうなのだろう。私自身は死後の世界は無でしかないと捉えているので、万が一絢爛豪華なお迎え集団を天上界が寄越してくださっても、何かの間違いですと、恥ずかしさのあまり逃げ出したくなるだろう。絵としてはとても好きなのだが。

自分がとっさに思い浮かべた知恩院の来迎図の構図は、滝のように見えなくはない。斜め上から降り注ぐ阿弥陀如来と菩薩たち。雲を水の流れと見れば、行者が滝を前にして祈る姿のようにも思えた。

見てみたいかも。それくらいの寄り道も、いいんじゃない？　朱印を増やすことに集中するよりも、いいんじゃない。

私にしては珍しく帰りの時間も気にせず、なんとなく歩きはじめてしまった。寺院脇を流れている小さな川を見て、そう遠くないのだろうと根拠なく思ってしまった。寺院に辿り着くまでは、いくら長く険しい登り坂でも、とりあえずは車道だったので、笠ヶ瀧近辺のような辛さは感じていなかったこともある。

もしかして、かなり遠いのかな？　と思った時には、すでに暗く深い山の中。手すりも多少はあるけれど、岩がゴロゴロしているところを延々と登る。笠ヶ瀧の山よりも、ぐらぐらしている岩が多く、足元が定まらない。踏みつける石がぐらりと転がる直前に、次の足を別の岩に置くという具合で、いつ転んでもおかしくない。ここで怪我をしても、見つけてもらえるのだろうか。思わずスマートフォンの電池残量を確認する。

そのうちに小さなお堂が見えてきた。傷みかけているが、長らく無人で閉鎖されているという感じではない。多少は人の手が入った気配がある。けれどなんだか瘴気《しょうき》が立ち込めているような気がしないでもない。それはさっきの闇通路での体験が尾を引いていて、私が怖がりになっているから??

迷いながらも、扉を開けた。

ドッ。

漫画ならば一面縦線で覆われるくらいの、重く湿った空気。二畳ほどの堂内一面に黒い羽アリが這いまわっている。とっさに異臭がしないか鼻をひくつかせて身構えたけれど、カビと濡れた木の匂いだけ。そして奥には祭壇。何かが祀られてある。

このまま見なかったことにして扉を閉めて帰ろうかと思った瞬間に、祭壇の脇に貼られた紙が目に入った。お参りしに来たからには掃除をしてから帰れといったような意味の、威圧的なお言葉が書いてあった。まあな、ここまで上がる手間と時間を考えたら、そう簡単に掃除できないんだから、わかります。わかりますけど、前近代的な文面が、しかも墨筆だし、なんだっけ……。泉鏡花の小説に出てこなかったっけ、こういうホラーなお堂。下界は五月晴れの、とても爽やかな天気だったのに、ここだけ湿気の密度が半端ないし、私が見えてないだけで、ちちち魑《ち》魅《み》魍魎《もうりょう》の類がのっしりぎっしりいるのでは⁇

逃げ出したい気持ちを堪《こら》え、腹を括って立てかけてある箒《ほうき》をしっかりと握り、虫という虫を外に掃きだした。風を入れたところで、目が見えるようになった畳はしっとりべっとり水気を含んだままですが、すみません、これ以上は勘弁してください。こわごわ祭壇に手を合わせ、南無大師遍照金剛をようよう三度唱えて、扉を閉めた。

なんだあれは。これまでも小さなお堂、壊れかけた、いや壊れているお堂などいろいろ通り過ぎて来た。どこも怪しげな雰囲気はあった。私が子どもの頃は、鎌倉にもそういう手付かずに放置された建物などが山の中にポツンポツンとあって、(子どもの時は)わくわくしたものだけど、高校生になるくらいにはほとんどなくなって、隅々まで整然として、翳《かげ》りも淀みも欠片《かけら》も残らない、安心安全で小綺麗な観光地になっていった。それがたまらなくつまらなく、寂しく感じていた。
ところが小豆島には、いや、地方全般に言えるのかもしれないが、整備する予算もないのか、土地建物の次の買い手がつかないからか、猛烈に廃墟が多い。空き家も。そして管理する人がいなくなって朽ちていくお堂も。つい子どもの時の癖で惹かれて近づいてしまうのだが、さすがに大人になって、そういう場所に淀む何かを怖いと感じるようになった。惹かれつつもセーブしていたのだが、今回は見事にかかってしまった。

しかし、こういう時の読経はすごい。私のような懐疑的な人間でも、強い力で守ってもらっている、寄って来る何かを断ち切って正気に戻してくれると思えてしまう。言葉を唱えるだけなのに。

気を取り直して、再び山を登る。ようやく滝に辿り着いた。ううう。大きな岩がゴツゴツして、壮観である。岩から岩へと伝い、滝がよく見えるところに座り、水の流れを見ながらおにぎりを食べて、お茶を飲んだ。滝からは、何も感じない。清々とした空気あるのみ。来迎図も来世も何もかも吹っ飛んで、ただただ清々しい。自然はかくあってほしい。赤い椿の花が蕾《つぼみ》のまま、岩の上にぽつぽつ落ちている。終わりの椿だ。

滝と言えば、小豆島にはもうひとつ滝がある。お猿の国で有名な観光地、銚《ちょう》子《し》渓《けい》の中にある銚子の滝だ。札所とは関係なく、案内板すらもほとんどない。車道のガードレールが途切れたところから斜面を降りてすぐだ。冬季に滝の水が凍った時に教えてもらい、見に行った。今思うと、あちらの滝のほうが滝自体の姿としてはフォトジェニックで、車さえあれば気軽に行けるので人にすすめることも多い。

とはいえ、こちらの滝は山の中をトボトボ歩いて歩いて、登って登って登らないと辿り着けない。果ての滝には、奥の奥に眠るからこその魅力がある。辿り着いた当初はなんとも思わなかったのに、あの山の奥には滝があると里で思い返す時には、不思議と来迎図と重ねてしまうのだった。

下りは、登っている時に感じる「まだか」感からは解放されるためか、すんなりと焦ることなく山之観音の庭に戻れた。山之観音から八十番札所である観音寺《かんのんじ》までの道のりも、行きの道と同じくなんとなく車道があるのだろうと思い込んでいた。車道ならば楽に歩ける。ところがどっこい、結構険しい、御来迎ノ滝への山道に勝るとも劣らない、不安定な石がゴロゴロしている山道だったのだ。

何回尻もちをついて転んだろうか。体力以前に恐怖体験で気力が尽きていたのだろう。これまで一度も転んだことはなかったのに。急な山道を下る時には、やはり金剛杖を持っているのが怖い。両手が空いているほうがはるかに安心だし、枝でも手すりでも何か摑むことができれば、腰を打ち付けなくて済む。

幸いなことに、今回はスニーカーをやめて足首部分までしっかり保護するゴアテックスの登山靴を履いてきたので、捻《ねん》挫《ざ》は免れた。石から石へと歩を進める時に、ちょうどギリギリ届く場所に足を着けようとすると、たいてい不安定な石で、ぐらりと傾《かし》ぐ。確実に固定されている石を選んで足を着ければいいのだが、そうすると最長距離を稼げずにちまちま歩きになってしまう。

木々にかかっている白い樹脂板に赤い文字の案内札には、なぜか案内とは呼べないような「雨の日も風の日もがんばろう」などと励ましの言葉が綴られていた。挫《くじ》けそうになった人が多いのだろうか。「発心」も、初心を思い返せと言われているようで、沁みた。私もいつか案内板をつけ廻る遍路をしたいものだ。

やっと舗装道路に降り立った時の嬉しさといったらもう。

よれよれになりながら集落を歩き、観音寺に辿り着いた。大きなお寺で、どこが本堂なのか迷って休憩所の祭壇に読経しそうになってしまった。巡拝を終わらせて朱印をいただき、休憩所に戻ると、奥から女性が出てこられ、飲み物を出してくださった。ほうじ茶かと思ったら、しょうがあめ湯だった。甘さが疲れた身体に心地よい。

本来ならば、このまま車を停めている道の駅まで戻るように国道を歩くと、ちょうど途中に七十九番薬師庵があるのだが、歩く気力はこれっぽっちも残っておらず、ひたすら十分後に出るバスに乗ることしか考えられなかった。

それから。ぱったりと遍路に行こうという気力が、なくなってしまった。仕事が忙しい上に怪我が続いたせいもある。抱えている原稿が辛かったこともある。梅雨の合間に行くはずが、なんとなく気持ちが動かず、そのうちに猛烈な暑さがやってきて、これで歩いたら熱中症で死ぬのでは？　とも思わされた。行かない言い訳ならば、無尽蔵に思いつく。

しかし本当のところは、ちょっと怖くなってしまったのだ。治安の問題ではない。遍路道を女ひとりで歩くことに関して、怖くないと言えば嘘になるが、それは初めから変わらない。承知の上ではじめたことだ。

怖いのは、あれだ。山之観音での体験。霊感ないない、ゼロです、信じませんと、言い切って生きてきた。ここにもしつこく書いている。

以前に触れたように、オウム真理教教団が起こした地下鉄テロ事件以来、スピリチュアルと名の付くものからずっと距離を置いて生きてきた。そういうことを口にすること自体が憚《はばか》られるような時代だった。そのはずだった。

そうして今年（二〇一八年）七月には、とうとうオウム真理教が起こした殺人テロ事件関連で死刑判決を受けた死刑囚全員の、死刑が執行された。主犯である教祖、麻原彰晃も含まれる。唐突だった。彼らには生きて被害者に償ってほしかった。特に麻原は、何も語らないまま死んでしまって、それで良かったとは思えない。

　オウム真理教教団が犯した罪について、私は直接の被害者でもなく加害者でもないのだが、あのような宗教集団を生んだ社会のありようについて、そして戦争を引き起こすことすらある宗教、信仰というものとどう付き合うのか、考え続けなければならなかったはずだ。けれどもそれはあまりにも答えが出ないというか、結局無に問いかけ続ける作業であり、途中で投げ出して「あれはカルトでダメなもの」と、強制的に蓋をしてしまい、そのまま考えないようにしてきたようなものだ。

　どうも遍路を始めてから自分自身に蓋をして、見ないように感じないようにしてきた非科学的な事象が、微妙にもぞもぞと、胎動しているように思える。気のせいかもしれないけれど。実は遍路を始めてから、二回も予知夢を見てしまった。ひとつはヤギの出産にまつわるもの、もうひとつは友人の深刻な病気にまつわることで、目覚めた朝に彼女が本当にやってきて発病を知らされて茫然とした。

　どうも何かに呼ばれている。そういうの苦手なのに、これ以上先に進むと、ホントに理性を吹っ飛ばす出来事が待ってるんじゃないか。それがどうにも憂鬱で、怖くて、足が進まない。

ああだこうだと理屈をつけては遍路を休み続け、とうとう秋になり、薬師庵から八十一番恵門《えもん》ノ瀧《たき》まで行こうと思い、道の駅に車を停め、歩きはじめた。足が重い。やっとのことでと言っても、平坦な国道を四キロほど歩いただけなのに、猛烈に疲れている。薬師庵は無人の庵で、境内一面に木の実が落ちていた。先日の台風で銀杏の実が熟する前に落ちたのだ。

完熟していなくても、十分食べられそうだ。さんや袋の中にはレジ袋がひとつ入っていた。十個くらいのつもりが、もうひとつもうひとつと拾い続け、気が付くと腰に厳しい痛みが走った。やばい。ふらふらしながら立ち上がり、足を踏ん張り、腰を回す。

情けないが身体全体が重いこともあるし、今日はこのまま帰ることにした。とはいえ、始点だけは稼いでおきたいのでとぼとぼ（とぼとぼなんて書くほどの距離も歩いていないのに）大部港まで歩き、バスに乗って道の駅まで戻った。次の遍路では大部港の駐車場が始点になる。遍路をはじめて最短で終了。よぼよぼへんろ。情けない。

台風シーズンも去り、さすがに虫も少なくなってきた頃、ようやく体調も気分も落ち着いてきたように思え、重い腰をあげた。次は恵門ノ瀧だ。この日は気合を入れたくてなぜか自分でおにぎりを握り、お茶も淹れて、おかげで出発が遅れた。大部港に着いたら無性にコーヒーが飲みたくなり、自販機で買おうとして青ざめた。財布、忘れた。自宅に戻れば時間がなくなる。コンビニに寄っていれば忘れたことに気づけたのだが。自分でおにぎりを握ったのでコンビニに寄らなかったのだ。甘いパウンドケーキも自作していたので、お菓子も買う必要がなかったのだ。それが仇となった。

幸いにして線香ロウソク賽銭のための小銭は別の袋に入れてあるし、車の中の小銭入れにも数百円は入っていた。恵門ノ瀧の御朱印はすでに八十番札所でいただいている。ならばなんとかなるだろう。

ええいと小部に向けて歩き出した。小部には運動部の合宿に対応する宿が多くて、宿の敷地内に体育館があったりする。きょろきょろしていると、作業をしていた宿の人がこちらを見て「八十一番、歩きですか」と言うのでハイと答えると、こちらですとわざわざ歩いて案内してくださった。曲がり路を通り過ぎていたのだ。それもそのはず、目に入るところに標識がないのだった。宿の人は慣れているらしく、曲がり角の電柱を指さし、「このままこの電柱の電線を伝って路地を歩いていくうちに、標識に行きつきます」と言う。

たしかに路地は急斜面にして曲がりくねる迷路で、電線を頼りにすると歩きやすい。少し迷いながらもなんとか標識を見つけ、細い路地を進んでいくと、立派な鉄柵が現れた。なんと、猪が里に下りて来ないようにぐるりと柵をしているのだ。入山できないの？　張り紙がしてあるので読もうと近づくと、門扉になっていた。縦に閂《かんぬき》があり、出入り後には必ず扉を閉めて閂をかけるようにとのこと。

自分の身長くらいある縦の鉄棒を引き抜き、扉を開け、中に入る。扉を閉めて閂を掛けようとして、下の部分がめくれそうになっているのを発見した。猪が体当たりして里に侵入しようとしたようだ。怖いな。ここからは猪世界。声を出して歩いたほうが良いかもしれない。

11 同行三人

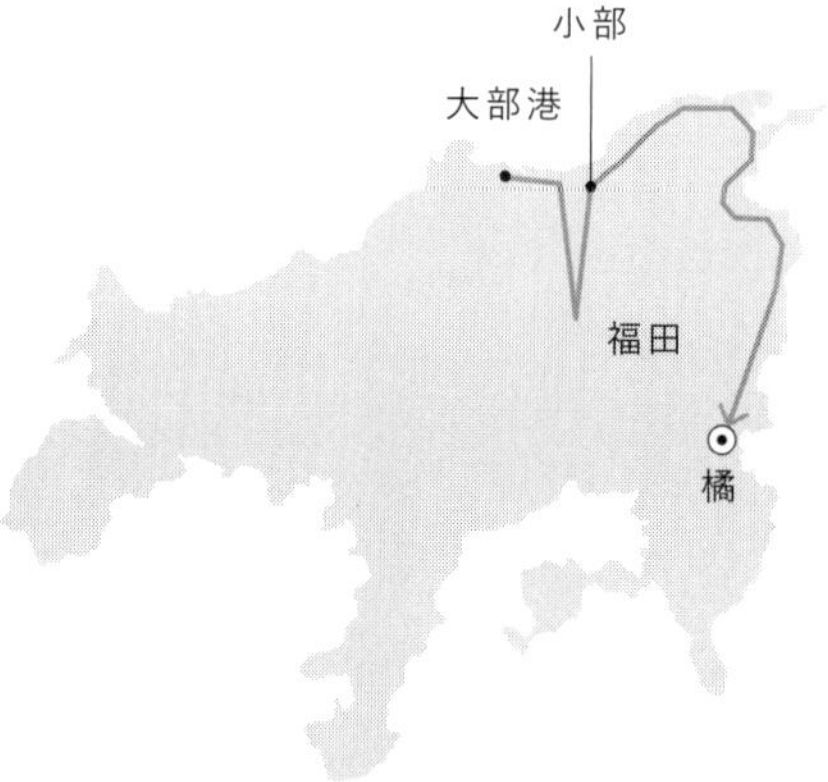

鉄製門扉で区切られた山道は、つやつやに輝くどんぐりで溢れていた。さすが、猪王国。ずんぐり丸い形なので、クヌギの実だと思うが、やけに美しい。子どもの頃に読んだ、宮沢賢治の「どんぐりと山猫」を思い出す。どんぐりたちが、一番偉いのは誰かを競う裁判を始める。身体の大きいの、丸いの、背が高いの、さまざまな意見が噴出して大騒ぎとなり、裁判官の山猫が困り果てる。謎の擬音とともに、子どもだった私には、違和感しかない話だった。

今こうして尋常ではない量のキラキラ光るどんぐりを目の前にすると、あの童話が妙に腑に落ちる。どんぐりたちの自己主張が聞こえてきそうだ。魅入られそうになるが、いかんいかん、先はまだ長いのだ。南無大師遍照金剛を唱えながら、山道を登り続ける。

すぐに門扉が出てきて山道は車道に合流したので、こりゃ助かったと思ったのだが、ほんの少しアスファルトの道を歩いただけで、また遍路道看板が「山道に入れ」といざなう。地図上では、舗道は曲がりくねっているのに対して、歩き遍路道は恵門ノ瀧まで直線距離なので短い。歩いていくなら山道を行くほうがいい。とはいえ道は険しい。足元にはぐらぐらする石ばかりが転がっているし、どういうわけかガラスの欠片も多い。足を置こうとするところに、必ずガラス瓶や瀬戸物の欠片がわざと置いてあるかのようだ。サルのいたずらだろうか。だれかが転んで手でもついたら危ないので、拾っては脇に固めて寄せながら登っていく。次に来る時は、ごみを拾いながら歩こう。

ひたすら急な山坂を登りまくって二時間弱。息も上がり、何か唱えるゆとりもなくなった。尾根とか平坦な山道などは一切ないので、適当に休憩を入れながら登った。手書きの「あと○○メートル」という小さな標識には何度も励まされた。そしてようやく辿り着いたと思いきや、そこから、延々と石段を登り詰めて、やっと本堂に着く。

石段の途中には、如意輪観音堂が立っている。看板には「如意輪」のところのフリガナが「ながいき」となっていて、ひたすら信心する者に健康、富貴、資材、勢力、威徳など現世の幸福を授けると、墨鮮やかに書いてあり、圧倒される。

幸せというものは、もっと目に見えない、儚《はかな》いものであると、各宗教および文学からぼんやり教わってきたような気がしたけれど、あれらは全部まちがいだったのか。ま、そういう人たちもいるということで。実際に貧困はあらゆる不幸を呼びやすくはあるのだから、物質的な充足は必要であるし、求めるのが悪いというわけではない。しかし、求めすぎることは諸悪の根源だとも思うんだが。それは仏陀も言っていたような気もするんだが。

もやもやしたまま石段をさらに進んで本堂に上がったところで、ぎょっとした。常駐の僧侶がいらしたのだ。しかも護摩焚きの札やお守りなどなど各種巡拝グッズが並んでいるではないか。〝買って焚いて圧〟をひしひしと感じる。あああー。財布を忘れてきたので、小銭しかない。恵門ノ瀧は朱印をいただくところではないから、小さなお堂かと思ってまあいいやと、ほぼ無銭のまま歩いてきた。

線香とロウソク代と賽銭以外、なんにもお金を落とせない貧乏へんろで、さきほどの看板からのプレッシャーもあり、なんだか非常に気まずい。いや、今日はたまたま財布を忘れてきたので……とも言いだせず、小心者ゆえにいたたまれないまま、なんとか奥に入ってひとりで礼拝を済ませて逃げるように本堂を飛び出した。

おにぎりとお菓子は山の中で適当に食べて、延々と山道を下って里に戻り、車を駐車している大部港まで歩いた。思い返せばかなり高いところまで登ったはずなのに、見晴らしの良い場所にも巡り合えなかった。滝も、あったのかなあ。見落としただけかもしれないが。もうひとつ先まで歩こうかという気力もなかった。次の吉田庵まではかなり遠い山道なのだ。さすがにこれからまた山に入る気力もない。

しんなりと帰路についた。まあ、遍路復帰にはこれくらいでよかったのかも。

次の遍路は、東京出張をはさんで出かけた。ずっと低迷しがちだった気持ちが一転。パーンと晴れやかな気持ちで出発することになる。東京で映画『ボヘミアン・ラプソディ』を観てからずっと、QUEENの名曲の数々が頭の中で鳴り響いているのだ。

映画の素晴らしさをここで語っても仕方がないので最小限にするが、セクシュアリティや容姿に加えインド生まれのゾロアスター教徒である両親を持ち、父の勤務地ザンジバル革命を経てロンドンに難民として逃げて来たという複雑な家族の歴史と、コンプレックスの塊だったフレディ・マーキュリーが、それらのすべてを楽曲に昇華させてステージで弾ける様子が、実にリズムよく描かれていた。

往年のファンは皆号泣し、映画館に何度も通い、アルバムを買いなおしてパソコンに入れて聴き続けているという。映画を公開しているすべての国が、終わらないお盆状態となっていると言ってもよい。

私の脳内でも、黄泉《よみ》の国から降りて来たフレディがそのまま居座り、どうやっても帰らずに、いや帰ってほしくないからアルバムをリピートさせて、圧倒的な歌唱力を披露しているので、そのまま遍路に同行していただくことにした。というわけで同行三人。故人を偲んでと強引に言わせていただこう。

吉田庵は、地図で見るだけでしんなりするほど遠い。小豆島遍路の中でも、八十一番恵門ノ瀧から八十二番吉田庵までの距離が一番離れているという。恵門ノ瀧から里に下りた分は、一応前回歩いているのだからそこまでの距離ではないと思うものの、それでもかなり遠い。しかも国道から離れて山の中を延々と歩かなければならず、途中で棄権しようにもどうにもならない。なんとかして、這ってでも国道のあるところまで辿り着かないことには、車を停めて歩きはじめた地点に戻るためのバスにも乗れないのだ。

なかなか行く気になれずに天気を見てはぐずぐずしているうちに東京出張となったのだが、東京でフレディが降臨してきてからは嘘のようにぐずぐずが取れた。

小部の公民館の裏手に軽トラを停めて、朝十時から歩きはじめた。港の駐車場ではないため、念のため近隣の人に断りを入れ、フロントガラスに「へんろ中」と書いた紙を貼っておいた。十分も歩かないうちに、集落の路地から山の入り口に差し掛かる。またもや猪防護柵と扉。このあたりの獣害の深刻さが窺える。道は、軽自動車が入れる幅で、一応舗装されているので歩きやすい。しかしそれもあっという間に、木の根がゴロゴロする細い山道となった。

道ではまたもやどんぐりたちがキラキラと自己主張をはじめていて、ちょっと拾ってみたり、赤く染まった葉や面白い形の植物の写真などを撮ったりしていたら、「吉田庵へ四千メートル、峠まで千六百メートル」と書かれた看板が出てきて、正気に戻った。これは、本気を出して歩き続けなければ到着しない。バスの時間に間に合わないと、帰れなくなってしまう。金剛杖を握りしめ、ピッチを上げて歩きはじめた。脳内にはフレディの歌声が響いているので、すぐにハイテンションとなり、ザクザクと歩くことができる。

そのうちに尿意をもよおしてきた。珍しいことである。これまで一度くらいしか霊場のお手洗いを利用したことがないくらい、膀《ぼう》胱《こう》の尿保持機能が高い私だが、その日はなぜか行きたくなってしまった。山の中、行きかう人は誰もいない。そう、どこら辺からだろうか、巡礼者を全く見ていない。今日も今日とてこの山の中、誰かとすれ違う気がしない。延々と、ひとり。道の脇でしたところで問題なさそうだけど、一応道から少しだけ斜面を下りて……いや待て。このまま転がり落ちた時に助けてもらうことを考えたら、道の脇に何かわかるものを置いて、目印になるようにしておいたほうがいいだろう。

道に戻って菅笠と輪袈裟と金剛杖を置いてから、斜面を下りた。誰かが歩いてきても見えない位置まで来てから、排尿した。斜面を上がってみたが、誰もいない。こういう気まずいことがあると、誰かが通るものなのかなあと思ったのだが、相も変わらず、無人。お茶を一口飲んでまた歩き続けた。

　恵門ノ瀧への山道は、石がゴロゴロしていて足場が常にぐらぐらしていたのだが、こちらは石がしっかり定まっていることがほとんどなので、ずいぶん歩きやすい。しかし長い。恵門ノ瀧と同じく、あと〇〇メートルの標識だけは頻繁に出てくる。たぶんみなさん心が折れやすいルートなのだろう。標識が出てくるおかげでスマートフォンの位置情報検索も開かずに済んでいる。

　こないだまでの自分だったら、峠に着くまでに心折れて引き返しそうな気もするのだが、今日はフレディが憑いていて、脳内で歌いまくっていてくれる（山道の間は私も鼻歌で彼に唱和している）ので、大丈夫。すごくポジティブに歩くことができる。自分の中のグダグダは決して消えたわけではないのだけれど、それはそれとして、「今生きている喜び」が上回ってしまった。万年希死念慮を抱えて低空飛行している自分が、こんなにポジティブになるなんて、歌の力を侮るなかれ、だ。

　般若心経を唱えると、これもやっぱり当然のことながら、効果はある。お経やマントラに対して長らく懐疑的な私であったが、昔から般若心経だけは、意味も含めて納得できる唯一のお経だ。現世利益なんかこれっぽちも謳ってないし。ぐたぐだした気持ちがすっと引き締まり、澄みわたる。どちらかというとポジティブにはならず、世の中の事象のすべてを突き放して冷静に眺める心地となる。怒りや悲しみすらも、客観化してしまう。言葉は悪いがすべてがどうでもよくなるとも言える。

ただ、私はいまだ般若心経を暗唱できていないので、歩いている間ずっと唱えるというわけにいかない。何度か経典を開いて読みながら歩いてみたが、どうにも息は上がるし、足元は覚束なくなるしで、南無大師遍照金剛の短いフレーズを唱えるまでしか、できない。そしてここまで短くなると、今の自分ではお守り的な要素が強くなってしまう。

ＱＵＥＥＮの楽曲は、いくつも歩きながら全フレーズ歌える。十代の頃にカセットテープに入れてウォークマンで聴き込んだことが大きい。あれから四十年近く経って、優れた映像によって昔の記憶が全部引っ張り出されて止まらなくなってしまった。般若心経も一度エンドレスに聞きまくってみたらどうだろう。スマートフォンに入れて、聞きながら歩いてみるのだ。自分が好きな声の人の読経だとなお良さそうだが。

急な登りから少しなだらかになった道を歩き続け、ようやく峠となった。見晴らしのよい場所ではなく、ただの山の中だ。時計を見ると十一時十五分。まああのペースだろうか。下りはやけに倒木が目立つ。少しでも後に利用する人のためにと、自分が持てる大きさの倒木を横にずらしたり、転がしたりして道を開けていく。

それにしてもこのあたりは、道の荒れっぷりがすごい。猪が掘り崩しているからだ。途中二か所ほど、道が途切れてしまっているところまであった。

猪の力は強く、小型のユンボくらいの掘削能力はある。私が両手でも持てない石を平気で穿《ほじく》り返すので、遍路道を壊すことなど訳もないのだろう。道の脇にはヌタ場という水たまりがたくさんできている。猪が泥水を身体にこすりつけるための場所だ。そうすることで、ダニなどの虫を退治するのだ。しかし水源が近いとはいえ、ヌタ場、数えただけで十個以上。こんなに一度にたくさん見たのは、初めて。猪天国だな、ここは。遍路に出るまでは、島内を踏破することで、自分の住むところ以外なかなか知ることのない小豆島の中の全集落を見知る機会となると聞いていた。けれど思ったよりも山の中を歩くことが多いため、里との境界の柵の具合を見ることで、猪の生息分布を知ることにもずいぶん役立っている。

そうこうするうちにようやく吉田ダムに到着。島内で一番大きなダムなんじゃないだろうか。階段の上でダムを見下ろしながら昼食。ここからはたぶんダム周りの舗装道路を歩くのだろうと勝手に山道からの解放を祝う。いやー。よく歩きされた。

しかし。ダム周りの道を歩くとまた猪門があり、その奥は山道だった。がっかりしながらも、そこはフレディの歌の力で歩き続けてようやくダムの堰堤《せきてい》に到着。ここからどこに進むのだろう。迷って展望台まで登ってみるが、札がない。あわてて冊子を見ると、階段という文字が。もしや、もしやこのダムの絶壁の脇についた階段を降りて行けと?? 階段のところまで行くと、遍路道の札がちんまりとかかっている。ひええええ。気が遠くなったけど、よく考えたら整備されたコンクリートの階段を降りていくのだから、大した苦労でもない。ここ、ダムがなかった時はどこをどう歩いたんだろう。

　ダムの谷間に下りていき、しばらく下流へと歩くと里らしくなってきた。吉田温泉とオートキャンプ場を通り過ぎて、八十二番吉田庵に到着した。小さな堂庵だ。礼拝を済ませてもまだ一時だ。これならばもうひと頑張りして八十三番福田庵まで行き、福田港からバスに乗ることができる。すると次回は、バス路線がひとつ進んで南廻り福田線となる!!

　たいした距離でもなさそうだしと思って歩きはじめた吉田庵から福田庵までの道のり。それは、これまでで一番辛くしんどいものとなった。一度大きな山を歩き、ダムのような場で解放され、さらにまた山に入ってからの吉田庵である。再び山に入る気力はすっからかんだ。残っているのは福田港まで行きたいという気持ちと、フレディの歌声だけ。まさに這うようにして峠を登った。他の巡礼者も辛いところなのだろうか、福田庵や峠までの距離を示す札はたくさんあって、本当にありがたかった。途中でわずかに海が見えるところまで来た時には、気が遠くなった。ダムを降りて再びこんなに高いところまで来るとは思わなかった。また猪門を開けて、福田庵に着いたのが二時過ぎ。ここから八十四番雲海《うんかい》寺《じ》と八十五番本地堂《ほんじどう》は目と鼻の先、バス停に行く途中にある。巡拝するしかあるまい。

　再び山道へ入れという標識を見た時は、また峠があったらと泣きたくなったが、比較的すぐに到着。二つは隣接しているので、もうあとは港のバス停まで行けばいいだけ。バスの時間は三時半なので、余裕で間に合う。ゆっくりと巡拝を済ませ、ご朱印をいただいた。歩けたじゃないか。バス停でバスを待ちながら、しみじみと嬉しかった。やればできる。


　翌週のコースは、とうとう路線バスがひとつ進んで南廻り福田線となった。福田港から南下して、安田という集落を通って土庄港へ行く。つまり一応、北半分は回ったということに、なる。いや、正確に言えばここから八十六番の当浜庵《あてはまあん》、八十七番海庭庵《かいていあん》、そして八十八番楠霊庵《なんれいあん》まで回って半分、という心積もり。なにしろ八十八番楠霊庵は打ち止め、最終巡礼地だったところ。小豆島遍路ができた江戸期には、西の土庄港よりも栄えていた坂手港から巡りはじめる人が多かったからだ。

　この福田から、播磨灘《はりまなだ》を横目に南下する海岸線。言ってはなんだが、島の中でも地の果て感が半端ない。ここまで来てしまったという感傷に包まれる。現実にはまだ遍路は半分残っているのだけれど、ずうずうしくも達成感を味わいたいので、八十八番まで無事に歩き切りたい。昔は難所だったらしいのだが、今は国道が整備されていて、歩き遍路道もなく、ただ国道を歩けばいいだけなのだった。距離は長めだがなんとかなるだろうと、福田港に車を停めて歩き始めた。

　福田から当浜の間は道路工事が多く、登り坂もあったので少し大変であったが、前回に比べればなんてことない。無事に当浜に到着。当浜庵は、海岸線から少しだけ内陸に入った高台に立つ。雨上がりだったためか、備え付けのマッチも線香も湿っているし、ロウソクや線香の代金を入れる箱も、ない。それでもきれいに掃除されている。

『小豆島八十八ヶ所霊場』には、それぞれの札所に何が祀ってあるとか、何時代に移転したとか、境内にだれだれの墓地があるなどの情報が淡々と記されているのだが、この当浜庵のところだけ、「読経をしていると、孤独になって声までが小さい。自分が浜のまさごにも似て思わず、千手観音様にすがりたくなる」と実にメランコリックな文章となる。著者のお気持ちもわかる気がする「来ちゃった」感。小豆島の「津軽海峡冬景色」と呼んでもいいのではないだろうか、当浜。紹介されている御詠歌もやけに心に沁みるのだ。

　　おもしろき　沖の小島をよそにみて　世をうみわたる　あまのつり舟

しかもお堂の軒先には少し苔むした舟形の手水《ちょうず》石がある。このまま石舟に乗って漕ぎ出せば、常世《とこよ》へと行けるのではないかと思わせる。

海庭庵は、岩《いわが》谷《たに》という集落にある。岩谷にはコーヒーの美味しい喫茶店が海っぺりにオープンしているので、何度か来ている。もともとバーをやっていたというオーナーはまだとても若くて、満月の日には播磨灘から上る月を見るイベントを開いている。店内にはバーの名残なのか酒が並んでいる。そんなわけで、岩谷のイメージは私のなかでは地の果て感はない。この喫茶店、昼間は島のおばちゃんたちでいっぱいである。東海岸沿いに喫茶店が一軒もないのでみんなから重宝されているのだろう。私が通った時も駐車場はいっぱいだった。

海庭庵も、文字通り海っぺりに立っている。こちらもマッチが湿気っていた。今度コーヒーを飲みに行くついでにマッチを持ってこよう。

途中で少し休憩は入れたものの、特に疲れることなくテクテク歩いて、無事に楠霊庵まで辿り着いた。昔、楠の大木があったことからこの名がついているそうだ。楠の大木は小豆島でよく見かける。木を切ると樟《しょう》脳《のう》のいい匂いが立ち込める。木は意外にも折れやすいので、大木であっても登って枝葉を切るのは危険だと止められている。

楠霊庵のある橘《たちばな》集落は、漁港なので漁船がたくさん停泊している。山側に目をやると、拇岳《おやゆびだけ》という大きな岩山が見える。ここが打ち止めの八十八番。自分はどんな気持ちで打ち止めを迎えるのだろうか。そもそもどこが最後になるのか、いまだにコースを決めていないのだが。このまま海沿いに回っていくので、内陸のどこかになるのだろうと思っている。なるべく一筆書き式に回りたいものだが。

昭和四十一年、歌舞伎役者の八代目市川團蔵《だんぞう》が引退興行をしたのち、悲願であった四国八十八か所巡礼に出かけ、小豆島霊場最後の札所、つまり楠霊庵を参拝したのちに坂手港から船に乗り、播磨灘に投身したという。享年八十四。

渋い辞世を遺していた。

「我死なば　香典うけな　通夜もせず　迷惑かけず　さらば地獄へ」

ここ楠霊庵でも備え付けのマッチは湿気っていて、ロウソクの火をつけるのに苦労した。線香も湿気っていた。播磨灘は、海風が激しいのだろうか。

III

南廻り福田線

12　團蔵とへんろ

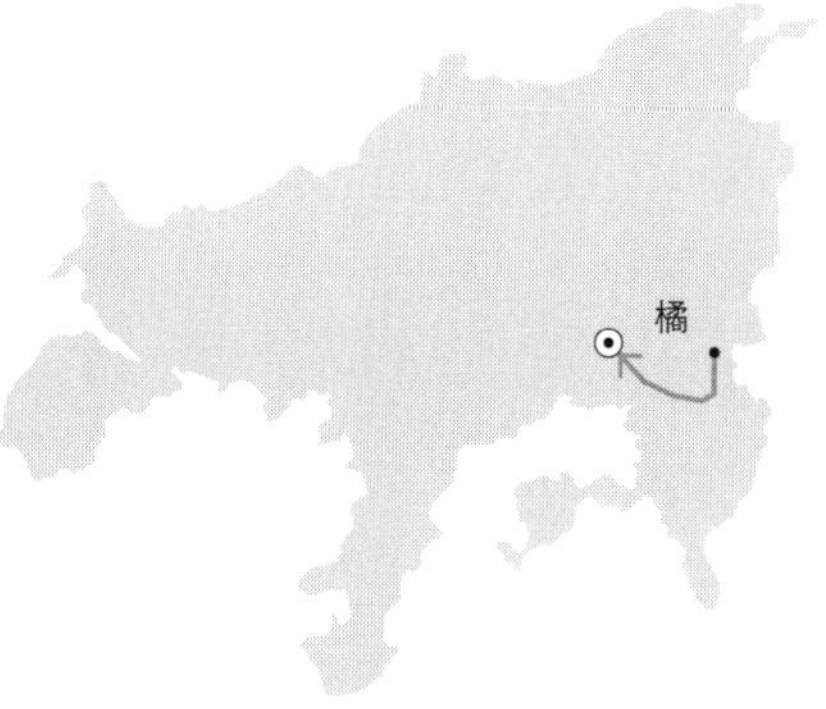

楠

霊庵で知った八代目市川團蔵の投身自殺が気になり、少し調べてみた。すると予想をはるかに上回り、当時のマスコミは大騒ぎしていた。昭和四十一年といえば、私が生まれる一年前のこと。歌舞伎の知識は十回に満たない鑑賞経験だけなので、これまでこの俳優の名前も顔も全く知らなかった。ついでに調べた、今も存命中の九代目團蔵の顔も、初見。

　その四年後の三島由紀夫の自殺のことなら、彼の小説を読む前から事件としての記憶がある。なぜか記憶では巨大鉄球が別荘を壊す映像、つまりあさま山荘事件の映像と、三島由紀夫が自衛官を相手に演説しているモノクロ映像とが重なっている。当時の事件をまとめて振り返る番組でも子どもの頃に見たのだろうか。演説の後、三島は割腹自殺をする。介錯人もいた。そこまですれば昭和史に残るだろう。

八代目市川團蔵の自殺は、濵田研吾の『脇役本』（ちくま文庫）に詳しい。当時読売新聞社会面で十二段ぶち抜きで取り上げられたそうだ。しかしそれより驚いたのは、八代目市川團蔵という人物が、歌舞伎界に名をとどろかすような名優だったというわけでもなく、どちらかというと地味な脇役だったことだ。歌舞伎に詳しくない人間としては、何代目團〜とつけばすごい役者のように聞こえてしまう。『脇役本』に取り上げられたのだから、そういうことなのだけど。いやしかし、ろくに知らないくせにあんまり脇、脇と書くのも申し訳ない。脇といっても端役というわけではなく、キチンとした、主役にしっかり絡む、それなりに見せ場のある役柄を演じていたようで。

劇評家のみならず三島由紀夫や大佛《おさらぎ》次郎をはじめとする名だたる作家が團蔵の自殺に注目し、筆をとったのは、彼の生前の役者としての評価というよりは、むしろ死に方、いや終活全般の美しさに驚かされたから。なにしろただ単に自殺したのではなく、八十四歳まで現役で舞台に上がり続けて（高齢まで現役を貫くのは歌舞伎役者としては珍しくはないのかもしれないが、世間一般からしてみればすごいことだ。当時の男性の定年退職年齢は五十五歳である）、しかも最後には引退興行をきっちりとこなして、長年お世話になった舞台と観客に丁寧にお別れして、楽日から六日後にはもう四国巡礼一番札所のある徳島県鳴門市大麻町《おおあさちょう》にいた。で、四国八十八か所をおよそ一か月で回り切り、五月三十日に結願《けちがん》、それから小豆島に来て数日滞在し、六月四日未明に大阪行きの汽船からどぼんだ。

なんとも無駄の少ない、終活具合なのだった。三島由紀夫は大絶賛した。彼としてはすでに自分の自殺計画が頭のどこかにあったのだろうか。

家名と芸を最優先する、梨園という特殊な世界のルールに服従し、好きでもなく、上手くもない（と書いている人が多い）歌舞伎を続けて、やっと解放されたところで四国巡礼に行くのはわかる。しかしその後区切りをつけて第二の人生を送るとか、もしくはもっと羽目をはずすとかしても良かったのではと思うのだが、高齢でもあるし、もし彼が何をしても、現世では八代目團蔵という名がついて回るということか。

私はこの、家名を大事に守り継ぐ世界が苦手だ。歌舞伎鑑賞には、この役をあの役者が、ところで彼の父親はこれが当たり役で……というように、役者の出自を合わせて楽しむようなところがある。長い年月観続けていれば、それだけ楽しみが増えるという仕組みだが、演者の出自や三代前の諍《いさか》いなどなど、プライベートが鑑賞のための素地になるような文章を読むと、どうにもいたたまれない。團蔵の自殺について、コメントを遺すだけでなく、わざわざ死地、小豆島まで出向いて『団蔵入水』（一九八〇年刊行）を書いた戸板康二は、小説家であると同時に歌舞伎評論家でもある。團蔵がどれほど真摯に父の跡を継ぎ、歌舞伎の世界に打ち込み義理を立て、上手くはない、華はないと言われながらも懸命に舞台に立ち続け、しかもそれほどファンもつかず（昭和三十年代はとんでもない人気歌舞伎役者が何人も出てきた時期だったとか）……という、彼が歌舞伎界で感じ続けてきた悔しさ、心ない評価に傷ついたプライド、それでもやめることすら許されなかった不自由さを克明に書いている。さすが歌舞伎の世界をよくご存じなだけある。

たしかに彼の人生はしんどい。しかしその辛さは、個人の芸の力量だけではなく、家の事情その他もろもろ含めて衆人に可視化された状態で、それすらも鑑賞され続けているという状況に依拠していると思うのだが、そこに戸板は非常に鈍感に思える。そういう時代なのだろうか。

團蔵が四国遍路の旅に出たことは、ほぼオンタイムで新聞各社に知れ渡り、記者が各所で待ち伏せたり同行したりして、コメントをとり記事に流している。高群逸枝の巡礼記もそうだが、ＳＮＳもない時代でも、それなりのスピードで情報は回る。彼は偽名を使って宿に宿泊したりしていたようだが、小豆島に来た時すらも、あれは歌舞伎役者の市川團蔵じゃないかと宿の人がうわさしていたというのだから、なんともはや。

しかし彼は、完全に隠れて追手を拒否して遍路を回ったわけでもなく、新聞記者のインタビューにも親切に答えている。『団蔵入水』で戸板康二は書く。

「芝居を離れたとはいえ、役者ごころは残っていたであろうから、どの寺にもある正面の参道を歩きながら、踏み出すその一歩一歩に、団蔵が歌舞伎の劇場の花道を感じなかったといえば、うそだ」

團蔵にとって小豆島とはどんなところだったのか。土庄に一泊してから八十八番札所のある橘集落のたちばな荘（現在は閉業）に来た。小豆島の八十八か所を回ろうというつもりもなかったようだ。四国巡礼で疲れた身体を休めるのに、綺麗な海でも見ながらと思ったのだろうか。綺麗な海なら女《め》木《ぎ》島《じま》でも淡路島でも良さそうなものなのに、小豆島にしたのは、やっぱり霊場があったからなのだと思うのだが、そこに言及した人は見つけられなかった。

今の橘集落は、近代的な集合住宅が立ち並んでいるし、それほど風情のあるたたずまいとは言えない。むしろ岩谷や当浜のほうが、前回も書いたように地の果てに来てしまった感が強い。とはいえたちばな荘は、集落から少し離れた海辺にポツンと立っているし、橘集落も当時は、ひなびた漁村の風情があったと思われる。彼は土庄で一泊、橘のたちばな荘で三泊してから港のある坂手に移動し、宿に荷物を置いて郵便を出し、近所の観音寺に出かけて、詩人の生田春月が播磨灘でさかのぼること三十六年前に投身自殺したことを、碑文から知る。その瞬間に死に方を決めたと戸板は断ずる。

私が團蔵だったら、「やめとくか」と思う。生田春月の遺体は坂手の浜に打ち上げられたからだ。同じ航路の汽船から飛び降りれば、潮の流れで坂手に打ち上げられる確率が高いではないか。魚にあちこちつつかれた姿を晒すのは、後始末する人たちに悪い。とはいえ、海上保安署が船を出して捜索したにもかかわらず、團蔵の遺体は見つからなかったのだった。最後の最後まで、綺麗な幕引きとなった。残された家族は大変だったろうが。

人は死に方を選ぶことはできない。唯一の例外が自殺だが、どの宗教でも推奨されず、地獄に行くとか最大の罪だとか脅し文句が並ぶ。遺される人々の心を引き裂くからだ。遍路ですらも、野垂れ死には想定していても、自殺はどうか。実際には死に場所を求めて四国に参り、途中で行き倒れるか自殺する人もいたかもしれないけれど、さすがに昭和四十年代にまでなれば、不審死は警察に届けなければならないしで、そう簡単に死ねる雰囲気ではなかったはず。小豆島とて同じだ。死に近い場所に遍路はあるはずなのだが、実際に歩いてみれば、それはもう確固たる現世。近いといってもはるかに遠い。

我慢に我慢を重ねてその上に辛抱を載せ、何ひとつ自分の意思で動くことを許されなかった「人形みたい」な人生。そこから逃げることもせずに、長らくその人生を送った男だからこそ、最後の死を自分だけのものとする我が儘を、世間は許したのだろうか。

あれから五十余年経った。医療技術はどんどん進み、癌にかかってもそう簡単には死なない時代となった。残る不治の病で罹患率が高いのは、認知症だけ？　となりつつある。延命治療の是非や尊厳死及び安楽死の問題が取り沙汰されるようになってはいるが、いまだに本人の意思で死を選ぶことは不可能なままだ。不自由な状態になっても、身体に壮絶な痛みや苦しみがあっても、意思そのものが不確かになっても（逆説的だが）、自分から死を選ぶことは、できない。五十年以上も前の團蔵の入水が、今なお沁みる。

　福田港から橘集落までの、東向きの海岸線の国道脇は、謎の「空き地」がたくさん存在する。曲がりくねった旧道をまっすぐに整備した時に、カーブ部分が残ってできたものだ。海側の空き地には東屋《あずまや》が立ち、観光客が車を停めて景色を楽しむビバーク地点として機能している。山側の空き地は、なんとも所在ないまま、落ち葉をためている。車を停めて地図を確かめたり、Uターンしたりする時にはありがたい存在だ。そして長時間駐車するにも、集落からも遠く、だれに気兼ねする必要もない。橘集落から少し北上した国道の空き地に車を停めて、フロントガラスに「へんろ中」と書いた紙を貼った。

　次の札所は、橘集落から山道に入って西に進む。内海《うちのみ》湾に面した安田《やすだ》地区のはじっこにある十二番岡ノ坊を目指すのだ。『おへんろ道案内図』では、山に登っていく階段がひとつしかないように大変簡略に書いてあるのだが、実は本物の階段と楠霊庵の中間にもうひとつ階段があって、それが山のほうに続いているだけでなく、上に指さしマークを浮き彫りにした石柱まで立っているのである。当然これがそれだと思って登ろうとしたら、おばあさんに呼び止められた。

「そっちへ行っても大師さんはおらんで」

んん？　一瞬意味を掴みかねたが、私の格好はどう見ても遍路姿。こういう時は会話が楽でよい。どちらに行けばよいのでしょうかと尋ねると、五十メートルほど南下したところの緑色に塗られたフェンス兼手すりの付いた階段を指さして、「あれや」。ほほう。

なんらかの理由があって、昔遍路道だったところをずらしたのかもしれないけれど、石柱を引っこ抜くのは手間がかかると思ってそのままになっているのだろうか。これはわかりにくい。もしおばあさんに呼び止められなかったら、無駄に階段を上っていた。おばあさんに感謝だ。

指さされたところまで歩いてみると、階段の脇には遍路道の看板が括りつけられていた。両方を見比べれば、こっちが正しい道とわかるのだけど、石柱だけをはじめに見つけてしまうと、これだと誤ってしまう。これまでにも赤い字の入らない石柱や、もっと古びて壊れかけた看板だけしかない遍路道を歩いてきたからだ。

急な階段を登っていくと、小さなベンチが置いてある。階段の端には雪が残る。昨日雪が降ったようだ。階段を登り切って山道に入ると、ウバメガシの枝が倒れていた。地面についていない、上半分の葉だけ食べられている。鹿だろうか。猪だったら葉を食べるとしても下からだろう。

　山道は、予想していたほど荒れていなかった。足元もひどく危ないということもない。自分が山道に慣れただけなのかもしれないが、とても快適に歩くことができた。ただし、冷たい風が吹き荒れているのは、どうにもならない。菅笠はすぐに飛びそうになるし、耳がキンキンに冷えたと思ったらあっという間に頭全体が冷え切って、鼻水が出てきた。晴れているし、菅笠をかぶるからと、耳当てやフェイスマスクなどの防寒具をなにも考えてこなかったのは、失敗だった。歩いていれば身体は温まるのだが、頭は温かくならない。

　一時間後には峠に着いたのだが、風が吹きすさんでいたのでとても休む気にもなれず、そのまま下った。山道の中はありがたいことに、遍路道を示す小さな看板が必ずついているので、迷うことはなかった。

　下りは竹林が多くて少しばかり滑りがちではあったけれど、無事に人里に近づいてきた。山越え完了だ。安田地区から橘へ車で行くには、トンネルを通る。新しくてぴかぴかのトンネルだ。このトンネルができるまでは、橘集落から福田までの人々は何かと不便だったのではないだろうか。山の中を突っ切る遍路道も、それなりに利用されていたかもしれない。

調整池が見え、道の先にはいまやお馴染みとなった猪門が見えてきた。ここの猪門は少々華奢な作りで、だからというわけではないが、下半分が押し切られて完全にめくれあがっていた。隙間から人間も十分出入り可能だった。直して差し上げたいが、鉄の棒が曲がっているので道具がないとどうにもならない。

畑地から少し住宅が現れたあたりで、岡ノ坊に到着。やっと島の東面から南面に到達だ。前回、湿気ったマッチとお線香に往生したので、マッチとチャッカマンと線香と小さなロウソクを、百円ショップで買って携帯してきていた。

鞄を開けてごそごそと巡拝準備をしていたら、小さな子どもを連れて散歩している三十代くらいの男性と目が合った。庵で一休みしようかと思ったのだが、巡礼姿の私を見てちょっと驚き、進路変更して通り過ぎることにした模様。服や雰囲気からして、帰省家族だろうか。そう、お遍路した日は年末の帰省ラッシュが始まったあたり。こんな年末に、ひとりで菅笠に白衣を羽織って念仏唱えている姿を見たら、そりゃびっくりするだろう。小豆島がお嫁さんのご実家で、自分は他の土地の出身だったりすれば、遍路を知らない人だっているはず。いや、遍路の習慣を知っていたとしても、どっから見ても「訳あり」のかわいそうな人に見えるのだろう。いや実際「訳あり」と指さされても過言ではないぞ、今の自分。うん、そうそう。人からどう見られているかなんて、考えてもしょうがないから滅多に考えなくなっていた。妙にしみじみと納得してみる。

次は十三番栄光寺《えいこうじ》だ。地図を頼りに歩いてみるが、住宅は増え、路地は深まるばかり。看板も極端に減った。塗装が剥げてただの板になった看板もあった。そう、このあたりの集落は、新しく建て替えた現代的な建築が多いのだ。道順を示す看板やシールを貼るのも憚られるのだろうか。歩いているほうも、もし間違った道ならば、ただの住宅地を歩く不審者扱いされないかと、余計に挙動不審になる。

とはいえなんとか迷うことなく、栄光寺に辿り着いた。松の木がずらりと並ぶ、美しい寺院だ。巡拝を済ませてから納経をお願いしに、脇の事務所のような建物の門をくぐる。出て来たのは年配の僧侶で、どちらからと聞かれて「島の者です」と答えると、気のせいかちょっと呆れた顔をされた。いい歳をした中年女が年末にふらふらしていていいのかということだろうか。まあそれが一般的な人々の暮らしだろう。しかしこちらは一年半ほど仕事が本当に忙しくて、やっと休みが取れてゆっくりしているのだ。だれがおせちなんか作るか。大掃除だって適当に済ませてごろ寝したいところだが、しかし遍路もしなければと歩いているところなのだ。

13 碁石山と慈空さん

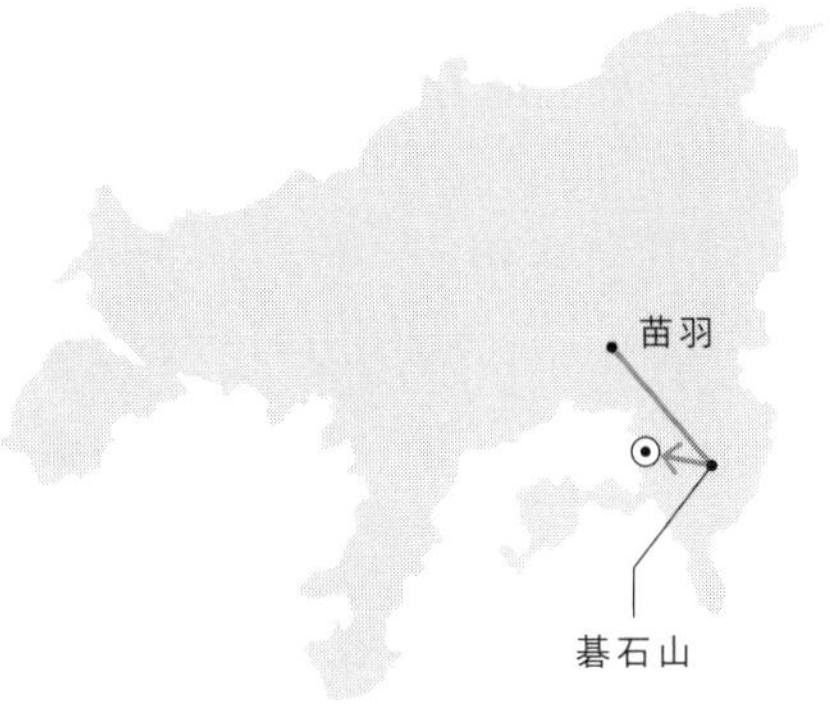

栄光寺を出たところで、十人ほどの中国系旅行者とすれ違う。観光客に人気のヤマロク醤油と近いからだろうか。これから川を渡って十五番大師堂に行き、それから十一番観音堂も回って、ちょうど橋方面に行くバスの時間に間に合うだろう。バス停は、栄光寺から川沿いに数分歩いて南下したところにある。

　よしと思って歩いたのだが、いつまでたっても大師堂に辿り着かない。看板は栄光寺の周りも少なかったから、歩いている道に看板がなくても疑うことなく、地図を頼りにずんずん歩いていくうちに、山の中に入ってしまった。冊子『おへんろ道案内図』の地図では神社と神社の間にあるのだが、勝手に神社も山の中だろうと思い込んでいた。気づいた時には遅かった。

　慌ててスマホを開き、グーグルマップで現在地を確認した。バスの時刻まであと三十分を切っていた。今から大師堂を目指していたら、間に合わなくなる。諦めて帰ろう。川に出ればなんとかなると思ってグーグルで確認していると、耳の遠いおじいさんが、栄光寺の行き方を指南しようとしてくださる。いや違うんです、バス停!!　バス!!　……通じない。なんとかわかってもらってバス停を教わるが、全然違う。おそらく最寄りのバス停は、私が行こうとしているバス停以外にあるのだろう。もうよくわからん。とにかく人通りの多いところへと走り出し、散々迷って遠くにスーパーの看板を見つけた時には茫然とした。かなり西に進んでいたのだ。このままではバスに間に合わないと全力で走り、目当てのバス停に着いた時には、くたくたになっていた。

　とにかく大師堂だけはさっさと行っておかないと、今後のルートでお荷物になってしまう。それから正月が明けて、首を寝違えて寝込んでいた私は、病院が開くと同時に首に注射を打ってもらい、半分しか首が回らないまま車を走らせた。安田地区全体を迷って歩き回ったようなものだからと、安田地区の西隣、片城《かたじょう》にある小豆島町役場（近年移転したので冊子の地図にはない）の駐車場を始点と定めて車を停め、大師堂に向かって歩き出した。

　今回はもう初めからグーグルマップを片手に、位置情報を頼りに歩くことにした。これが大正解。道にはほとんど案内板はなかったのである。しかし大師堂の近所の創麺屋株式会社なかむらは、映画『八日目の蟬』の撮影に使われたそうで、途中からは看板がばんばん立っていた。

しかも道の途中には、大師堂ではなくて、十六番極楽寺《ごくらくじ》の案内が立っていた。え、冊子では三ページも先なんだけど、隣接していたのか……。ともあれ徒歩十五分もかからずに無事に大師堂に到着。さくっと巡拝を済ませて、またもやスマホを取り出す。そう、スマホの画面頼みで歩くと、帰り道もスマホに頼るしかないのだ。細かな路地を抜けて、極楽寺への案内がある道まで戻る。計画外であったがこんなに近いのだから、回らない手はない。そこから極楽寺へは徒歩五分程度で着いてしまった。

本殿参道の両脇に池があり、とても美しい外観。鐘をついて本堂に入っていくと、若いご住職らしき方が出てきて、声掛けしてくださった。「一緒に唱えましょう」と、遠慮がちに申し出てくださったのだ。

こちらこそ恐縮です。いつも何をどの順番で唱えているのかを聞かれて答えると、その通りに読経してくださったので、唱和させていただいた。ありがたい。やはりひとりで唱えるのと、プロの方の読経に唱和するのとでは、全然安心感が違う。しっかり唱えられる気がする。納経をお願いしている間、「迷われませんでしたか」と聞かれ、「いやあ、安田でものすごく迷ったので、町中に関してはスマホの位置情報に頼るようにしています」と答えると、「霊場会もいま若い世代に代替わりしてまして、少しずつ改善していきたいと思っているところです」とおっしゃってくださった。

帰りにお菓子までいただいてしまい、なんとも申し訳ないやら、嬉しいやら。よい励ましとなる予定外遍路であった。これを励みに、先に進もう。


さて、首も全快した。極楽寺から次、どっちへ進むべきなのか。なるべくぐるりと一周、一筆書きのように回りたいのだけれど、橘集落の八十八番楠霊庵から山道を抜けて十二番岡ノ坊に来て、東南エリアに入って以来、あっちにもこっちにも札所があって、こんがらがった糸のようなルートになってしまう。冊子のおすすめコースのように、大師堂から西の極楽寺には行かずに東南へと引き返して観音堂に行くべきであったのかもしれない。いやでも札所が近いとなれば、行っておきたくなってしまうではないか。

ともあれ大師堂近辺は、迷ってあちこち歩き回ったため、どこから始めても足跡がつながる。安田の交差点近くの広場に軽トラを停めて、観音堂を目指すことにした。そう、西に向かう前に島の東側の半島と言ったらいいのか、牛の形にたとえるところの後脚にあたる部分を踏破するために、南下せねばならないのだった。

観音堂への道のりは、おそらく一キロもないのだろうけれど、思いきり町の中。しかも本来冊子がすすめる歩き遍路ルートの道順からも外れている。例によって標識は当てにできない。町の中でうろうろ迷うのはしんどいので、スマホの位置情報検索にべったり頼ることにした。これさえあれば迷うことはないのであるが、なぜかズルをしている気分にもなる。いやしかし、冊子の地図だけで複雑怪奇な路地を行けと言われても、無理だ。案の定、観音堂までの道のりに標識はほとんどない。

もしスマホがなかったら、どうしていただろう。誰かに道を尋ねようにも、そんなに人通りもないし。となれば、おそらく私は図書館でゼンリンの住宅地図をコピーするだろう。妥当だ。しかしそれならスマホで見ながら歩くのと同じってことだ。

坂を登ったところにある観音堂はちょっとだけ高台で、集落を見下ろすように立っている。大きな銀杏の木が目印だ。

礼拝の準備をしていると、軽トラックが二台、坂道をあがってきた。観音堂の石段下が行き止まりとなっている。出てきたのは、黄色とオレンジのツートーンカラーの猟友会ベストと帽子をつけた年配男性たち。なぜ猟友会とわかるのかと言えば、私自身も猟友会会員だからである。狩猟活動にはこのベストと帽子をつけることが義務付けられている。誤って撃たれないようにするためだ。荷台からは猪の足がはみ出している。巡礼姿の私を見つけて少し驚いているように見えたので、こんにちはと声をかけた。

「ここはもう人はいないんだが……」と少し困った顔をしている。

「あ、大丈夫です」と答えてロウソクと線香に火をつけていると、男性たちの気配が消えた。軽トラはそのまま。堂の裏に登ったあたりに罠がかけてあるのだろう。罠をかけたら毎日見回りしなければならないのである。誦経《じゅきょう》を全部終えて振り返ると、軽トラは消えていた。猪鹿はかかっていなかったのだろう。

本堂は、いつもの集落の中にある庵とは少し異なる雰囲気だ。本堂に隣接する建物に誰かの私物らしき生活用品が置いてあるのが見えるし、本尊の聖観音とは別にいたち観音が脇の小さな祠《ほこら》に祀ってあり、本堂の白壁には願い事を書けば叶う、ボケずに頭が良くなる、良縁成就、などなど看板と賽銭箱が掲げてある。さらに銀杏の木をさすると幸運を授かるというような文言も。なんだかやけににぎやかなのだ。いや、にぎやかだった名残なのかもしれない。庵主さんが常駐していて、そのころにはお守りなども盛んに販売していたのだろうか。さきほどの猟友会の男性に聞いてみればよかった。

白壁には、マジックやペンなどでさまざまな願い事が書いてある。馬木《うまき》集落の醤油蔵を覗いた観光客が、銀杏の木を頼りに登ってきて参拝するのだろうか。ひときわ大きく書かれた願い事は、「甲子園出場」。小豆島高校野球部の生徒によるものだろうか。

観音堂を出てすぐにまたスマホを取り出し、路地と航空写真を比べながら九番庚申堂《こうしんどう》へと進む。途中で、引っこ抜かれた石標がさかさまになって路肩に立てかけられていた。電柱には集中して遍路道シールが貼ってある。う、うううむ。拡張工事でもする際に取り去ってしまおうとしたのだろうか。いやあ、どこでもいいから、正しい位置に戻してくださると嬉しい。とはいえ、石標は私ひとりでは持ち上げることすらできない。転がして運んだとしても、差し込みたいところに穴を掘るにも、つるはしというわけにはいかない。専門職の方に依頼、するしかないよなあ。それが困難だからこそ、ここで路肩に転がっているのだろう。せめてさかさまを直して差し上げたいけれど、それすら難しそうだ。

　ひきつづき路地をずんずん歩いていくと、石段のところに標識が現れた。登っていけば庚申堂。ここも、苗羽《のうま》集落を見下ろす高台に位置している。見下ろす樹木は、槙《まき》だろうか。御本尊は不動明王なのだが、堂内、青面金剛が幅を利かせている。庚申信仰の本尊だ。『小豆島八十八ヶ所霊場』には「合祀した」と書かれてあるので、もともとは別々にあったのだろう。苗羽は庚申信仰が盛んで、六十日ごとの庚申の日には夜通し集まって話をする習わしもあったとか。

　庚申信仰といえば、くくり猿。こちらの堂にもいくつも下がっていた。しかも大人のこぶしくらいの大きな立派なやつばかり。みな色あせていて、少しばかり怖い。いや、私はもともとこのくくり猿が怖いのだ。奈良町にもやたらとたくさん軒下に吊るされていて、閉口したのを覚えている。なんだか夜中に動き出しそうではないか。しかも貼ってある御詠歌が、見ざる聞かざる言わざるが幸せに生きていく秘訣だ、というような意味のものだったので、さらに引いてしまった。ザ・前近代、である。ヤメテクレ……。

あとで調べてみたところ、二〇一三年の瀬戸内国際芸術祭（以下、瀬戸芸）に合わせ、堂を綺麗に整備したことをきっかけに、苗羽集落の女性たちが「祈り申《ざる》」（くくり猿とは呼んでいなかった）を六百個作り、ひとつ三百円で願い事を書いて納めるようにしていたようだ。「祈り申」の体内には青面金剛の札が納められているとも。瀬戸芸は三年ごとなので、二〇一六年にも行われたのだろうか。そして今年（二〇一九年）もまた？　いやあ、手作業の手間ときっちり作られた出来上がりを考えると、三百円はあまりにも安すぎたのではないだろうか。利益を出すことに抵抗があったのかもしれないが。

とはいえ、こちらのお堂も、現在は頻繁に世話する人がいるのかどうか。境内の掃除はきちんとされているのだが、線香を立てるところが荒れていて、線香が立てられない。しばし我を忘れて、線香の燃えさしを取り出してはごみ入れに入れ続けた。ついでにロウソクのしずくも削りとった。地域の人が手入れをするのにも限界があるだろうから、ここはお参りする人間が少しずつでも掃除をするのが良いだろう。次回からはごみ袋も持参しよう。

堂内に青面金剛の真言が目立つように書いてあったため、私ははやとちりして、本尊である不動明王の真言を唱えずに、青面金剛の真言を唱えてしまった。これが今までの真言のなかでも一番奇妙で複雑で長くて、うまいことリズムもとれず、苦心した。

ところで各札所、かなりの確率で境内に大師像がいらして、老若さまざまな面差しの大師様がいてなかなか面白い。ここ庚申堂の大師様は、ちょっと中年で苦み走った顔。ん、誰かに似ている、としばし見つめていたら、海外サスペンスアクションドラマ『ブラックリスト』で主人公を演じるジェームズ・スペイダーにそっくりだった。極悪犯罪者とFBIを手玉にとるオヤジなのだが。

八番常光寺には、何度も足を運んでいるので、大丈夫行けるはず。とは思ったものの、これまでこの「大丈夫なんとなくわかる。川もあるから間違えようもない。あっちの方角でしょ」で何度も痛い目に遭ったため、慎重にスマホに航空地図を出して、位置情報検索をしながら進むことにした。川と海の位置さえつかんでいれば迷うことはないと思っていても、ひとたび路地に入ると迷ってしまう自分が情けない。

そういえば何年前だったか、イスラエルに行った時、夜中にテルアビブの旧市街を歩いていて、酔っぱらって迷子になりかけたことがあった。テルアビブは海辺にある都市で、海岸線はほぼ南北に延びている。ただし旧市街に入ると、路地が狭くて全体がわからなくなる。この時ばかりは、星を見た。夜空にひときわ輝く星を頼りにして歩き、海沿いの幹線道路に辿り着くことができた。ポーラスターだったようにも思うのだが、星は西の空に上がっていた。あれはなんだったのだろう。

しかしよく朦朧《もうろう》とした頭で私は星を見たものだ。路地歩き遍路でもそんな指標があると良いのだが。

常光寺の屋根らしきものがちらちらと見えてきて、ようやくスマホをバッグにしまって歩き、到着。ここまでの道にも、ほとんど標識はなかった。私が正しい道を歩いていないのだろうか。道から外れた人にこそ標識は必要なのだが、まさかここは歩かないだろうという場所に標識を付けるのも、どうなのか。

常光寺は、とても立派なお寺だ。お庭も駐車場も広々としている。そして、その奥の院である碁石山に常駐している慈空さんが副住職を務める寺院でもある。御本尊は薬師如来。駐車場にはツアーバスが停まっていた。お参りなのだろうか。混雑するかもと離れたところで観察する。おや、ほとんどの乗客はバスの中で座っているではないか。トイレに行っている人を待っている状態なのかもしれない。

助かったと鐘をついて本堂に入る。「あの、もしかして内澤さんですか」と背の高い女性から声をかけられた。大林幸絵《さちえ》さん、慈空さんのパートナーである。恐縮であります。

いつもお世話になっておりまして……とご挨拶。お寺の「だいこくさん」て大変なんだろうなあと思うのだけど、いつもまっすぐ向き合っている女性である。

いやしかし人に見られていると、普段もおぼつかない礼拝が、さらに緊張して、経文も覚えていない申し訳なさが重なり、挙動不審になってしまう。いったいいつになったら慣れるのだろう。そろそろ遍路も半分が過ぎているというのに、焦る焦る。

遅まきながら、今年の干支である猪の切り絵を購入。眠る母猪に寄り添う小さなウリ坊がかわいらしい。正月にお参りできませんでしたので。すみません。

常光寺から七番向庵《むかいあん》はすぐそこだ。ここばかりは何も見なくても行くことができる。巡拝したあとで、これまた無意識にいつもの車道に出て、坂を登り始めてしまった。歩き遍路道は、車道の途中から現れるのだと思い込んでいたためだ。

じつは向庵の先に歩き遍路道があったのだが、車道を半分ほど歩いたところでそれに気が付いた。さすがに引き返す気にはなれず。残念だ。何度か休みを入れて、碁石山に辿り着いた。辛いとはいえ、一時間も歩いていない。休まず歩けば四十分くらいで着く距離なので、難所と言うほどではない。歩き遍路道がどうだったのかはわからないが。

ここは辿り着いてから本堂までの道のりがちょっぴり長い。上り下りしなければならないので、看板が目に入らないと本堂に辿り着けずに手前の弥勒殿《みろくでん》で引き返す人もいそうだ。

本堂手前の階段から岩山を登ったところに不動明王像が立っていて、その向こうには島と海を見渡すことができる。素晴らしい絶景ポイントなのだった。

岩屋を利用してできた本堂で、慈空さんにご挨拶。慈空さんには連載時にイラストと地図を描いていただいたのだが、いつも原稿がぎりぎりで本当に申し訳なく、頭が上がらない。しかも先日は綺麗なオリーブ色の数珠を授けてくださった。ポンポン飾りが綺麗すぎて、うっとりするものだ。

導いていただいて、誦経。慈空さんの般若心経は、以前は力強さが前面に出ていたのだが、ぐっと繊細に、そしてメロディアスになっていた。頑《かたく》なさの欠片もなく、般若心経があらわす自由な世界観を彼なりに昇華させて表現しているようにも聞こえた。そう、祈るというよりは、ひとつの好きな歌を唱うと思うと、なにやらしっくりくる気もする。ひとりで唱えるのも無心になれて良いのだが、こうして日々真剣に向き合っている僧職の方の誦経を聴きながら唱和して得るものも大きいのだった。

一番洞雲山《どううんざん》へは、碁石山からは尾根伝いに行けばよい。尾根伝いといえども、コンクリで固められ、軽自動車一台がぎりぎり走行できそうな道である。楽勝だ。

洞雲山は、本当に岩と岩の隙間のようなところにできている。碁石山の本堂は六十番江洞窟と同タイプで、どちらかというと横に広がる隙間なのだが、こちらは縦長。天井が高いためか、キリスト教系の岩窟教会を思い出す。いや実際に自分が住んでいる島とはいえ、岩屋を利用した本堂はすべて、荘厳すぎるのだ。エチオピアやトルコの辺境の田舎にいるような気分になる。しかもこの縦長の本堂の中ではご老人が二人、焚火をしていた。天井が高いので煙がこもらないのだそうだ。二人の面差しもまた、トルコの辺境の老人に全然負けておらず、異国情緒すら漂っている。なんだか別世界みたいな、あの世に半分乗り入れしているような場所なのだった。巡拝を済ませると、次の三番奥の院 隼《はやぶさ》山《さん》に行く路上には見晴らし台があるよと励ましてくださった。

ここはエチオピア？トルコ？
と錯覚するほどの岩窟っぷり

次なる隼山までも、同じく尾根伝いに歩けばすぐに到着する。見晴らし台は風が強かったので、景色を三秒眺め、ポットのコーヒーを一口飲んだだけですぐにまた歩きはじめた。こちらは岩山の絶壁に引っかかるように立っている。数年前に初めて訪ねた時は荒れていたが、綺麗になった。山門の両脇に阿吽《あうん》の像のようなものが立っている。かなり大きく、勇壮な像だ。欠けた指の断面からして石ではなく、木か乾漆かとにかく燃える素材でできているのに、金網すらなくノーガード。文化財になっていないのだろうかと心配になるが、さえぎるものなく眺め放題なのはありがたい。

奥に進むと、二十畳以上ある畳の座敷が、景色を見下ろすように立っているのだけれど、締め切り。ここで喫茶店をやれば繁盛しそうなものだが。建物の老朽化が激しい。

本堂に入り、巡拝をすませた頃に、話し声が響いてきた。女性二人、観光客かと思ったらしっかり数珠持参。島のマダムなのだろうか。車で回っている様子だった。

隼山から下って三番観音寺までの道のりの大半は、車道と同じである。本堂の前に山へと下る階段があったのだが、通行止めにされていたし、冊子にも明示されていない。歩き遍路道もありそうなものだが、とりあえず車道に沿って歩くこととした。

途中の牧場前では、白茶のぶちの犬が座っていた。綱も首輪もない。ああ、苗羽から坂手地区に入ったのだなあと思う。そう、坂手はなぜか野良犬が多いのだ。港の周りなどもうろうろしている。どの犬も小綺麗であるし、餌付けされているとも聞いていたので、つい私もぶち犬に近づいて、接待でいただいたあられを少し投げた。犬が近づいてきたのでよく見ると、口元に泡が立っている。う。目つきなどは正常に見えるが、念のため手を出すのをやめて、撤退。

観音寺は、歌舞伎役者市川團蔵が参拝して、詩人生田春月の碑を見つけたという。ところが調べてみると、生田春月の碑は観音寺から離れた場所にある。スマホによれば、寄り道したとしても、観音寺までの距離はほとんど変わらないので行ってみることにした。

　そこは坂手集落の墓地の真上にあたり、壺《つぼ》井《い》栄《さかえ》の文学碑のある場所だった。海を見渡す高台にある。山から入るいわば裏口には白い門扉がそびえているが、施錠はされていない。ただし開けたらきちんと閉めておかないと、猪を招き入れかねないのでご注意。壺井栄も生田春月の碑によく参っていたというから、移設してまとめたのだろうか。碑には生田春月の遺稿が刻まれていた。海図に死後の世界を重ねる美文であった。なるほど、團蔵が投身を決めたとしても、おかしくはない。

　そのまま墓地の中ほどまで降りたところで、スマホの指示通りに墓地を突っ切って集落に入り、しばらく歩き、迷わずに観音寺に到着した。

14 半島へんろと山へんろ

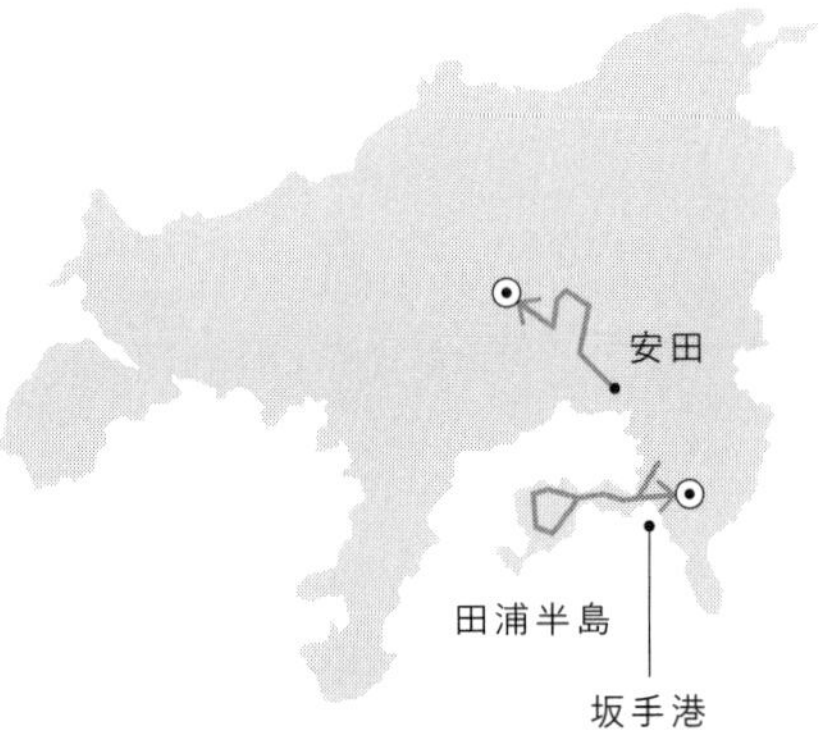

観音寺で巡拝を済ませ、納経すると、火の用心のお札をいただいた。第一番霊場洞雲山と書いてある。こちらの観音寺が本坊に当たる。境内の大師さんはわりとのっぺりした顔立ちだ。

　大師像の背後に見える海を目指して下っていけば、すぐに坂手港だ。土庄港近辺からスタートして北上し、大部港、福田港を経て坂手港まで回って来た。感慨深い。残すは南面のみ……いや、内陸部もまだ半分くらいは残っているけど……ともあれそれなりに捗《はかど》ってきた。終わりが見えなくてどんよりした時もあったけれど、ボチボチ歩きでも、止まらなければ進むのだ。しかし小豆島の南側は、古くから栄えてきた（？）土地なので、札所も多い。

　坂手港は神戸へのジャンボフェリーが就航して

いる。大阪南港への航路もあったらしいが、こちらは二〇一一年に廃止。神戸への航路も一時廃止になっていたが、近年復活したそうだ。私が移住してきた時にはすでに復活していた。忘れもしない二〇一四年六月、東京の住処《すみか》から荷物を送り出した翌朝に、新幹線で神戸に行き、購入した中古車を神戸三宮港まで運んでもらい、車とともにジャンボフェリーに乗って坂手港に上陸したのだ。気が付いたらもう五年弱経っている。早いものだ。

　この観音寺が三番で、洞雲山が一番、碁石山が二番となっているのも、ここ坂手港から島に入ってお遍路をはじめる人が多かったからなのだろう。現在は便数が一番多く、高速船も就航している土庄港から島に入るお遍路さんが、多数を占める。

　坂手港からならばタクシーも拾いやすいので、帰る時間を気にせずに歩いていたのだが、港のバス停に辿り着いてみると、ちょうどあと二十分ほどでバスが来るので、バスで帰ることにした。港の売店でクッキーを買い、缶コーヒーで流し込む。疲れたというほどの距離を歩いていないのだが、見どころはたくさんあって楽しい道程だった。

　常光寺から碁石山、尾根伝いに洞雲山、隼山と歩いて坂手港に下りてくるコースは、入門としては一番良いのではないか。などと考えながらバスに乗ったはいいが、駐車した安田の広場の最寄りバス停の名前がわからず、三つも手前で降りてしまい、最後はウンウン唸りながらバス通りを歩く羽目となった。

次は田浦《たのうら》半島だ。半島の先っぽには『二十四の瞳』で有名になった岬の分教場や二十四の瞳映画村がある。『二十四の瞳』、映画よりも原作小説のほうが記憶に残っているのだが、子どもたちが先生に会いたくて長い道のりをみんなで歩くくだりが印象的だ。島の中でも僻地として描かれているわけで、はじめて映画村に車で行った時には、この半島、子どもが歩ける距離じゃないだろ!!　と思ったものだ。当時はまさか自分が歩くことになるとは思いもしなかった。

坂手港の無料駐車場は、港の西側のはじっこにある。東寄りにも車を停めておいてもよさそうな空間や道がたくさんあるのだけれど、小心者なので駐車場まで車を走らせた。田浦半島への入り口に辿り着く前に坂手港を横切らねばならない。しかしまあそれくらいけちけちせずとも歩けばいいじゃないか、と思っている自分に少し驚く。二キロくらいの距離も辛いと感じる時期があったのに。

田浦半島に入る道を通り過ぎ、先に十番札所の西照庵《さいしょうあん》へ向かう。この道沿いはホテルや旅館が多い。そしてその多くが廃屋である。現役営業中の宿の中ではベイリゾートホテル小豆島が人気で、いつも宿泊客でにぎわっている。車で通り過ぎる時にはチラリとしか見ることができない廃墟の建物も、徒歩だとじっくり観察できる。

とある廃屋ホテルの向かいに、海岸に向かう（?）階段があったのでちょっと下ってみたところ、プールの廃墟を見つけてしまった。道路からは全く見えない位置にある。じつにもったいないけれど、どうしようもないのだろう。コンクリートも時間が経てば傷むので、再利用も難しいし、壊すにも経費がかかる。当分このままなんだろうなあ。あまり声高に言う人はいないが、廃墟愛好家は地方観光地に住めばいいのだ。労せずしてたくさんのまだだれも発信していない廃墟を撮影できる。

　などと寄り道をしてしまうのも、今回も帰りはバスを利用せずに坂手港まで自力で歩いて帰るつもりでいるからだ。碁石山で慈空さんに「田浦半島は結構きついですよ」と言われていたけれど、吉田ダムから福田まで歩いたことを思えば、そうきついとも思えない。それに田浦半島は、何度も来ている。勝手知ったるとまではいかないけれど、まあまあの土地勘と、海勘がある。海勘と適当に造語してしまったが、海を眺めて島や向かいの島の形を眺めて現在地を把握できるかどうか、である。ここまで来ていると把握できると、歩くのが楽になる。田浦に友人がいるために、何度も海岸線を走ったので、なんとなく島の形は頭に入っているつもり。

　そんなわけでゆったりペースで坂手港を出てから二十分後、西照庵に辿り着く。なんのことはない、醤油ソフトを売っている佃煮の一徳庵（タケサン株式会社）の真向かいだった。

観光バスが停まるところだ。向かいが札所だったとは今の今まで知らなかった。看板が白く灼けているし、車で通る時には常に醤油ソフトを食べるかどうかに意識がとらわれてしまうためかもしれない。五年経ってもいまだに醤油ソフトを食べていない。

西照庵、人気も巡拝の気配もなんもないのだが、ピカピカに掃除されている。お手洗いに行きたい人は一徳庵のトイレをご利用くださいとの張り紙がある。

来た道をテクテクと戻り、古江《ふるえ》と書かれた標識を右折する。ここからが田浦半島となる。しばらく歩くと四番古江庵が現れた。本堂の両脇に赤い前掛けをつけた観音石像がずらりと並んでいる。西国三十三観音だそうで、どれも顔立ちが良い。少し離れて修行中の大師像もあり、こちらはグレー地に白い大きな水玉のお洒落な頭巾と前掛けをしていた。坂手港から眺める海も静かだが、ここは内海湾に面しているため、さらにのったりとしている。御詠歌は内海湾に浮かぶ月影を題材にしている。松の木もあり月夜は格別なのだろう。

巡拝を済ませて県道を歩く。五番堀越庵《ほりこしあん》まではひたすら県道を歩くのみ。道が二手に分かれるところが半島のくびれ部分で、ここから左手に入っていくと、堀越集落が現れる。堀越は、最初に小豆島に来て住みたいと思ったところなので、ちょっと感慨深い。私が訪れた五年前とは集落の中も随分様変わりしていて、集落は新しい旅館建設のための工事でにぎわっていた。旅館が建つといううわさは聞いていたけれど、予想外に大きな建物で驚いた。鄙《ひな》びた集落と海岸のバランスがとても好きだったのだが……。

集落の中を突っ切り、堀越庵を探すが見つからない。冊子『おへんろ道案内図』には細かい順路は載っていない。一度順路から外れてしまうと、標識すらなくなることはすでに学習済みなので、すぐにスマホを出して位置確認をして経路を割り出した。

路地を歩いて堀越庵に着くと、なにやら人の気配がする。なんと、本堂の中にぎっしりと人が座っているではないか。遍路ではなく、集落の住人の方々と思われる。中からギシギシとガラス戸を開けてくださった。緊張するが、さっさと済ませるしかない。じつはいつまで経っても巡拝の手順が覚えられず、常に心もとなくあたふたしていたのだが、鞄の中に散らばっていた巡拝に必要なロウソク、線香、ライター、納札、賽銭袋をひとまとめに巾着袋に入れて、鞄からまとめて取り出せるようにしてみたら、スムーズに巡拝できるようになった。ちなみに納経帳は巾着袋には入れない。大判なので鞄の中で見失うことはないからだ。

そういえば鞄は、最初のうちは横掛けのさんや袋を使っていたのだが、首を寝違えて以来、首と肩の調子がいまひとつなので、バランスの良いリュックに変えた。中仕切りポケットの多いタイプなので、納経帳と財布を一緒に入れるようにしてある。鞄にはそのほか食料とお菓子、保温水筒、『おへんろ道案内図』と『小豆島八十八ヶ所霊場』の該当部分のコピーと経文が書かれた冊子、それからスマホの充電池が三つと充電コード、お手拭きなどを入れている。初回からは少しばかりバージョンアップできたと思う。

　こういうことがすんなりとできる人にとっては、書くほどの話かと首を傾げるだろうが、私は一度にいくつかのことをやろうとすると必ず混乱して躓《つまず》く性質《たち》なので、画期的な段取りだ。おかげで堀越集落の方々の注目（とはいえ彼らにすれば珍しくもない風景なのだろうけれど）を浴びても、なんとか順当に巡拝を済ませることができた。

　身じまいをして、ガラス戸を閉めようとしたら女性がすっと近づいてきて、「これ、お接待。手作りのいちご大福ですから、早めにあがってください」と美味しそうなまあるい大福をくださった。

　うわー、今まで回ってきてこんな手作りのお接待なんてはじめてだ。とても嬉しい。庵を出ようとしたら、「今月の誕生日は誰々さんと誰々さんです……では……」と、ピアノの演奏がはじまり、ハッピーバースデートゥーユーと歌声が重なった。あの小さな庵のなかにピアノがあるとは。幸せな気持ちになりつつ、庵のすぐ上にあった社の東屋でいちご大福をいただいた。生地も餡《あん》も苺も、素晴らしく美味しかった。

　標識を頼りにしばらく歩くと、山道となった。急な登りが続いたのも最初のうちだけで、休みながら登るうちに、峠を越えてダラダラと下り道になった。山道はよく整備されていて、倒木が行く手を阻んだり、猪が道を穿り返して壊していたりすることもない。地図を見ると半島のちょうどど真ん中を歩いているようで、海も集落も見えない。途中で一軒だけぽつんと立つ古い家の裏手を通ったのだが、空き家となって長そうだった。集落から離れ、山奥に家を建て、畑を拓いて(?)生きた人がいた。どんな人生だったのか。夫婦で、家族で、種をまいたり草を刈り取ったり、子どもを育てたりしていたのだろうか。人が先に去り、家だけが残されゆっくりと朽ちていく。自分も自分の家も、やがては同じ道を辿るのだろう。

山は荒れた竹林に変わり、やがて田浦集落に辿り着いた。予想通り、そう長い距離ではなかった。くたくたに疲れるというほどではない。登りが短かったことも大きい。

六番田ノ浦庵は、堀越庵とは打って変わって無人。珍しく誰かが巡拝した直後らしく、線香の良い香りだけが漂っている。巡礼が終わったら三時を回っていた。山の中で考え事に耽り、ゆっくりしすぎたようだ。

田ノ浦庵からの帰り道は、同じ道を引き返すのではなく、別の道がある。冊子の地図によれば、小さな橋を渡って墓地に至り、おそらく山道を通り、サイクリング道に合流して堀越庵へ戻る。

ところが。小さな橋はいくつもあるのだが、墓地がない。無人の田ノ浦庵をグルグル歩き回り、畑地の柵を越えてセンダングサの実にまみれ、どんどん怪しい人になっていく。ここばかりはスマホの位置情報検索にも出てこない。あきらめていったん集落を下って、県道からサイクリング道に入った。『おへんろ道案内図』の地図によれば遠回りになるようだが、これ以上迷っても仕方がない。サイクリング道は自動車が通れる幅で、とても綺麗に整備されていた。

堀越集落に戻る頃にはさすがにちょっとくたびれていたので、堀越のバス停の自販機でコーヒーを買って一休み。バス停があるところにはベンチがあるのがありがたい。バスが来たら乗ってもいいかと思ったけれど、坂手港に行くんだったか。いやもうそもそも田ノ浦庵からサイクリング道に行かずに、すぐ近くの映画村まで歩いて、そこからバスで戻っても良かったのではないか。などと思いを巡らせていたら、見覚えのある軽トラが停まった。田浦に住む友人である。

田浦で迷いまくったことを言うと、首を傾げられた。簡単らしい。うーむどこで間違ったのだろう。よもやま話をしながら、彼に坂手港まで送ってもらおうと思いついたのだが、なんだか頼みそびれてしまい、結局ダラダラと歩いて坂手港の駐車場まで戻った。まあ歩けないというほどではなかったのだから、良いのだ、これで。

遍路中に目をつけていた、道路からはみ出ているウバメガシの枝をちょこちょこと伐採し（のこぎりと草刈り鎌は常に車に載せている）、ヤギの夕ご飯を積み込みつつ、帰路についた。

田浦半島を歩き終えても、西に進めるわけではない。内陸部が残っている。それもかなりの難関だ。橘集落の楠霊庵から山越えしたところにある十三番栄光寺の脇を通って北上し、十四番清《きよ》滝《たき》山《さん》を目指して登っていく。そして尾根沿いに西に向かう。二十番佛《ほとけ》ヶ《が》滝《たき》、そこからさらに登って十八番石《せき》門《もん》洞《どう》まで行きたい。ここまでで八キロ弱はあるだろう。単純に戻るだけでも十六キロ。

しかも今回のルートはバス路線と交わらないので、帰りは駐車地点まで歩いて戻らなければならない。そして次回の駐車地点を考慮すると、石門洞から下って草壁集落を通りつつ、駐車地点まで戻らねばならない。なかなか壮大だ。しかも石門洞は島の中でも一番高い寒霞渓山頂に最も近いところにあるようなのだった。大丈夫だろうか。さらに遍路当日は午後三時頃から雨の予報ときた。朝早くから歩きはじめるしかない。

翌朝五時半に起きたものの、ヤギたちの世話をしてから出発すると、猛烈な眠気に誘われた。このまま運転を続けては事故を起こすと判断し、コンビニの駐車場で休憩。

旧内海町役場の駐車場に車を停めて、歩きはじめたのは九時近かった。この安田と呼ばれるあたり、どうにも道がわかりにくく、敬遠しがちなエリアだったのだが、歩き遍路のおかげで嫌というほど迷い、ずいぶん馴染んできたように思える。しかし苦手エリアであるため、スマホの位置情報はオンにしたまま栄光寺まで一キロ弱、テクテク歩き、これまた何度も東京からの友人を連れて行こうとして迷いまくったヤマロク醬油の路地を抜け、山へ山へと向かって歩く。

まもなく栗地ダムが見えてきた。あれ、ここは昨春に花見に連れてこられたところ。ダムの周り一帯に桜が植えられているのだ。そうか、栗地ダムだったのか。一面桜が咲き乱れて息をのむ美しさなのだが、夜に訪れたため無人で、信じられないくらい贅沢な花見ができた。東京なら隅々まで花見客で埋まり、夜中までどんちゃん騒ぎだろうに。

そして今日も無人。奥へ奥へと進むうちに、歓声が聞こえてきた。広々とした敷地にポツンとゲートボール場があり、豆粒大の人が動いているのだった。私が歩いているところからゲートボール場までも、もちろん無人。

そのままどんどん山に入っていく。冊子の地図ではダムの端っこまでで車の乗り入れは不可能となっているが、その先も道の幅は十分広く、平らだ。もっと急峻で細い山道が続くことを予想していたのだが、意外に緩い。しかしそれも茶谷橋を渡るところまで。残り千三百メートルは勾配がきつく、足場もなかなか……な山道。とはいえきちんと整備されていたので問題はないのだけれど、地味な緩い登りが続いたあとでの急勾配がしんどい。

今日は長丁場なので、疲れをためてはいけない。辛かったらすぐに休み、ポットの紅茶とコンビニで買いこんできたおにぎりや菓子パンをひとつずつ食べていく。そのうちにドンドンと太鼓の音が響いてきた。ああ、護摩を焚いている。近い。これだけの高さだし、きっと岩窟にへばりつく寺院とお不動さんが待っているのだろう（ちなみに清滝山のご本尊は地蔵菩薩なのだが、不動明王も祀られている）。山道をじりじりと登っていく。

やっとのことで舗装道路に辿り着く。道の向かいに寺院。清滝山だ。小豆島最高の霊地。海抜五百メートルと書くと大したことないように思えるかもしれないが、なにせ島なので、海抜ゼロに近いところから歩き始めている。「最高最尊」の赤い文字が躍っている。ちょっと感動。

寺院の下に停まっているツアーバスが、ちょうど人を乗せて出発するところだった。護摩焚きされていた方たちだろう。無人になった寺院に入っていく。大きな寺院だが奥行きはない。岩がそそり立っているくぼみに、少しずつ建物や石仏石塔などをぎゅうぎゅうと置いていている感じだ。本堂に行く途中で「行場登口」とあって岩と岩の接点に鎖が垂れている。奥がどうなっているのか、木が茂っていてよく見えない。うわあ……。よじ登ってみたい気もするのだが、真剣に修行として臨まなければいけないオーラがひしひしと伝わってくる。先も長いので、ここは手を合わせて通り過ぎる。

奥に水がたまっている岩屋を通り過ぎ、護摩堂へと上がる。「猿に困っています」の看板を見ても珍奇に感じなくなってしまった。しっかりと戸を閉めて先に進む。靴を脱ぎ、金剛杖を置いて階段を登っていくらしい。無事に巡拝を済ませた頃、夫婦だろうか、男女二人の巡拝客が上がってきた。男性は普段着だが、女性は白装束。しかも着方がこなれている。歩きで来たと言うと、それはそれはと感心された。お二人で毎年自動車で遍路しているという。石門洞に上がる道が工事中らしく、とても心配そうにしていた。

石門洞、冊子の地図では徒歩で○・四キロと書かれているからなんとかなると思っているのだが、きついんだろうか。今更心配しても仕方がない。お気をつけてと声掛けして本堂を出た。外から回り込んで見上げると、赤い護摩堂は岩のなかにちょこんと顔を出し、鎖と外階段がついていた。入り口は閉ざされている。許可なくひとりで登ってはいけない、ということだろうか。

次の佛ヶ滝までは、道路を歩く。ぐるっと回り道のヘアピンカーブなどもあるが、緩やかな下りなのでとても歩きやすい。ずんずんと進んでいくと、先ほどのご夫婦の車がスッと止まった。助手席のドアが開き、女性が「お乗りになりませんか」と声掛けしてくださった。ありがたい。ちょっと迷ったが、今のところ疲れてはいないので丁重にお断りした。あの時乗せてもらっていればと後々思い出すのであるが、この時は絶好調の足さばきだったのだから、仕方がない。

サクサク歩くうちになんなく佛ヶ滝に着いた。かなり西へ進んだため、安田地区から草壁地区となった。こちらも岩窟系。そびえる岩山に水子供養所の看板が目立つ。入って右脇には大きな水子地蔵が立っていた。比較的新しい。その手前におかげ大師という名の座像があり、丸くて平べったい石がたくさん載せられているのが妙にそそられた。

本堂は、ほとんど岩窟。控えの部屋のようなところがあり、七十代前半だろうか、女性が出て来て半分崩れそうな薪ストーブに火をつけようと動いていた。ストーブから出た煙突は、岩壁に埋め込まれている。貫通させているのだろう。ここもまた、時代が百年くらい止まったままだ。

巡拝をすませたあと、ここに日中通していらっしゃるのはお寒いでしょうと話しかけると、「そうなんや、寒いで」とうなずく。お休みは霧が出てフェリーが欠航になった時だけだそうで、毎日お遍路さんのバスが来ているようだ。え、知らなかった。そんなにツアーが来ていたのか。山の中のお寺ばかり回るツアーなんだろうか。普段生活していて見かけることはほとんどないのだが。

女性は私がどこから来たのかはまるで問わずに、大部や小部など北部の土庄町にはパートの仕事しかないけれど、小豆島町で勤めれば厚生年金が出るから、みんな山を越えて小豆島町に働きに来ていること、だからお寺（佛ヶ滝の納経所である、草壁地区の清見寺《せいけんじ》と思われる）が経営するこども園では百五十人の園児を預かっていて、もう名前も全員覚えられないくらい、といったことを嬉しそうに話してくださった。なるほど、厚生年金がつくのが大事なのね。二十代からフリーランスで働いている上に子どももいないのでこのような事情にはとても疎いのであるが、園児が百五十人とはすごい大繁盛ではないか。建物は百年前とは変わらなくても、人々はまぎれもなく平成の末を生きている。空き家や廃墟が目立つ一方で、女性が働ける場所には子どもが増える。

　そういえば小豆島に来てから一体何人の島の友人が出産しただろう。十人近いかも。不思議なくらい私のＳＮＳは赤ちゃんや乳児の写真でにぎわっている。小豆島町の行政が子育てを特別熱心に支援しているようにも見えないのだが、都会よりは子育てしやすいのだろう。

　そしてその一方で、癌に罹患して闘病する若い友人も、いる。闘病と書いたが、病人然となるのを嫌い、痛みを抱えつつエネルギッシュに生きている。自分も癌サバイバーである。サバイバーと名乗ってこうして傍観しているのも、もしかしてほんの束の間のことかもしれず、まるで他人事《ひとごと》ではなく、かといって話を聞く以外何かができるわけでもなく、ただただ怒濤のごとく現れる生と死の影の濃さに、茫然としている。自分のことも、友人のことも、どうしようもないとわかりながら、やっぱり治癒を祈ってしまう。

両手では持ちきれないほどのお菓子で「お接待」してくださった女性と別れ、歩き始める。石門洞への道路は工事中で、たくさんの工事車両が入っていた。先に行ったご夫婦は無事に辿り着けたか心配になったが、部分的にゆとりがあり、車が来たら脇に寄せて通ることができそうだった。

石門洞までの道は、勾配がキツイためか、距離が短いわりにはヘロヘロになった。疲労もたまってきたのだろうか。時刻は午後一時を回っている。まあしかし、ここが折り返し地点となるわけで、なんとか無事に帰れそう？　空を見上げると、ポツリと雫《しずく》が顔に落ちた。雨、だ。

15 札所銀座めぐり

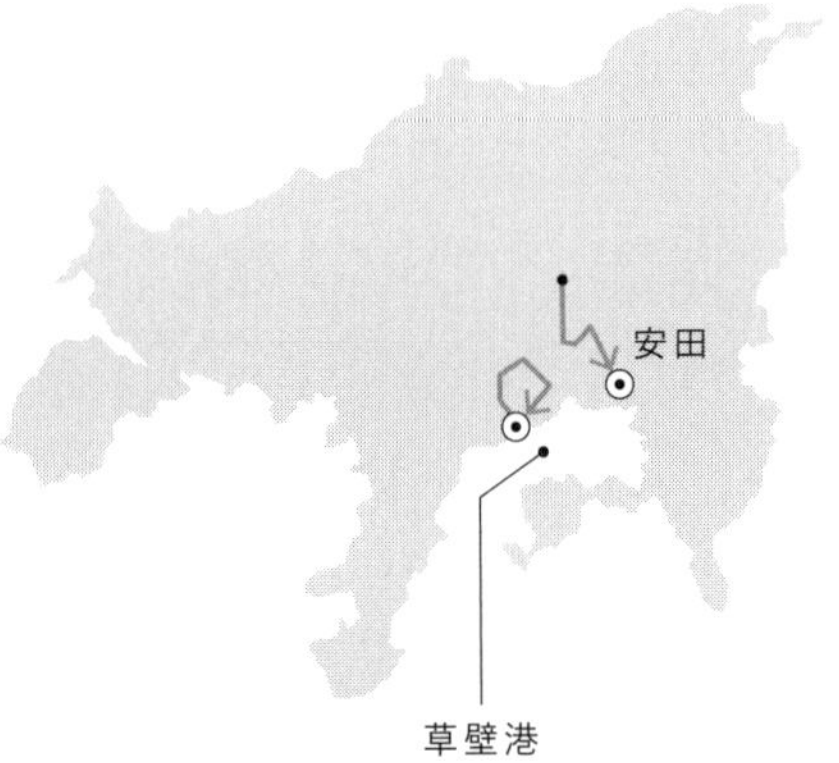

天気予報では三時から雨だったのだが。灰色の雲が空を覆っているけれど、まだ少し明るい気もする。急がねば。とはいえクタクタだ。少し座って休まないと。

石門洞の門前脇には、屋根付きの休み処のような場が設けてあった。ありがたや。ポットのお茶を片手に、先ほどお接待でいただいたお菓子をひとつ口に入れたら止まらなくなり、全部食べてしまった。東屋の向かいには、古い木造の家がある。

石門洞もまた、岩壁系寺院と言えばいいだろうか。絶壁のような岩肌にめり込むように赤い柱に守られた本堂があり、その横に八メートル以上はあるだろうか、不動明王大石仏がそそり立つ。寄せ石造りという手法で作られた中では日本最大の石仏像だと『小豆島八十八ヶ所霊場』に書いてあるのだが、この寄せ石造りという技法、日本の仏像作りの中でもあまり聞いたことがない。調べても出てこない。岩壁をそのまま彫った磨《ま》崖仏《がいぶつ》ならよく聞くのだが。文字から推察すれば、複数の石を組み合わせて仏像を作ったということだろう。背にした岩壁とは肌合いがはっきり違う。小豆島産の石なのだろうか。
惜しむらくは、岩壁系の寺院のほとんどに言えるのだが、引いて見ることができないということか。どこも首を最大限に上げて、至近距離から見上げるしかないのだ。ぎゅうぎゅうに迫って見えるのも迫力があって良いが、全体を見たい。しかし、あとずさりできる平地がない。ドローンを飛ばして、空中に浮かんだまま石仏と本堂が並んでいる岩壁を適度に撮影すれば、すごい画が撮れるのではないだろうか。

本堂に上がり、礼拝を済ませる。しかしこれら岩壁岩窟系寺院の迫力たるや。なぜ無名なんだろうかと首を傾げたくなる。いや、もちろん有名なんだけど。いわゆる本気モードの巡礼者修行者や物好き旅行者の間で知名度がとどまっているように思えてならない。もっと金閣寺とか、中尊寺とか、それくらいド派手に知られてもいいと思うのだ。小豆島岩窟寺院群とか名前をつけたらどうなんだろう。いやでも、あんまり観光客がにぎやかに来てしまうのもどうなのか。

なにしろ私ときたら、この奇岩、巨岩の威容をいつもたったひとりで受け止めながら読経するという、すごい贅沢な体験をしているのだ。普段から山の中にいるようなものだから、ありがたみを感じる感覚が少々鈍麻しているのだけれど。今島に来れば、平日ならば間違いなく、誰にも邪魔されずに岩山をひとりじめ、満喫できますよと、小さな声で言うくらいにしておいたほうがいいのだろうか。

本堂を降りると、脇から大きなリュックを背負って雨合羽を着た西洋人カップルが現れた。どこの山道から来たのだろうかと思ったら、冊子地図『おへんろ道案内図』によると、寒霞渓裏八景ルートの終点となっているようだ。しかし、英語標識もないのにこんなところまでよく来るなあ。じつは石門洞までの登り坂でも、西洋人と思《おぼ》しき家族連れとすれ違っている。日本人よりもディープな場所を求めているのだろうか。

石門洞を降りて、冊子の地図にも出ている猪谷まで戻り、南下して草壁地区の札所を全部攻めたいところだが、雨のうえ、前々回にはみ出しで行ってしまった十六番極楽寺から少し北上したところにある十七番一《いち》ノ谷《たに》庵が、置き去りになってしまう。

一ノ谷庵は、今日は何がなんでも行っておきたい。それに駐車している安田地区まで徒歩で戻ることを考えると、近いからといって草壁地区の札所を回るのは、危険だ。力尽きる可能性もある。今回の歩行距離は相当長いし、高低差も激しい。しかも雨だ。

冊子の地図には猪谷からまっすぐ南下する徒歩道がある。標識もあるので下り始めたら、つけっぱなしにしていたスマホの地図が引き返せと言いだした。どうやらこの道、グーグルマップにないようだ。徒歩道の中ではわりとしっかりした広い道なんだが。傾斜もそれほどきつくもない。ぐんぐん歩いているうちに、ダムが現れた。新内海ダムだ。わあ。栗地ダムから入り、新内海ダムに降りてきたというわけだ。山の尾根伝いにダムからダムへと移動したことになる。すごいすごい。

内海湾を望むこの二つのダムは、同じ時期に工事したのだろうか。地形も含めて妙に似ていて、もと来た道に降りて来たような既視感に襲われる。違う違う。徒歩道から広々とした車道に合流し、下っていく。山の中の道を歩いていた時には気にならなかった雨足が、少しずつ強くなっている。菅笠にビニールがかかっていることもあり、頭部が濡れたり眼鏡に水滴がついたりしないから、濡れている気がしないため、まだ大丈夫な気もするけれど。菅笠、持ち歩くにはかさばるけれど、本当に便利な装備だ。

道路をどんどん下っていく。左に曲がっていけば一ノ谷庵、という曲がり角を、どうやら越してしまったらしい。標識も見えず。引き返して探そうか。しかしこのまままっすぐ草壁地区の住宅街に入っていけば、十九番木下庵《きのしたあん》を含めていくつかの札所がある。一番手前の木下庵だけでも行っておくと、次回の巡礼が楽じゃないか?? 次回が木下庵からスタートならば、バス通りから比較的近いので楽だ。ふとそう思い、このまま道路を歩いて草壁地区に行こうと考えた。

木下庵への道案内標識は、いつも見ている。そう、草壁地区は知人が住んでいたからよく来たのだ。道のあたりはつけられるだろうとも思っていた。

甘かった。私がいつも木下庵だと思い込んでいた建物は、違うものだった。そういえば、もう少し行ったところにもっとキッチリしたのがあったような気がする。大きな通りから見えるところ。アレかもしれないと記憶を頼りに歩いていくと、今度はしっかりと折り紙の鶴まで飾られてある庵が現れた。しかし木下庵とは書いていない。んん？　なんと看板には「小豆島西国第六番観音霊場（樋出庵）」とある。別団体⁇　そういえば、そんなことをちらりと聞いたことがあるような、ないような。冊子の地図が示すルートからも外れてしまったから、標識に出合える確率も低い。降参して、閉じていたスマホを開けて木下庵を探した。うわ、全然違う。行ったことも通ったこともない場所だった。何度も来ている地区とて、知らない場所はたくさんあるのだった。

　スマホを頼りにして歩くと、本通りからはずいぶん離れた墓地の脇に立っていた。きちんと掃除もされているけれど、微妙に寂しげ。樋出庵のほうが中心部にあるし、綺麗だし、人がよく来ている気配があったんだが。……いやまあ、事情を勘ぐっても仕方がない。木下庵には本堂前に比較的広い屋根付き休憩所がある。十分ありがたい。巡拝を済ませて身支度しているところに、六十代くらいの巡礼グループがやってきた。慣れた身のこなしでロウソクに火をともしている。お辞儀をして出ようとすると、「歩きですか、頑張ってください」と声をかけられた。少し嬉しい。

気が付いたら三時を回っていた。かなり疲れてきたが、ここから一ノ谷庵を目指さねばならない。木下庵に寄ったためすごい回り道になってしまうが、一ノ谷庵を次回に残すとややっこしいことになる。かなり重くなってきた足を一歩一歩前に繰り出して進む。足が重くなってきたら、何も考えずにとにかく足を片方ずつ前に出すしかないのだった。そうしていればいつかは、辿り着く。道が正しければ。

これもまた冊子の推奨ルートから外れた歩き方になってしまったため、標識に期待はできない。雨に濡れてきた服もだんだんと重くなってきたことだし、これ以上迷わないように、スマホを頼りに行くことにした。

木下庵は、草壁集落の中心からさらに南下した、西端。墓地の脇にあり、集落を見渡すことができる。集落というよりは地区だ。とても広い。草壁とひとくちに言っても、きっといくつもの自治会に分かれているのだろう。

一方一ノ谷庵は、草壁の西端から東北に進んだ山際にある。安田地区に戻ることになるのかもしれない。結構な距離だ。せめて雨が止んでくれればと思うのだが、止むどころかどんどん強くなっている。しかも、一ノ谷庵は山際にあるだけあって、道はどんどん登り坂になってきた。辛い。さすがに辛い。

なんとか力を振り絞って辿り着いたら、もう四時近い。急がねば。慌て気味に巡拝を済ませる。ここも墓地に隣接しているのだけれど、トイレや休憩所の看板ひとつひとつが手作りだったりして、地区の方なのだろうか、優しい心遣いが溢れていてあたたかな気持ちになる。

さあ、あとは、車を停めている旧内海町役場駐車場まで帰るだけ。とはいえ冊子の地図を見るかぎり、木下庵から一ノ谷庵までの距離よりも遠いのだった。いっそタクシーでも呼ぼうかしらと思いかけるも、こんなにずぶぬれなんだから、どなたかの車に乗って汚すのは面倒だ。ええいなんとかなるだろう。とにかく歩け。舗装道路なんだから、なんとかなる!!　と自分に言い聞かせて無我夢中で歩いた。

先がどうにか見えてきたころ、軽自動車が止まり、中から老婦人が出て来て「もしよかったらお乗りになりませんか」と言ってくださった。ああ、前回もそうだったのだが、なぜかもう駄目だと思っている時ではなくて、思い直して気持ちを奮い立たせて歩いている時にお声がかかるものなのだ。ありがとうございます。「大丈夫です（今は）」と丁重にお断りして、濡れたまま歩き続けて、五時少し前にようやく駐車場に到着。

いやはや、ハードな道行きであった。しかしこれで内海湾岸から山にかけての〝札所銀座〞巡りに終わりが見えてきた。次は草壁本通り周辺に残る札所と、内海湾の西岸のあたり。このあたりは農地が多いし、家も草壁地区や安田・馬木地区のように重厚にぎっしり集まっているというわけではないはず。よく知らないけれど。

冊子の地図を見ると、山奥に入るでもなく、海岸沿いというわけでもなく、適度に国道（バス路線上）に並行した少し山側の路地に札所があるようだ。何かあればバスに乗れるというのは、気が楽だ。前回のようにバス路線からはるかに離れ、山に入ったら自力で戻る以外に方法なし、というのとはまるで違う。距離もほどほどというところか。

そして今回から友人にアドバイスされ、少しやり方を変えた。これまでは、駐車した場所から歩き遍路をして、歩き終わった地点の最寄りバス停からバスに乗って駐車場の最寄りバス停に戻ることにしていたのだが、今回からは、その日の最終地点となる場所の近くに車を停めて、最寄りバス停からバスに乗って、前回の終点近くまで行って歩き始めることにした。最初にバスに乗って移動すれば、帰りはバスの時間を気にせずに歩いていられる。おおおお、同じようだが全然違う。これ、なんで今まで気が付かなかったんだろう。すごい名案ではないか。

次回歩く予定にしている最終地点の札所は、二十六番阿弥陀寺《あみだじ》だ。阿弥陀寺から次の二十八番薬師堂までは六キロもあり、しかも三都《みと》半島の中腹あたりに位置する。三都半島もまた、山深い難所である。バスは通っているのだが、途中で路線が変わることもあり、私の都合にはまるで合わない。そう、今回は比較的楽な遍路だけど、また次は難所が待ち構えているのであった。今は先のことは考えずに気楽に回ろう。

最終地点の阿弥陀寺から少し西に歩いた海岸線に、オリーブビーチという町の観光案内所と、大きめの駐車場と素敵な海岸がある。バス停の真ん前でもある。ここに車を停めてバスに乗り、草壁港まで行くのだ。

次の回もまた、五時に起きたわりにはすぐ出発できず、ヤギの世話をしたりお茶を淹れ、お弁当を作ったりしているうちに時間が経ち、十一時近くなってバスに乗ることができた。さっさと出発してコンビニでおにぎりを買うほうが、どう考えても効率がいい。

バスには大勢の観光客がいた。そういうシーズンである。刻々と暖かくなり、三年に一度の瀬戸内国際芸術祭の春会期が迫ってきているのだ。これからどんどん爆発的に観光客が増えるだろう。ついこの間、三年前の瀬戸芸が終わったはずなのに。時間が経つのは早い。

草壁港で降りたのは、私ひとりだった。みんなきっと馬木地区の醤油工場まで行くのだろう。前回歩いたコースと交わるところまで歩けばいいかなと思ったのだが、せっかくだから木下庵にもう一度お参りすることにした。ちょうど法事のようで、隣接する墓地には十人ほどの人が歩いていた。

そして丸島醤油のビルから本通りに出て、二十一番清《せい》見《けん》寺《じ》へ。大きくて立派な建物だった。境内に当たるのか、隣の建物の敷地なのかよくわからないところに、現代芸術家の彫刻作品がいくつか設置してあった。御朱印をお願いする建物にも警備カメラがついていたし、現代的なお寺なのだった。こども園も併設されているようだったが、祝日だったため、子どもたちの声は全く聞こえず、静まり返っていた。

また丸島醤油の建物脇に戻り、冊子が示している遍路道に戻ろうと思いきや、どうにも道が合致しないので、またスマホに頼ることにした。神社鳥居と広場に差しかかったところで、座っていた男性二人が、札所はこの先だよと教えてくださった。ありがたい。しかし、言う通りに進んで登っていった先には広大な墓地。草壁地区の人たち全員の墓地なんだろうか。慌てて墓参り中の男性に尋ねると、「さあ……」との返事。地元の人でも知らない人は知らない、ということなのだろうか。

墓地の中に普通の家の後ろ姿のようなものが見えてきたので、とりあえず行ってみたら、二十二番峯《みね》之《の》山《やま》庵《あん》だった。先ほどの男性が追いかけて来て、「あそこにもっと大きなのがあるが、あちらではないのか」とわざわざ教えてくださった。見下ろすと、寺院の屋根が見える。ありがとうございます。おそらく二十三番の本堂《ほんどう》だろう。峯之山庵からは、草壁本町と、内海湾が綺麗に見渡せる。船の修繕を行う香川ドックのクレーンが恐竜のように並ぶ。

　本堂は見下ろしてすぐなんだから、山伝いに近道がありそうだったが、慎重に正面石段を下り、星城小学校を回り込んで向かった。あとから聞いたところによると、山からはかえって遠回りになるそうで。

　桜が綺麗に咲く本堂は、大きな鐘撞堂もあり、建物もとても立派なのだが無人。しかもロウソク立てがなく、線香立ても鍋のような鉢のようなものがドンと置いてあるだけ。なんとワイルドな。はじめてのことである。とりあえずお経を唱える間、お香とロウソクがついていたらいいわけであるからと、気を取り直してロウソクに火をつけようとするのだが、風が強くてなかなかつかない。灰の入ったお鉢のようなものの陰にロウソクを置いてなんとか火をつけて、巡拝した。

　さあ、これでようやく草壁地区とはさようならだ。国道に出てテクテク歩く。バス停ひとつ分歩いたところから、内陸の遍路道に入っていく予定。

　すると前から走ってきた車がすっと脇に寄って止まり、女性が出て来た。おへんろさん、と呼ばれて思わず後ろを見る。え、私ですか。これね、あんまり冷えてないですけど、あがってください。と、缶ジュースを渡された。あ、ありがとうございます。こんな、見ず知らずの女に。

お接待は、不思議なほど忘れた頃にやって来る。お接待を目当てに回っているわけではないし、むしろ集落の中を歩く時は、歓迎されなくても仕方がないと思っている。このご時世、見知らぬ人が家のそばをうろつくのは気味が悪い、と思って当然だと思うから。だからこそ、なるべく迷わないようにスマホの位置情報確認システムを駆使するようにしている。

それでも突然こんなふうにされると、しみじみと嬉しいし、ありがたい。何か思うところがあるのかもしれないし、ないのかもしれないけれど、缶ジュースとともに自分も祈りたいという思いを託された気がする。彼女が車に乗って見えなくなるまで、大師宝号を唱えて手を合わせた。缶ジュースはマスカット味だった。

今回は地元の方との会話を、わずかだが増やすことができた。それには少しだけコツがあった。これまで私が話しかけると、お年寄りはまず顔をこわばらせたり、妙な表情をされることがとても多かった。それでこちらも話しかけるのがつい怖くなるという繰り返しだったのだが、原因はどうやら私の標準語のイントネーションと、声の高さにあるのではと島の友人に言われたのだ。ああ、そういえば全然聞こえないと言われたこともあったな。地声の高さは仕方ないとして、島の言葉じゃなくても、とりあえず関西弁を話しとけばええんちゃう、と。

関西弁か……。二十代、三十代とずっと、海外を旅する時はなるべく現地の言葉を、簡単な会話だけでも身につけようと必死になったものだった。文字を覚えるのは苦にならない性質だったから、ハングルもキリル文字もアラビア文字も読めるようになったっけ。言われてみれば、小豆島に来てからずっと、同じ日本だと思い込みすぎていたところはあるかもしれない。私と話をする時に、島の外に住んだことがある人はみんな、四十代から下の人は特に、私に合わせて標準語を話してくださっていた。そんなつもりはないのだが、なんだかつられてしまうのだそうで。すみません、無意識のお気遣い……。

じつは、関西弁には結構なコンプレックスがある。大学生の時に京都弁のマイブームがあり、東京にいながら京都弁を話していたのだ。当然不完全で、へたくそ極まりない京都弁だ。で、関西から来ていた同級生にコテンパンに批判された。関西人は、関東の人間が関西弁を話すのを嫌悪するのだ。

それ以来、決して関西弁を話すまいと心に誓って幾星霜。しかしここ小豆島の地では、どんなにへたくそでもいいから関西弁を話すほうが、お相手の顔がスムーズに緩むらしい。えええ、こんなへったくそな関西弁なんて、むしろ怪しい人に見えると思うのだが。そうではないらしい。とにかく心の抵抗を取っ払い、へたくそなまま関西イントネーションで、わけのわからない西方っぽい日本語を発しているのである。自分としてはものすごく気持ち悪い。これならへたな英語を話しているほうが気分としてはずっとマシなのだが、このへたくそな偽関西弁が、なぜか功を奏する島の不思議。私の横浜横須賀訛《なま》りの標準語よりは全然好感度高い。小豆島移住五年目にして気が付いた、語学の必要性なのであった。

　というわけで、清水というバス停から、ひとつ内陸の、国道と並行した遍路道に入った。地図をよく見ると、国道の少し内陸に歩き遍路道があり、さらに内陸に、農免道路が走っている。つまり、畑などの農地が多いということだ。

　このあたりまで来ると、草壁本町からの重厚な雰囲気が吹っ飛んで、とてものどかな空気になる。路傍には雑草も増える感じだ。気が付くと、迷うほどでもないのに遍路道には標識も多くなってきた。このあたりは日方《ひかた》という地域らしい。路地の雰囲気も、なんだかとても明るくて鄙びていて、好きだ。いや本当に不思議なもので、この島は地区によって雰囲気がどんどん変わる。歩いてみなかったら知ることもなかっただろうし、遍路姿でなければ、こんなにずんずんと集落内の路地を歩くこともできないだろう。

標識のおかげで迷うこともなく遍路道から、つまり正面でなく裏口から二十四番安養寺《あんようじ》に入ろうとして、ワンコ二匹に盛大に吠えられた。はい、失礼しますよ。

納経所になっているお寺は、どこも綺麗で立派で荘厳な雰囲気のところが多いのだが、ここ安養寺はこのあたりの遍路道同様、柔らかで気さくな空気に包まれている。地区全体の特色なのだろうか。

時刻は二時半を回っていた。どうやら短い行程だからと、安心してゆっくり歩きすぎていたようだ。そういえば汗をかいて一枚服を脱いだけれども、身体は全く疲れていない。早足で歩いていない証拠だ。いやでもまだ余裕でしょう。

Ⅳ

草壁から、西へ

16 三都半島を、南へ

安養寺で巡拝を済ませ、次の二十五番誓《せい》願《がん》寺《じ》庵《あん》と二つ分の納経をいただく。ふと御詠歌が気になった。

御仏の　御手にすがりて　歩むかな　六つの巷
に　迷うこの身は

御詠歌は札所ごとにあるのだけれど、琴線にぐっと触れる時もあれば、はあそうですか、くらいの歌もある。その時の気分も左右するし、札所自体で御詠歌を推していて見えやすいところにどんと張り出してくださっている場合もある。ガイドブックの『小豆島八十八か所霊場』を開けばすべて出ている。

六つの巷とは六道《りくどう》の分岐点。六道とは、地獄／餓鬼／畜生／修羅／人間／天上の世界へと至る道。

真面目にやっていれば、誰にも迷惑をかけず、傷つけず、間違いを犯さずに生きていけると思い込んでいたのは二十歳くらいまでだろうか。ははは、見通しの甘さが祟《たた》ったのだろうか。あれから進む先々で間違い続け、ズタズタになりだれかをズタズタにして、今どこの分岐点にいるのかすらもわからない、といった具合。しかしこれほど生きる知恵のない人間でも、心身なんとか致命的には壊れずに生きてこられた。それだけで十分感謝すべきなのかも。

　六つの世界の存在を信じているわけでもない。いやむしろ人間界で生きている間に六つの世界を見せつけられているように思える。だからこそ、だれか尊いお方の手に導かれて生きていけたらどんなに楽かと思う。と言いつつ自分で歩くんだけどね。沁みる歌だ。

　さて現実に戻れば、せめて遍路の道程を間違わずに導かれたいというもの。鐘楼門をくぐった桜並木の脇に、青いダンガリーシャツを着た六十代から七十代くらいの男性がいた。誓願寺庵への行き方を尋ねると、塀伝いに右に歩いてあの山を目指してください。と言われ、うっとひるむ。え、今日は山道なしと勝手に思い込んでいたもので。これから山??思わず眉がぎゅんっと真ん中に寄ったのだろう。男性が続ける。

　いや、山言うても丘みたいなものです。

はあ、ありがとうございます。こちらの参道の石並びも、ラフな感じでやわらかな気持ちになる。素敵なお寺だ。気を引き締め直して歩きはじめて間もなく、「丘」にぶち当たる。いや……十分山道じゃないですか。一応石段になっているけれど。そこそこの登り坂でもある。

しかし歩いて十分足らず。それほどしんどくなる間もなく、誓願寺庵に到着。時刻は三時十分前。まだまだ余裕……??

境内には古く摩耗した石塔が一直線に並べてある。これもまた絶妙に鄙びているのである。巡拝を済ませて先を急ごう。あとまだ二つ回らなければならない。

山道を歩きはじめて間もなく竹林となる。他の竹林と同じく、枯れ竹が倒れまくって荒れ放題。いや、歩く道を枯れ竹がふさいでいないだけ、ちゃんと手入れしてくださっているのだ。竹林の中までは手が回らないだけで。これはどこの竹林も同じ。昔は道具や柵などに利用されていたから貴重な資源だっただろうに。

竹林を抜けて、二十六番阿弥陀寺奥の院の看板がついた小さな建物に辿り着く。お水の大師という井戸だ。看板によれば、夢のお告げで自然石に大師像を刻んで祀ったところ、傍らに清水が湧いたとのこと。

清水はとても美味しかったので、温かいお茶を入れていた水筒にも注《つ》ぎ足した。スマートな水筒なので、この時間まで歩いているとお茶は残り三分の一くらいになっている。そう、この先すぐに飲み切ってしまいそうなのだ。ぬるくて薄いお茶となったが、構わん。喉が渇いているのに水分が何もないのは勘弁していただきたい。

　少し下ると山道から明るい畑地に出た。冊子地図ではミカン畑となっているが、一面オリーブ畑に変わっていた。オリーブを植えると補助金が出るそうで。島に来てから農作物にも流行《はや》り廃《すた》りがあるということを知った。そりゃあ換金できる作物を植えなければ、生活にならないものなあ。

　二十七番櫻《さくら》ノ庵《あん》に到着したのは四時少し前。だんだんと夕暮れが近づいてきた。しかしこの櫻ノ庵、入り口に旗も飾りの布もなにもなく、かなり地味な風情で立っているのであるが、遍路が休めるところが建物の中にあるのがありがたい。サッシの引き戸を開けた中に、椅子が数脚とテーブルが置いてある。雨はもちろん風も虫もシャットアウトだ。素晴らしい。手早く巡拝を済ませ、二十六番阿弥陀寺に移動、といってもすぐそこに見えている。立派な鐘楼門で鐘を鳴らして入り、巡拝を済ませて納経所に回ると、なんと無人。お金を置いて勝手に御朱印を押していいらしい。おお、無人の納経もありだったか。

　一度自分で御朱印を押してみたいなと思っていたので、ちょっと嬉しい。御朱印は細長いのでまっすぐ押すのが難しく、少々曲がってしまった。しかし朱は鮮やか。無事に押印できた。いつも移り防止に薄い合紙を挟んでいただいているのが他のページにそのままあったので、抜き取って挟んだ。今日はこれでおしまい!! 気が付くと五時近くになっている。疲れてはいないのだけれど、時間がかかってしまった。国道に出て少し歩けば小豆島オリーブ公園の駐車場である。駐車場入り口にある自動販売機で冷たいジュースを買って飲み干した。

さて次は三都半島。小豆島を牛にたとえると前脚部分である。頭の部分から歩きはじめて背中をぐるりとなぞって後脚、お腹と来て、前脚まで辿り着いたのである。だんだんとゴールが見えてきたように思う。

できれば虫が湧く前に歩いてしまいたいと思っていたのであるが、闘病中の友人、蒲和美さんの具合が思わしくなくなり、彼女が受けていたマッサージのために使うスギナを摘んで持って行くなどしてちょこちょこ見舞っていたところが、とうとう亡くなってしまった。

生きたい、治りたいという気持ちを強く持ち続ける彼女に、医療者でもなく身内でもない友人としてどう応え、支えるべきか。先のことは一切考えずに、今生きている彼女と向き合おうという気持ちでいたので、見舞いに行って少しずつ衰弱していく彼女を見ても、辛い気持ちになることは全くなかった。

むしろ亡くなった後が、しんどかった。遺された身内の辛さに比べたら大したことはないはず。いやむしろその身内、彼女の配偶者をどう見守るかを考えねばと思うのだけど、私自身がダメージから立ち直れなかった。人が集まる通夜や葬式は苦手で早々に退散したのだが、家に戻ってひとりになると、彼女のことを考えてダラダラと泣けてしまう。家事や仕事をやる気も萎え気味となった。

意外というか想定外というか。これまで親類や尊敬する先輩や友人を亡くした時でも、亡くなってから何日もしてふとした瞬間に思い出しては泣く、などということは経験したことがなかった。

そもそも私は泣くことが苦手だったはず。友人がもういないことをうまく認識できずに街で似た人を見かけては、ああ、あの人はもういないのだったか、と茫然とする。そんなことを何年も繰り返すことになるのだが、日常自体は葬儀の直後からごく普通に戻るのが常だった。彼女が亡くなったことが悲しくて仕方がない。

こんな時こそ祈るべきではないのか。けれども。彼女の魂が安寧に極楽浄土へ渡れるように、などとはやっぱり祈れない。自分の信仰の浅さでは、「極楽浄土に渡る」を言葉のまま受け取って、自分や友人の人生の終末の延長線上に当てはめることは、どうにもできない。安らかにあってほしいと手を合わせるので精一杯だ。それ以上を祈っても嘘になると、脳のどこかでストップがかかる。我ながら面倒くさいが、心から思うことができないかぎり、祈ることは、神仏にすがることは、やっぱり難しい。

などと悶々としていたのだが、これ以上暖かくなってしまうと、この先の行路が虫まみれになってどんどん大変なことになってしまう。梅雨入りまでには終わらせなければ。

そのうちにゴールデンウィークに入り、瀬戸芸の春会期となってしまった。桁違いの数の観光客が小豆島にやってくるのである。高松港では、それぞれの島に行くフェリーのチケットを買うための大行列ができる。島内では国道の渋滞も起きる。バスは超満員となる。本気で早朝から歩きはじめなければならない。

しかも今回の行程は、結構長いのだ。牛の前脚こと三都半島は大きい。前脚の腹側の付け根にあたるオリーブ公園をスタート地点として、ゴール地点は牛の首側の前脚付け根付近にある小豆島ふるさと村という施設の駐車場だ。他に駐車できるところが思いつかない。ふるさと村は国道沿いにあるわけではないので、スタート地点に向かうためのバス停、丸《まる》山《やま》まで十五分くらいは歩かねばならない。それでも、この日最後に回る札所はその目の前にある。長い距離を歩いたあとにすぐ車に乗ることができるのは、悪くない。

バス路線は坂手線・南廻り福田線を利用する。この路線は一番本数が多く、なんと六時台に二本も運行している。五時に起きてヤギたちに草をやり、握り飯を二つ作ってお茶を淹れていたら微妙な時間になってきた。そう、ふるさと村の駐車場から丸山のバス停までの徒歩時間が十分で済むなら、二本目に間に合う。でも万が一乗り遅れたら、次のバスは八時ちょっと過ぎまで来ない。何もない場所で一時間半も待つのはどうか。迷った末に、八時台のバスで出発することにした。

　ふるさと村は、道の駅やキャンプ場、ファミリーロッジなどが合体した総合レジャー施設である。駐車場にはキャンピングカーが何台も停まっていた。ここで一夜を過ごしたのだろう。ドアを開けて朝の支度をしている人たちもいる。十時を回ればこの駐車場も満杯になりそうな雰囲気だ。

　端っこに車を停めて、一応「へんろ中」と書いた付箋を内側からフロントガラスに貼った。キャンピングカーに自転車を載せて来ている人たちは、きっと車を停めたまま自転車で島内を回るのだろうし、長く停めていてもそれほど迷惑にはならないはず。

　国道沿いのバス停までの道は、新しくできたのではないかと思う。広々していて気持ちが良い。ただし登り坂である。どれくらいかかるのかが、わかるようでわからない。まあ二十分あれば着くでしょうと思って歩きはじめたら、十五分もかからずに到着。十五分ほどバス停で待ち、やってきたバスに乗り込むと、乗車率は七割程度か。当然のことながら、ほとんどが観光客。運転手さんに行き先を聞かれた。間違えて乗る観光客も多いのだろう。乗り込む人全員に確認しているようだった。お疲れさまです。

天気は前日まで雨が続いたこともあり、肌寒いくらいだが、太陽はくっきりはっきり出ているので、たぶん歩いているうちに暖かくなるはずと、あまり着込まないで来た。オリーブ公園口で降車し、装備を整え歩きはじめる。ここから二十八番薬師堂までは約六キロ。とにかく早く。午前中にどこまで辿り着けるか、である。前回のようにふらふらよそ見しながら歩いていたら、駐車場まで辿り着けないかもしれない。

冊子地図によれば、薬師堂までずっと県道を歩くことになっている。曲がりくねった道で、何度も車で走っているけれど歩いている人を見たことはない。

歩いているうちに、山道にいざなう「遍路道」の指標が出てきた。冊子によれば、旧遍路道と書いてある。どんな山道なのか。いやそれよりも、冊子の地図によれば、どうも県道を通るほうが近いように思える。山の中の旧遍路道を歩いても変わらないか、少し遠回りにすら見えるのだ。傾斜がきつかったり足場が悪かったりすれば、遅くなる。

迷った末に、旧遍路道に入ることにした。県道のくねくね道で、島外から来た慣れない運転の自動車とすれ違ったり追い越されたりするのも嫌だなと思ったこともあるし、やっぱりどんな悪路であったとしても、山の中を歩くほうが気楽なのだ。大変かもしれないけど。

しかし心配は杞憂に終わった。細い山道はあっという間に終わり、車が通ることができる農道（?）が現れたのだ。舗装はされていないが、歩きやすいことこの上ない。ああ、この道は以前知り合いの箱罠を見せてもらうのに通ったことがある。半島の真ん中を縦横に走っているようだ。これならば足場が悪い箇所はそれほど多くないだろう。歩け歩け歩け。道が楽な分、とにかく歩くことにした。道に迷う可能性もあるけれど、薬師堂があるのは蒲野《かまの》という集落。以前にこの山道を車で走った時には案内図があったような気がするし。多くはないけれど、標識もあるし。

九時前には、見覚えのある池と三叉路にぶつかった。ここは二面《ふたおもて》という地区になる。長崎のしし垣という、江戸時代後期に作られた泥と石でできた垣根への案内標識もあった。しし垣は人里と山を分かつ境界線で、猪や鹿が畑を荒らさないようにと作られたものだ。明治初期に疫病で猪と鹿が絶滅して以来、各所で石を取り崩して再利用したため、ごく一部しか残っていないようだ。町指定有形民俗文化財である。

この三叉路から南下の道を選べば、たぶん蒲野集落かな？　迷っていたら遍路道標識を見つけた。工事中につき通行禁止の看板が出ている道を「進め」となっている。まあ、ゴールデンウィークに工事をしていることもないし、徒歩なんだからなんとか行けるでしょう。

　進んでいくうちに赤い屋根の焼き肉屋さん（?）が出てきた。あれ、ここも来たことがある。営業していない。営業しているのを見たことすらない、山の中にぽっつーんと立つ焼き肉屋？　謎すぎる。そして、玄関脇に立てかけられたビールの照明看板がやけに綺麗だ。まるで昨日閉店したかのごとく、汚れていない。ああ、喉が渇いたことだし、小休止。冷えたビールを頭に描きながら熱いお茶を飲む。

　だんだんと日差しが強くなり、気温も上がってきて、道には無数の尺取虫が垂れてきた。三都半島には、ウバメガシという常緑樹がたくさん生えているのだけれど、このシーズンには柔らかな若葉が芽吹き、それを目当てに蛾《が》なのだろうか、卵を産み付けふ化した青虫が糸を吐いてふらーりふらーりとぶら下がっているのだった。歩いているだけで、無数の虫がまとわりついてくる。虫のモビールカーテンか。虫嫌いならば絶叫モノだ。

　私は虫自身の形状やしぐさが嫌いなわけではないので、適当に身体にくっつけては、休憩する時につまみ取り続けた。これが肌を刺すぶよや蚊の類だったら虫刺されアレルギーなので大騒ぎするところだが、尺取虫くらいどうということもない。

　実は今回の遍路、蚊の類もいるかと思って、養蜂用の、網で上半身全部を覆う上着も用意してきていた。視界が悪くなるのが難点だが、確実に肌を守ることができるはず。おそらく次の遍路では着用しなければならないかも。標識通りに進むうちに、墓地が出てきた。山の中に墓地とは珍しい。島の墓地は海が見えるところが多いのだが。と思いながら横の道を進んでいったら、海が見えた。少し遠目だけど、海だ。人里に近づいたのだろうか。

さらに標識を頼りに進むこと小一時間。やっと集落らしきところに下ってきたのはいいが、「薬師堂は移転しました」の看板にぶち当たった。看板に地図が描いてあるのだが、現在地が示されずに薬師庵の位置だけ描いてある。これじゃどう行ったらいいのかわかりません……。冊子に描いてある位置が新旧どちらなのかもわからなくなってしまった。

一気に不安が募ったので、一番頻繁に情報を更新してくれていそうなスマホの位置情報システムとグーグルマップにおすがりすることにした。よし、冊子が示す場所と同じだ。一気に蒲野集落の中へと下っていき、そのままスマホの地図を開けたまま二十八番薬師堂まで。到着時間は午前十時十分。二時間歩き続けたことになる。しかし先はまだ長い。

薬師堂の後ろは墓地だ。なるほど、住民の方々が管理しやすい場所に移転したのだろうか。先ほど山の中で出合った墓地は別の集落のものなのか。どうもよく地理が把握できていないのであるが、次の富士地区にある二十九番風《かざ》穴《あな》庵《あん》には、なんとか午前中に辿り着きたいので、ささっと巡拝を済ませてもと来た道を上がって再び山に入った。

風穴庵までは、車も通ることのできない文字通りの山道だった。しかしそれほど急峻というわけでもなく、息が上がるほどでもなく、どうしようこれ以上足が上がらない、心臓がもたない!!　といった辛さはなかった。手すりが多いこともありがたかった。標識を探す手間もなく歩きに専念できる。

修行大師出会い碑（ただの石碑だったため、とりたてて書くこともない）を通り過ぎたあたりで、冊子には「山中へんろ道　札表示注意」と書いてある。どういうことかと首を傾げる間もなく、山中、道が消失してしまった。ただただ、等間隔に立木が広がっていて、どこが道なのかがまるでわからないのだ。まさに標識以外何も頼るものがない状態で、札から札へと進んでいった。うへえ、ここの標識がひとつでもなくなったら……と思うと冷や汗が出る。山中迷子間違いなしだ。

やっと手すりつきの道となり、パッと明るく道が開けたと思ったら、風穴庵まであと六百メートルの標識。やれやれ頑張れと歩いて歩いて、十二時近くなってやっと風穴庵に到着した。小高い場所にある風穴庵が見下ろす海には、見覚えのあるおにぎり形の島（?）が見える。たまに遊びに行く神浦《こうのうら》集落の浜辺を北側から見下ろしているのだ。

疲れ果ててすぐに巡拝する気にもなれず、庵の外にある長椅子に座っておにぎりを食べた。神浦の浜辺を見下ろすうちに、ここで行き倒れたいという気持ちが、唐突にボコリと、大きなげっぷのように腹の底からせり上がってきた。

友人和美さんの闘病を見守る間、私は自分の希死念慮を引っ込ませ隠し続けてきた。もっと生きたい、絶対に治りたいと強い意志を持ち続けていた彼女への配慮というか、礼儀？　いや遠慮でもあっただろうか。

病は、治療は、その人の生き方そのものだ。絶対にあきらめずになんとか治そうとする彼女の生き方をすごいと思ったし、微力ながらも応援してきた。それに悔いはないし、彼女の強い意志にほんの一時でも寄り添えたことで、たくさんの学びがあったのも事実だ。けれど、やっぱり思ってしまう。ここで行き倒れられたらどんなにいいか。まるで極楽じゃないか。それが明日であっても、そりゃ周囲に多少迷惑はかけてしまうかもしれないけれど。それでも、いいんじゃないの？　ダメかなあ。

ああ、私はちいとも変わらない。変われない。罰当たりのクソババアである。

がっかりしつつも、荷をひとつ下ろしたような気分になり、巡拝するために引き戸を開けると、そこには赤いお布団をかけて寝そべる石の地蔵菩薩がいらっしゃった。なんとも気持ちの良さそうなお顔をしている。ああやっぱりね。ここはなんだか眠りたくなる場所なのだ。巡拝を済ませたあと、私は吸い込まれるように外の長椅子に靴を脱いで寝そべった。美しい浜辺を見下ろしながら、このまま眠りこんでしまいたい。少しだけ、少しだけ何もかも忘れて。

ピコピコというスマホのアラーム音で、目を覚ました。きっかり二十分。まあね、このまま行き倒れたくても、まだ倒れるわけにはいかない。元気な限りは。そんなものだ。靴を履き、紐を結びなおした。歩かなければ。

この庵の御詠歌は、

月影は　いつもさやけき　ものなるを　隔つる雲の　うらめしきかな

月夜にこの庵に来たら、アラームをかけずに眠りたくなるくらいの絶景を見ることができるだろうか。

17 花寿波島を望みながら

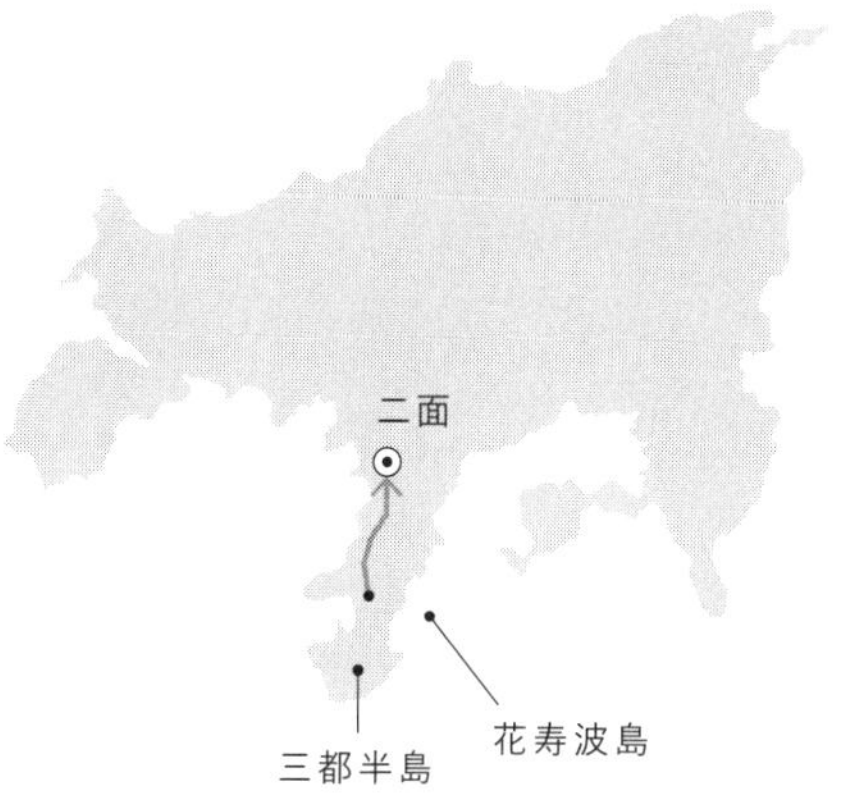

風穴庵から先は、だいたい県道を歩くことになる。青虫が降り注ぐ山道から逃れられるのはありがたい。

三都半島のへんろ道は、冊子地図を目視する限りでは、県道沿いを歩くのと山の旧遍路道を歩くのと、距離上ではそれほど大きな差がない。山道のほうが気が楽なため、山道を選択したが、実は三都半島は海岸線がとても美しく、二十八番薬師堂から海沿いの県道を南下すると、花《はな》寿《す》波《わ》島《じま》という小さな島が二つ、海岸から百メートル弱のあたりにぽかんと浮かんでいる。

風穴庵から見える神浦のピラミッドみたいに綺麗な円錐形の出島（陸地とつながっているから島ではない）もとても神秘的で、美しい眺めなのだが、花寿波島はまた全然違う形をしている。小豆島の周りには、こういったちょびっと突き出た小さな無人島がとても多い。しかもみんなそれぞれ個性豊かな形で、似たような島というのがない。花寿波島は、とっても小さいくせに数種の岩が混在している珍しい島らしい。二〇一三年、小豆島に移住しようか悩んでいた時に相談に乗っていただいたアーティストの吉田夏奈さん（後述の作品発表時のお名前。その後は康夏奈さんに改姓）に教わった。彼女の作品「花寿波島の秘密」は、今回軽トラを停めた小豆島ふるさと村夢想館に展示してある。海面下の花寿波島の岩肌の美しさが狂おしいばかりに描かれている。

　これまで数々の島内観光名所を素通りしながらお遍路してきた私であるが、この島だけは、コースから外れているけれど、島を訪れる方には、寄り道をオススメしておきたい。一応断っておくが、島に上陸する手段はない。県道に車を停めて眺めるだけだ。東向きなので素敵な日の出写真が撮れる。試したことはないが、満月が上る様も素晴らしいはず。

　私は夏奈さんの手引きでこの島に上陸したことがあるのだった。案内すると言われて行ったら、ウェットスーツを渡されて着込むように言われ、しかもガードレールの柱にロープをかけて岩壁を降りると、ざぶんと飛び込んでいきなり島まで泳がされた。五十メートル程度だったと思うが、足のつかない海を泳いだのははじめてだった。

　夏奈さん、綺麗でお洒落な女性なんだが、私が出会った人の中でも屈指のワイルドさ。そして素潜りで眺める花寿波島の岩肌ときたら。岩にしがみつきながら向かいの岩を見上げ、沖縄の御嶽《うたき》はこんな感じなんじゃなかろうかと思った。

彼女はワイルドなだけでなく、目には見えない自然のエネルギーを感じる力が非常に強い。だからこそ芸術家なんだろう。けれどスピリチュアルなものとは長らく距離をとって、目に見える世界で生きてきた私としては彼女の話に、うーんわかるようでわからない、ついていけない、となることもままあるのだった。

　けれども彼女との付き合いをやめようと思ったことはない。嘘などの邪念がまるっきり感じられないし、私に対して何かを押しつけることもないからだ。私はこの手のことに関しては距離を置くと決めているけれど、他の人が突っ込んでいくことに関しては、それはなんだか面白いのではないかと思ってしまうところが、ある。

　彼女に最初に会って話した時に、これからあといくつか先に行くはずの、四十二番西ノ瀧霊場で、彼女は竜が自分の身体を貫くとか、そんなような霊視体験をしたと言っていた。以来、表現が一皮むけて、惑いなく手を動かせるようになったというようなことを話してくれた。だからジュンコさんも小豆島に移住したら、作品がもっといい方向に変わると思う、とも。

　うーむ。移住から五年目となった今思い出すと、実に複雑な心境だ。なにしろ私は小豆島に移住して二年足らずでストーカー事件の被害者になって、この三年は島にいながらも隠れるように暮らすことになってしまったのだから。一時期は本も読めないほど精神的に追い込まれたので、自分の書いた原稿をまとめることもできず、仕事的には、明らかに停滞している。

しかし避難生活を逆手にとって（?）異様な切迫感でサバイバル能力だけは格段にレベルアップした。マニュアル車の運転、農道での脱輪からジャッキを使って自力で戻す、潜伏中に増えてしまったヤギたちを養うために、チェーンソーで木を切る、藪の草を刈払機で刈り取る、柵を回す、杭を打つ、乳を搾って加工して食べるなどなど……。

そもそもそういう暮らしにあこがれていたけれど、自分にはスキルも筋力もないので、周囲の人から助けてもらえそうな範囲で、くらいの甘い気持ちでいたのが、人に会うのが怖い気持ちが勝ってしまったがために、自力でなるべくやるのが当たり前になってしまったのだった。事件との闘いも含めて、強くなったとは思うのだけど……。

夏奈さんも乳癌キャリアで、ある日再発を知らされた。その後パートナーの仕事の都合で島から転出してしまった。一時期はかなり悪くなり、心配したのだが、奇跡のV字回復を成した。いつも行き来しているような付き合いをしていたわけではないけれど、島からいなくなってしまうと、寂しい。亡くなってしまった蒲和美さんも含め、ずっと島でつかず離れずの距離感だけど、一緒に歳を重ねていくものだと思っていた。

最初に思い描いていた島への移住暮らしとは、気が付くと随分様変わりしてきた。それでも、島の景色は変わらない。霊感の乏しい私にとっても、なんとも言えない威容を持って迎えてくれる。夏奈さんのようにはっきりしたビジョンが見えるわけでも何でもないけれど、やっぱり小豆島の岩窟系霊場や、美しい海、小さな入り江や島々の景色に無意識下でも惹かれているからこそ、私は島に住むことを決め、そしてこの島に居続けているのだろう。

今年（二〇一九年）の元旦の初日の出は、花寿波島を見ながら迎えた。赤い朝日を浴びた大小二つの島は、絵に描いたような美しさだった。近いとはいえ、遠い。彼女に連れられてとはいえ、自分も泳いであそこに行ったんだよなあと、不思議な気持ちになったのだった。

話を遍路道に戻す。薬師堂から山道を歩いて風穴庵まで来れば、三都半島を横断して西側に来たことになる。あとは北上していくだけ。一応峠は越えたと思いたい。

水筒に入れてきたのは熱いお茶。いまだにかなりの温度を保っているため、ちょびちょびと飲んできた。午後になってから気温も高くなり、汗もかいている。もっとぐびぐび飲みたいところだ。これからのシーズンは、どんどん喉が渇くはずで、水筒のサイズアップも考えたほうがいいのかもしれない。

次の三十番正法寺《しょうほうじ》は吉野集落。何度か行ったことがある。自販機があったような気がする。ぐっと冷たい炭酸系の、甘いやつを飲もうかな。

気が付いたらじ・は・ん・き、じ・は・ん・き、と唱えながら県道を歩いていた。富士峠を越えるあたりで、自転車の女性とすれ違う。え？　この坂を登ってきた⁇　しかも気合の入ったヘルメット姿のサイクリストスタイルではなく、ふわっとしたワンピース姿だし。驚いて彼女を凝視してしまった。なんのことはない。電動アシスト自転車のレンタルサービスが本格的に始まっていたのだった。

ついこないだまで普通の自転車でえっちらおっちら国道の微妙な坂を漕いでいる観光客を眺め、ガチのサイクリストでもないかぎり自転車で島を巡るのは無理だろうと気の毒に思っていた。バスは瀬戸芸の会期中は増発しているけれど、時刻表に合わせてあちこち回るのも大変だし。とにもかくにも島と呼ぶには大きすぎて、自動車を利用しない、できない、もしくは島なんだからなんとかなると思ってやってきた観光客は、移動距離に懲りてリピーターになってくれないのではないか。そんな心配を、電動アシスト自転車は、いとも軽々と杞憂に変えたようだ。こんな山奥まで飄々《ひょうひょう》とした表情で走ってくるんだから、島の隅々まで余裕で回れるってことだ。すごいなあ。

今に電動アシスト自転車での遍路も登場するのかも。いやひょっとしたらもういるのかもしれない。驚いたのも束の間、県道を歩いていると、次々と電動アシスト自転車とすれ違ったり抜かされたり。山道から下りて来てようやく瀬戸芸（春会期）がはじまったことを実感したというわけだ。

　吉野集落に辿り着いた時には、喉の渇きはピークに達していた。自販機……と思ったのだが見当たらない。うわ、どこかの集落と混同して記憶していたようだ。欲しくない時にはやたらと目につくのに。もしかして正法寺の前にはあったりして？

　淡い期待を抱いて歩いたものの、さっくりと打ち砕かれた。しかたなく熱いお茶をちょびちょびと口に含む。胃弱なので本来は熱いお茶のほうがいいのだが、大量に汗をかいたら話は別だ。

　巡拝の準備をしているあたりで、ご住職が戻ってこられた。小さな可愛らしい女の子の手を引いている。散歩にでも出かけていたのだろうか。ちょうどよかったと言いながら、納経の窓口に続く建物に入っていく。巡拝を済ませ、御朱印をいただく間、女の子は境内で遊んでいた。

　こちらのご本尊は大日如来。御詠歌が、わかるようでわからない。

来ん世まで　永き宝と　なるものは　仏にみがく　黄金なりけり

うん……。たぶんこれは、来世まで持ち越しうる宝となるのは篤い信仰心、という意味なのではないか。おそらくそれで合っていると思うのだが、「来ん世」って、現代人は「来ない世」と読んでしまいそうだ。それから「みがく」ってのは「磨く」とも「身欠く」とも漢字を当てることができるのだが??

　考え始めると止まらない。そもそも歌の文言には、「松」と「待つ」などシャレのように同音異義語を同時に当てはめることがあるんだが、古典教養があまりないので判断がつかない。そもそも来世を信じていないから「来ない世」に読んでしまうんだろうかね。妙にもやもやする。

　ふと目をやったところに水道の蛇口がある。境内の石仏や石碑にかける水を汲むためにあるのだろうけれど。今の私には、水道水でもかまわないから水筒の熱いお茶を冷まして薄めて、ごくごくしたい……。たまらず水を汲んでいると、女の子の様子を見に出て来た御住職が慌てて「お茶を淹れてきましょう」とおっしゃってくださる。

いやいや、お気持ちだけで。こちらの水を汲ませていただけるだけでも十分です。ぐびぐびごくごく……。とりあえず、渇きはおさまった。先を急がねばならない。

吉野集落を出て、左手に海を見ながら県道をさらに北上していく。距離は大したことないのであるが、まだ夕暮れには時間があるのに、疲れが出てきた。いつもよりも早めにスタートしているからか、水を大量に飲み干したからか。重くなる足をとにかく前にと踏み出して、三十一番誓願寺のある二面集落に辿り着いた。

二面集落は、吉野に比べて少し大きな集落だからだろうか。念願の自動販売機があった。ありがたや。すがりつくようにエナジー系炭酸飲料を買い、ぐびぐび飲み干した。う、美味い。カフェインも入っているのだろうか、疲れた身体に活が入る。さらに冷たいお茶も買った。もうすぐゴールだし、飲みすぎると身体が重くなるのだけど、自販機を見たら我慢できなかった。

自販機のある県道から誓願寺までは看板もあるし、迷いようがない。入り口の山門はとても立派で、いい具合に色が残った立派なレリーフだ。『小豆島八十八ヶ所霊場』によれば、日光陽明門を模したのではないかとのこと。言われてみれば、極彩色具合が似ている。元禄時代の建立だそうで。山門の建物の中には鐘が入っている。下をくぐる時に天井の穴から垂れ下がった紐を引くと、鐘が鳴る。

こちらのお寺はソテツで有名なのだった。樹齢はなんと千年。天然記念物とのことで、立派に生い茂っている。ここだけ南国のようなのだった。

納経所で納経も済ませて歩き始めたら、境内を掃除していた女性が追いかけて来て、これを、と冷たい缶ジュースをくださった。すでに喉の渇きは満たした後だったけれども、ありがたくいただいた。喉はいくらでも水分を欲しているので、ぐびぐび飲み干してしまう。けれども身体はどんどん重くなるし、胃壁も荒みかけてきた。やっぱり温かいお茶を飲んでいたほうが良かったのかと、後悔しながら足を前に。だるい時は何も考えずに、足を前に互い違いに出すことに集中するしかないのだった。

ほどなくして三十二番奥の院大師堂という標識に当たった。冊子地図にはなんの印もない。道は明らかに登りの様子。しばし迷ったが行ってみることにした。

案の定、すぐに石段登場。足が上がりにくくなってきている。呻吟《しんぎん》しながら踏みしめるように石段を登り、礼拝する。小さなお堂だった。

三十二番というと、愛染寺《あいぜんじ》の奥の院ということになる。今日は愛染寺まではなんとか行きたいのだが。足が辛くなってきたので一休みすることにした。それほどキツイ道程もなかったと思うが、距離が長いからか、くたくただ。

石段に座り込んでしばしふくらはぎをマッサージする。ふとまた死んだ和美さんのことが頭に浮かび、涙が出てきて焦る。なぜ今回の彼女の死に限ってこんなに泣けるのか。さっぱりわからない。

あなたは生きているのになぜ私は……。と悔しそうに言われたのは、六年前。尊敬する先輩が癌になり、積極的な治療をする余地がないとわかった時だった。

いやーわかりませんと即答した。私だって乳癌になってから何度もなぜ自分が罹患したのか考えてきたけれど、わからんものはわからんのだ。あれをしたからこれをしたからなどという因果は、無数にありすぎて考えようがないし、考えたところで過去は変えられないではないか。そうやって斬り落として、せめて今後はＮＫ細胞（当時はよく使われていた言葉だが、免疫機能と言い換えてもよし）をなるべく殺さないように生きていこうと思った。

しかしながら、である。自分はどうあれ、死ぬにはまだ早すぎる若い友人が病気に蝕《むしば》まれて死んでいくのは、辛い。耐え難い。そうなんだ。彼女もすごく辛かっただろうけれど、見守るほうも辛かったんだよ。

死んだ人たちの分までしっかり生きるなどという文言は、私には言えない。そんなおこがましいことできるか。死者には、生前と同じ敬意を払っていたい。彼女を死者として扱いたくない。

順番なんて、ただひたすら、大いなるだれかの気まぐれ。因果なんてないのだ、と、割り切ったそばから、泣けてくる。

再び立ち上がって歩き出す。太陽がだんだん傾いてきていた。三十四番保《ほ》寿《じゅ》寺《じ》庵《あん》は、藤棚が素敵な庵だった。やっとここまで来たか。あとは倒れない限り惰性で歩いても着くだろう。

巡拝を済ませると、時刻は四時を回っていた。これは、もしかして愛染寺の次の三十三番長勝寺《ちょうしょうじ》まで行こうと思えば行ける⁇　しかし軽トラを停めている場所は、愛染寺の真ん前にある道の駅。また戻って来る気力までは、どうかしらん。

そうこうするうちに愛染寺に到着してしまった。この調子なら行けるか。愛染寺のご本尊は愛染明王。名前に「愛」があるからか、昔その苗字の肉感的な女優がいたためか、性交およびその周辺のイメージが付きまとう。

小豆島八十八か所の中で愛染明王をご本尊とするのは二か所だけ、愛染寺と十番西照庵だけなのだった。真言がとりわけ言いにくくて、舌を噛みそうになる。これをすらすら言えるようになる日は、遠い。

本堂を出た右手にある納経窓口は、昔ながらの設えで、年配の女性が冷たいお茶をガラスの器に入れて待っていてくださった。お茶は、冷たすぎないようにと氷はなし。うわー、お心遣いがありがたすぎる。歩きですかと優しくねぎらわれて、気が抜けた。もう今日はここで終わりにしよう。頑張ろうと思えばあとひとつ回れそうだけど、もういいや。

お寺を後にして、向かいの道の駅の駐車場に行こうとしたのだが、ふとお寺の奥に続く道が気になった。なにか洋館のようなホテルのようなものがある模様。ゆとりもできたのでちらっと見るつもりで歩いていくと、たしかに新しい建物はあったけれど、よくわからない。企業の保養所なのかもしれないなと思い、帰ろうとして、愛染寺の脇の敷地のお堂に目が行った。なんだろう。近づいて見て、仰天。男性器と女性器の石像が、どーん。びっくりして声が出てしまった。

ああ、『小豆島八十八ヶ所霊場』に、良縁に恵まれるだとか若い男女の信仰を集めるなどと書かれていたのは、こういうこと、ですか。なるほど、愛染明王ってこういうことなんだ。妙に納得。いや、何に納得したのかもよくわからないけれど、「愛」は生命の源、ということで。

すみません。若くもないし、子を産む歳でもないので、どうしても近距離で拝む気にはなれず。あとずさりしてから手を合わせたのだった。御利益は、お若い方々に……。

18 天空の霊場

前回、長勝寺まで行かずに歩くのをやめてしまったために、次の行程が広範になりすぎてしまった。いや、頑張れば行けなくはないのかもしれないけれど。三都半島や福田を歩くことができたのだから、これくらい大丈夫なのではと思うのだけど、どうにも気が乗らない。考えた末に、二つに分けることにした。

まずは小豆島中央病院に車を停めて、愛染寺まで南下し、長勝寺に行き、再び小豆島中央病院に戻り、東に少し行ったところの上地集落にある二つのお寺を回り、川を挟んだ西側の岡条集落でまた二つ。このあたりだけを巡拝して日を改めるのだ。すると次の行程の前半に、高い高い場所にある四十二番西ノ瀧までのきつそうな登りをもってくることができる。一日の遍路の中盤を過ぎてからの急な登りは、辛さ倍増だ。

小豆島中央病院の駐車場に車を停めて、愛染寺に向けて歩き出す。かなり気温は上がってきている。このままではすべて回り終えるまでに真夏になってしまうのかもしれない。じわりと焦る。しかし考えようによっては、夏の暑い日にどういう装備で歩くのかも情報としてはありなのではないか。全身汗びっしょりになるだろうけど、それはそれで悪くないのかもしれない。気温が上がってきて、装備はずいぶん軽くなった。

　真冬の頃は、足を止めた時に寒くならないようにと、ダウンやウィンドブレーカーなど鞄に詰め込みきれないアウターを、腰に巻いて歩いていたっけ。今は白衣の下はTシャツだけだ。虫に刺されるので長い腕カバーをしているけれど。

　小豆島中央病院の駐車場からは、国道に出ないで駐車場裏手から近道をする。生コンクリート工場や小学校もある。以前に池田の馬場で行われる秋の祭りに行くために、小豆島中央病院に車を停めて歩いた道のりなので、地図を見ずともなんとなくわかる。かつての小豆島町役場（今は一部機能を残して移転）も見えるし、お気に入りだったセルフのうどん屋さんの建物もある。このうどん屋さんは、あとを継いで営業してくださる誰かを探していると聞いたのだが、なかなか見つからなかったようで閉店となった。残念だ。

　県道、つまり海沿いに出てしばらく行くと、馬場が見える。だだっ広い広場のようなもので、石垣の立派な観覧桟敷ができている。使われるのは年に一度、十月の太鼓祭りの時だけ。「太鼓台」と呼ばれる巨大な神輿を担ぎ上げて馬場の上にある亀山八幡宮まで進む。広場で一度、八幡宮の境内で一度、デモンストレーションというのか、太鼓台を思いっきり揺さぶって見せる。なかなか壮大な祭りだ。豊島を交ぜて全部で八か所、このような馬場と八幡宮があって、そこに属する二桁の集落が、それぞれの太鼓台を担いで集まる。そもそも霊場成立時には、これらの立派な神社群も札所だった。明治初期に起きた廃仏毀釈運動によって、神社は札所から外れ、各集落にある堂庵が代わりに配置された。そのために地図上で見る札所位置と番号が揃わなくなったそうで。

この亀山八幡宮と隣り合わせにあるのが、長勝寺である。お参りしたい気持ちを抑えて素通りし、とりあえず前回の終点の愛染寺まで県道を歩く。そうたいした距離ではないのだが、引き返さねばならないことを思うと面倒臭い。しかし自分で作ったルールなのだから、仕方がない。

愛染寺の前まで行って、踵《きびす》を返して道を戻る。かすかな登り坂のためなのか、少し疲れてきたけれど、頑張った。このあたりは海岸が西に面しているので夕日がとても綺麗なスポットでもあり、ぼっちり出っ張った岬（?）の山の上に国民宿舎がある。この国民宿舎への登り坂の入り口にあたるところで、ひとつ発見があった。小豆島ではほとんど見かけない桑の木が、路肩に植わっていた。

路肩と書いたがそれなりの面積があるので、明らかにだれかが育てているようだ。私が育った場所には桑の木が結構あって、よく実をもいで食べたものだ。今じゃマルベリーと呼ばれていて、スーパーフード扱いされている。とても懐かしい。

長勝寺に戻り、石段を登って中に入る。大きな寺院で、本堂に行く前に納経をお願いする建物の中を通り抜ける構造になっている。お守りなども販売していて、一休みできるように椅子も置いてある。ご住職と挨拶を交わし、本堂までまた石段を上がって巡拝する。脇の墓地にはワイヤーメッシュの柵がしてあるので、山から猪がやってくるのだろう。

梵鐘脇の指定文化財の看板に、「木造伝池田八幡本地仏坐像」とある。ほんじぶつ。おおお、歴史の教科書に載っていたな、その言葉。日本の神は仏が姿を変えたものだという、日本の環境で仏教を定着させるためのなんともいえない考え方。八幡神は阿弥陀如来の別バージョンと言われている。長勝寺に今ある三体の本地仏像は、明治初年の神仏分離によって、お隣の亀山八幡宮から移されたもののこと。なるほどね。

ちょっと見たい気もするのだけれど、拝観希望者は申し出くださいと書いてあるので、少々敷居が高い。そう、他の札所でも文化財級の仏像は、いつでもだれでも拝観できるわけではない。当然だ。で、遍路のように先を急ぎたい気持ちがあると、ゆっくり拝観という気になれないのは私だけだろうか。私の場合は、その気になったらいつでも来られると思うからなおいけない。

納経をお願いする建物に入ると、すでに窓口にご住職が座っていらした。これから西ノ瀧に参られるんですかと聞かれて、ハイと答える。嘘ではない。日は改めるが行くことには変わりない。外を見ると山の連なりに、西ノ瀧霊場らしき建物がへばりついているのが小さく見える。ここからあそこまで一気に歩く気力は、ちょっとないですよ。

ご住職は、あそこには最近魔女がたくさん来るらしいですよ。と笑いながら言う。それって、友人のアーティスト康夏奈ちゃんのことかいな……と思ったら、なんと沖縄のシャーマン、ユタが西ノ瀧に来ているとのこと。ユタが持ち場（?）である御嶽を離れて旅するのはとても珍しいことらしい。どうやら夏奈ちゃんだけでなく、多くの霊感あふれる人たちから愛されているスピリチュアルスポットとなっているらしい。ほほう。ますます行くのに気力がいるなあ……。

長勝寺を出て、元来た道を辿りながら小豆島中央病院の駐車場を通り過ぎ、上地集落の三十六番釈迦堂と、隣に並ぶ三十七番の明王寺《みょうおうじ》を目指す。案内標識の通りに国道を渡って路地に入ってすぐのところにあった。

まずは手前の釈迦堂から巡拝。国宝との看板が下がっているが、閑散としていた。すぐ隣の明王寺でも巡拝をすませて納経……したはずなのだが記憶がない。納経帳をめくってみたら、見事に抜けている。人の気配がなかったし、納経の看板も見落として忘れてしまったようだ。あとでもう一度行かねばならない。
二つの札所を後にして、路地を歩いて三十八番光明《こうみょう》寺《じ》を目指す。冊子の地図を頼りに歩いてみたけれど、何か間違っていたようで、県道に出るはずが国道に出てしまう。少し遠回りするだけなのだが。

　どうも冊子地図は当てにならない。今回通ってきたところでいえば、目印として書かれている役場もうどん屋もガソリンスタンドもなくなっていた。しかも今度の曲がり角の目印は理容店。ぜったい潰れているだろうと思って路地を入っていったら、本当に古めかしい理容店の看板があった。現役だ。冊子、当てになる場合もあるので本当に侮れない。いやはやしかし、理容店が今も存続しているとは。拝みたい気分だ。

　光明寺は、北地集落にあたる。このあたり、近いのに集落名がコロコロ変わる。『小豆島八十八ヶ所霊場』によると、光明寺のご本尊、無量寿如来は、特にお年寄りの信仰を集めているとのこと。十五夜講があるようだが、こちらも昔からお年寄り中心の講だったのだろうか。満月を待ちながら寄り合うのは楽しそうだ。

　ご住職はなんと四国八十八か所を巡礼中なのだそうで、小豆島だけでなく四国の霊場も回ることをすすめられた。一緒に読経していただき、納経を済ませたところで次の三十九番松風庵《まつかぜあん》に行く道を尋ねると、裏側に回って北上し、二本の松の木が目印と言われた。言われたとおりにお寺の敷地を一度出て、道沿いに裏手に回って進むと、墓地に突き当たる。すると墓石の群れの中にぼそりと二本、大きな松の木がそびえている。わあ、すごくわかりやすい。墓地の中のお堂、わかりにくいところが多かったのでとても嬉しい。

墓地の中には無縁となった墓石をピラミッド状に固めた塔がある。だいたい島の中どこの墓地にもあるものだが、こちらのピラミッドには地蔵菩薩だろうか、仏像が一列縦に並んでいて、その顔がすべてのほほん系で、嬉しくなった。松風庵のご本尊が地蔵菩薩であることとも関係あるのだろうか。

ちなみに『小豆島八十八ヶ所霊場』に書かれているこのあたりの特産、電照菊栽培は、現在ではかなり廃れてきているそうだ。そりゃ仏花の需要も少なくなっているだろうから当たり前だ。ちょっと前までは、秋口には栽培促進のための照明でそこらじゅうキラキラしていたらしい。今もまだやってるのは一軒か二軒くらいかなと、このあたりに住んでいる知人が教えてくれた。

さて、ここで今日は終えようかと思ったが、あまりにも疲れていない。もうひとつくらい行っておこうか。次の三十五番林庵《はやしあん》までは一キロしかないし。

もう一度冊子地図を眺めると、林庵のそばには農免道路が通っている。放牧養豚を営む鈴木農園の近くだ。豚にどうぞと集まってくる餌（主に畑の作物を収穫し終えた茎や葉っぱ）のおすそ分けを、ヤギたちのために時々いただきに行く。道路沿いには車寄せのようなふくらみがいくつもあるので、駐車できるはず。ということは、次回はこのあたりの農免道路からスタートできないだろうか。そうすると西ノ瀧までの行程が最小限になる。その代わり帰り道はバスを利用し、さらに最寄りのバス停を降りてから車で戻ってくるのに坂を登らねばならないだろう。そう、だんだんと上がってきたので気づかないけれど、松風庵だってそれなりに小高いところに来ているのだった。

たぶん大丈夫だろう。林庵まで行ってみようと歩き出したら、これが意外に近そうでも、道はわからないし、坂も多い。あたりはオリーブ農園が多いのだが建物も多く、道は狭くてごちゃごちゃしている。遠目から見ていた時は、このあたり全部オリーブが植わってると思っていたのだが。途中からスマートフォンを取り出して、位置情報を出して進む。今回はほとんど使っていなかったので、電池残量も余裕だ。

ようやく林庵に到着したところで、なんとお賽銭用の小銭を入れた袋がないことが発覚。リュックの中身をすべて引っ張り出してみたけど、ない。それなりの重さがあるのでポケットに入れていればすぐにわかる。ということは、松風庵に置いてきたのか。うううむ。とりあえず財布はあるので、財布の中に入っている小銭でお賽銭を賄う。

　林庵にはなぜか人形がたくさん飾られている。子授け祈願のために置かれているらしい。江戸の匂いがする古いものからドラえもんやアンパンマン、スヌーピーもいるかと思えば、ソフトビニールの昭和チックなミルク飲み人形も。不統一な感じがなんとも妙とも言える。巡拝を済ませて、バス停までの下り坂道の入り口を探したかったのだが、お賽銭袋の中には百円玉どころか五百円玉まである。散々迷って松風庵に戻ることにした。迷いたくないのでスマートフォンで検索すると、行きと違うルートが現れた。結構わかりづらい路地だ。戻ってお堂に入ってみると、長椅子の上にぽっちりと黒い巾着袋が見えた。あああ、無事だったね。良かった。

　感謝の意をこめてご本尊に手を合わせて光明真言を唱えてから、小豆島中央病院まで帰った。行程が短いからと思い、十二時を過ぎてからの出発だったのが、もう五時近い。思ったよりも時間がかかった。やはり西ノ瀧まで行かなくてよかった。

　さっさと次の遍路に行こうと思いながらも、うだうだとあと回しにしているうちに、大風邪をひいてしまった。あかん。もう梅雨の真っただ中に入ってしまう。天気予報とにらめっこの日々。ところが今年の小豆島は、どういうわけだか雨が少ない。雨雲は見事に寄ってこない。予報は雨と出るのだが、降らない日も少なくない。

覚悟を決めて行ってしまおう。土砂降りで山道で転んでもどうにかなるだろう。

アレルギー持ちとしては雨よりも虫刺されのほうが怖いので、頭にはヤギの草刈り作業でいつも使っているネット帽子をすっぽりと被って、その上から菅笠を被った。意外となんとかなる。レインコートと折りたたみ傘をリュックに入れ、水は氷入りの冷たいものを一本と、ごくごく飲めるように常温を一本、合計二本用意した。

農免道路の脇に駐車して林庵を探すと、すぐ下に屋根が見えた。一応前まで下り、また人形たちと対面してから、戻って西ノ瀧の歩き遍路道の入り口を探して中に入る。予想通りの険しい山道だった。距離はそれほどではないのだが。二度ほど休んで水を飲みつつ唸りながら登り、やっと車道に出た。農免道路よりも上に一本、東西に道があったのね。全然知らなかった。

しかもその道から直角に、さらに上へといざなう車道がある。もちろん西ノ瀧への案内板あり。舗装道路だからまだマシと思ったが、これもなかなかハードで。道路が終わったら今度は立派な石段で。西ノ瀧に着いた時には、息が上がってしばらく動けなかった。

「おや、歩きですか。完全装備じゃな」と、鐘の音で出てきたご住職が声をかけてくださった。はい……。声が出ない。手前の大師堂を巡拝してから本堂に入る。すでにご住職が脇に座っていらした。少し緊張しながら巡拝を済ませると、光明真言がひと文字間違っていると指摘された。あれ、そうですか。いつも紙を見ながら唱えていたのに。「はらばりたや」を「はりばりたや」と唱えていたようだ。

「癖になってしまいますからね。真言というのはとても大事なもので、一文字でも間違えば届かないものですので」と優しく教えてくださった。

「何か祈願があって回っておられるのかな」

いえ、移住してきたものですから小豆島を一周歩いてみたくてと答えると、うなずいている。

「こちらは龍神様を祀っていて、いまではスピリチュアルスポットとして大人気で。巡礼以外にも若い人たちもたくさん訪れとります。これは西陣織でな、ええものなんやと。京都からよく来る信者さんからいただいたんや」

本尊の両脇に、黒地に金糸銀糸で龍神を織り込んだタペストリーが飾ってあるのだ。ははあ。ご住職の話は続く。

「祈る時は、どうやって祈るか知ってますか。ひたすら祈られるのです」

そうして無心に唱えるうちに自分の中に潜在的にある人智を超えた力を引き出していくと、免疫力も上がって病気が治る……とご住職が癌治療のことについて言及された時に、たまらなくなって話を遮った。すみません。それは、よくわかるんです。ほんとに、信じていないわけでもないんです。けど、たくさん祈って祈ってつい先日死んでしまった友人がいるんです。まだ若いのに。彼女の名を告げると、ご住職がはっと驚く。

「そうですか……。あの方の。私が葬儀を執り行ったんです」

知ってます。参列してました。彼女が元気だった時からご住職のヨガ教室に通って、瞑想を熱心にしていたことも。

またもや私の涙腺は崩壊してしまった。あーあ四十九日も過ぎてるというのに。彼女のこともあって、ここに来るのをためらっていたのだ。ご住職の優しさに触れて、つい口から出てきてしまった。

祈りの力を全く信じないというわけでもないけれど、今も心のどこかで懐疑的で、自分が癌に罹った時には絶対に絶対に祈ろうとしなかった、親から貰ったお守りすら退けたこの私が生き延びて、なんで彼女が。

「人には運命というものがあるから」とご住職が呟く。それも理性ではわかってるんです。わかっちゃいるけど……。

「感情はまた別。悲しい気持ちはすべて吐き出して、前に進むしかないのです。般若心経の最後もそう結んでいるでしょう」

ひとしきり泣いて、アーティストの康夏奈さんともお友達なんですと言うと、

「あの人は……すごいね。最近見えられないけれど、たまに来ると何時間も祈っておられるよ。そこの脇から龍水の湧く岩窟に行けます。龍神が降りて来たら、貴女も魔女の仲間入りですな」

そう言ってご住職は去っていった。

本尊の脇の入り口から洞窟に入る。なんとも言えない圧を感じるが、それ以上のことはない。祈りをささげて出てきた。本堂を後にすると、護摩堂の脇に岩山の登り口がある。夏奈ちゃんから聞いていた。梯子《はしご》と鎖で登ると、天辺には棒が刺さっているのでそこにしがみつくのだと。

すごいなんてもんじゃない。山というより岩の塔だよ。これまでこういった修行者の場に足を踏み込むのは遠慮していたが、今日はなんだか無性に登りたかった。怖いけどよじ登って棒にしがみついた。雷が来たらぜったいここをめがけて落ちてきそうだ。

下には絶景が広がる。天空の霊場と言われるだけある。しかし龍神はここでも降りてはこなかった。怖くてそれどころじゃなかった。まあ、魔女と言われてもな。自分は山姥《やまうば》のほうが合っている。山姥として俗世を獣と一緒に這いずり回って、天の声にも触れずに老いて死ぬ。そのほうが私には合っている。

西ノ瀧から四十一番佛谷山《ぶっこくさん》は、山道ながら尾根沿いのため、楽に歩けた。無人のようだが護摩焚きの場所がある。しかも岩窟の中で、これまた空気が湿ってずっしり重い。しかし私にはそれ以上の何かを感知する能力はないので、さらりと巡拝をして後にする。急な下り坂で、膝と足先を痛めないようにそろそろと降りた。登りが急勾配だった分、下りも急だ。くだってくだってくだってようやく人里、と思ったら四十番保安寺《ほうあんじ》に辿り着いた。

　巡拝をすませて納経をお願いする。山門にはパグちゃんの写真が飾られている。あれ、佛谷山にはパグの像が置かれていて不思議に思ったのだが、もしや……と思う間もなく三四の本物のパグ犬に囲まれた。か、かわいい。朱印を押してくださったのは、優しそうな年配女性。お寺に嫁いで五十年だそうで。いつ何時遍路が来るのかわからないのだから大変ですよね、と話しかけると、それが仕事ですからとにこやかに返された。

　話している間もずっとパグちゃんたちを触り放題。普段は野生みたいなヤギの群れと、猪の世話をしているのだが、こんなに愛想良くしてくれない。やっぱり犬はいいなあと思わぬ癒しを受け、帰路に就いたのであった。

19 灼熱へんろはつらいよ

いよいよ梅雨が明け、夏が来てしまった。梅雨の合間の快晴などとは段違いの太陽ギラギラの、夏……。小豆島は「島」というだけで、なんとなくどんなに夏暑くても夜は涼しくなり、しかも冬は瀬戸内らしく、温暖で暮らしやすい楽園のようなところと勘違いされがちなのであるが、とんでもない。

夏の暑さはここ十年から二十年ほどの日本全土の熱帯化としっかり連動して、強烈だ。建造物が少ない分、都会のようにビルについているエアコンの室外機からの熱風でさらに気温が上昇という惨事だけはまぬがれている。

ちなみに冬は雪こそ積もらないけれど、水道管が凍るくらいには寒い。水道管のむき出し部分には必ず保温材を巻き付けておかねばならない。

しかも私は、島に移住してから除草を夢見てヤギを飼ってしまい、それが除草の役に立たないまま五頭に増殖し、毎日彼らのごはんのために私が草刈り機を使って草刈りをしている。この草刈りだけで夏は全身汗でびしょびしょになる。

　そんなわけで、真夏の歩き遍路。どう考えても汗がドバドバ出るはず。携行する水は、一本てわけにはいかんだろう。二本持っていても足りないかもしれない。井戸がなければ境内の水道水でいいから、補給しながら自動販売機も利用するとしよう。

　それから服装。実は今年から空調服なるものを購入、草刈り作業時に使うようになった。服の背面に穴が二つ空いていて、プロペラをはめ込むようになっている。リチウム電池とコードでつなぎ、スイッチを押せばブーンと服の中に風が入ってくる。自分がかく汗に無理やり風をあてて放熱するのである。「タモリ倶楽部」でおもしろおかしく紹介されていたそうだが、実はじわじわ売れているらしい。実際使ってみると結構涼しいのだ。ただしミシュランのキャラクターのように上着がふくらむ。

　作業時は下着の上にこの長袖上着を直に羽織っているのだが、そうなると、この上着を屋外で脱ぐことが難しくなる。Tシャツを着てからこの上着を着て、さらにその上に白衣となる。暑いだろうか。

　もうひとつ考えたいのは時間帯。納経を受け付けるお寺が窓口を開けるのは、だいたい九時五時。だからお遍路もその時間内で済ませるべきなのだが、真夏の九時は、かなり気温が高くなっているんだよな……。

一番はじめから欠かさず納経してきたわけではない。途中までは何もしていなかったし、前回は忘れてもらい損ねている。ここはもう今回は納経せずに、なるべく早起きして五時くらいから回ったほうが涼しくていいんじゃないか?? もしかしたら一番暑くなる午後早めの時間帯には上がれるかもしれないし。

早朝スタートにしても、今回どこまで回ることができるのかは、非常に難しいところ。小豆島中央病院に車を停めて起点として、中山地区の四十三番浄《じょう》土《ど》寺《じ》までが登り坂で一番辛いが、そのあとは長距離歩かねばならないところなどはないし、札所間の距離も近いところばかりだ。中山から肥土山と内陸部の二大有名（観光地として）集落を歩き、黒岩、上《かみ》庄《しょう》、北山、渕崎、赤《あ》穂《こう》屋《や》……と歩く。これだけ集落名が変わるということは、札所の数も多い。最後まで歩くとなると、十六か所にもなる。正確に言うと、霊場総本院もある。いままでの歩き遍路で一日に十七か所も歩いたこと、あっただろうか。いやない。ないよ!! なぜそれを猛暑時に挑戦する……。

一か所の巡拝にはそれなりに時間がかかるのだ。荷物も下ろさずに読経だけしてハイ次、ってわけにはいかないのだよ。荷物下ろして汗ふいて、スマホに道程でのことを記録しながら一息ついて水飲んで、巡拝セットをリュックから取り出して……で、もう七分くらいは経ってしまう。そこからロウソクに火をつけて、線香を箱から出してつけて、納札に日付を書き入れてから箱に入れて、さあ読経。やっとこあたふたせずに無駄なくできるようになったけれど、それでも時間がかかるのよ。最低でも二十分は滞在しているのだ。

やはり残りを回るのに二日かけるか。七十四番円満寺《えんまんじ》まで辿り着けば、土庄福田線のバス路線上となるから、それも可能だ。駐車地点である小豆島中央病院に辿り着くのにはバスを乗り換えねばならないのでかなりの時間がかかるけれど、熱中症など具合が悪くなった時のリタイア手段として頭に入れておこう。しかし一日でまとめてやっつけてしまいたいという気持ちもくすぶる。だって最後まで歩いたらゴール、結願なのだ。

しかし無理は禁物だ。熱中症は一日では治らない病気のようでいろいろ大変らしいしな。などとスマホを手繰《たぐ》りながら眠りに落ち、見事に寝坊してしまった。日延べするか？　いや、寝坊といってもまだ七時すぎ。準備をして八時半には出発できるのではないか。

慌てて冊子地図をコピーしようとしたら、プリンタ故障。しかたない。コンビニに寄ることにした。五百ミリリットルの水一本はカチコチに凍っている。これをタオルで包み、カチコチに凍った保冷剤数個とともに保冷バッグに入れて、リュックに入れる。もう一本は、普通の水筒に湯冷ましの水と製氷機で作った氷を入れた。すぐに飲む用だ。真夏では自分でおにぎりを握るのは食中毒が怖かったので、クッキーでもかじってしのごうと思っていた。しかしコンビニに寄ることになったので、梅干しおにぎりでも買おうか。

服や支度品をひっつかんで軽トラをコンビニに走らせた。そう、ヤギの朝ごはんは、なしである。夏はヤギ舎内にヤギが食べられる雑草がたくさん茂っている。ヤギたちは私がもってくる美味しい草を期待してはいるが、なければないで、舎内の草を食べる。これまでの歩き遍路では、この餌やりで出発時間を遅らせられていた。真夏ならではの僥倖《ぎょうこう》！コンビニでコピーを済ませ、おにぎりとクッキーの他、冷たいお茶と塩分があったほうがいいかと塩せんべいを買い、小豆島中央病院へ向かった。

駐車場に車を停めて服を全部着用した瞬間、嫌な予感がした。かなり暑い。スイッチを入れて歩きはじめてみたが、白衣を重ねた上にリュックを背負っていては、まるで風が当たらない。Tシャツを中に着ていることも良くないのか。期待していたのに。

結構歩いたのだが引き返し、空調服を脱いで軽トラに押し込んだ。もう九時を回ってしまった。ああ、暑い。しかしここは腹を括ってとにかく歩くしかない。中山集落までは、ずっと舗装道路である。かなりハイペースで歩を進める。ダラダラした登り坂から急に勾配がきつくなるあたりで、息が上がってきたので休憩。お茶と水を交互に飲む。氷のおかげで心地よい。このペースではあっという間に水筒の水を飲み干してしまいそうだ。

しばらく歩いたところであと十五十メートルという標識があり、またさらにしばらく行くと、脇に石段が現れた。石段を登れば四十三番浄土寺と四十五番地蔵寺堂《じぞうじどう》がある。冊子地図によるとどうやらここから山道に入るので、石段を下りることはないらしい。

ならばと、石段脇の自動販売機で冷たいコーヒーとお茶を仕入れる。コンビニで買って来たお茶は一口を残すのみだったので、飲み干してごみ入れに。コーヒーの冷たい甘さに身体が痺《しび》れる。これまではなかなか自販機に巡り合えないコースもあったが、中山と肥土山の二集落は内陸なのでオーシャンビューではないが、棚田と藁葺《わらぶき》屋根の農村歌舞伎舞台が残り、現在も年に一度上演されるとあって、観光客が多いためなのだろう。この先々でも自動販売機に巡り合えた。偶然だったが真夏でもなんとかなったのは、この自動販売機たちのおかげ。ありがたやー。

石段を上がり切り、鐘をつくものの、人の気配はなさそうである。向かいに見える山が青く美しい。正面の書院は茅葺。その左手に地蔵寺堂があり、さらに左手に入っていくと、浄土寺がある。『小豆島八十八ヶ所霊場』によれば、もともと地蔵寺は昭和二十四年まで西中山にあったものの檀家は数十戸、農地解放が原因で維持困難となり、浄土寺と合併。地蔵寺堂を浄土寺の境内に建てたようだ。

鄙びた造りの地蔵寺堂に比べると、浄土寺本堂は大きくはないものの、なんとコンクリート打ちっぱなし建築で、とても近代的。コンクリ造りの寺院は都内で山ほど見ているけれど、この浄土寺は一味違う威容と洗練を備えている。

柱のコンクリに、らせん状に線がついているのも、私のツボに刺さる。前述書によれば、京都工芸繊維大学工学部長の藤原義一工学博士が設計監理した。昭和四十三年落成。建築に詳しいわけではないが、東京オリンピック前後の建造物は、今見ても驚くほどモダンでかっこいい。高松市街にはその頃の設計と思わせる大きなビルがいくつも残っているが、小ぶりながらも「作品」と思わせる建築を小豆島で見たのははじめてで、嬉しくなった。

ただし、夏場のためなのかもしれないが、無人。納経所のはずが、浄土寺の脇に朱印の説明書きと朱印を入れていると思われる四角い缶があるだけ。つまり御朱印引き上げ中なのだった。敷地内の端っこにある荒神堂は半壊していてちょっと怖い。仕方ないか。猿も来るだろうし。維持管理のために階段を上がってくるのも、ひょっとして管理されている方がご高齢であれば、大儀なのかもしれず。秋になったらまた改めて来よう。

山門から階段を降りずに標識のまま左手に進む。道は初めのうちは綺麗だったのだが、舗装道路と交わった後の道からは、これで本当にいいのか?? と真剣に悩むくらいに草深かった。標識にこっちと書いてなければ絶対に足を踏み入れない。ここまで草深いと蛇が怖い。脚絆《きゃはん》をつけてくるべきであった。

これまでどんなに荒れた遍路道でも、道に丈五十センチ越えの草がぼうぼう生えていることはなかった。初夏から真夏にかけての雑草たちの勢いは本当にすごくて、月に一度の草刈りでは間に合わないくらいなのだ。それは私も身をもって知っているので、これもまた仕方なきかな。真夏に歩き遍路する人間がいるとは誰も想定していないということだ。

　ガサガサと藪漕ぎしながら進んでいくと、手すりが現れてホッとする。ぐんぐん登っていき、四十四番湯舟山《ゆぶねさん》に到着する。まだ十時台だ。まだまだ行ける。体力的にはゆとりがある。しかしここに来るまでに、前の札所前の自動販売機で買ったお茶とコーヒーと、それから水筒の水半分も飲み干してしまった。凍らせているお茶はというと、厳重に保冷しているためか、あまり溶けていない。保冷剤もカチカチだ。

　待て。湯舟山は、たしか水源があるはず。中山千枚田はここから水を引いているのではなかったかしら。以前に中山千枚田を歩いた時に、田んぼのあぜ道を辿り登った先に共同の大きな水汲み場があった。もっと上のほうから流れてきているようだった。現在は観光客が増えたため、田んぼの中やあぜ道に入ることは禁止になったと聞いている。

　気になって境内を歩き回ると、奥に小さな水汲み場があった。日本の名水百選にも選ばれているとのこと。まずは水を補給した。以前に下の共同水汲み場で飲んだほうが美味しかったような気がする。見下ろすと水路がつづき、見事な千枚田が広がっている。鮮やかな黄緑のところは稲が育っているところ。近くに行けば香ばしい独特の香りがするだろう。手前には田植えをしていない草地もある。維持管理が大変なのだろう。

巡拝を済ませ、身支度していると、大きな杉の木が目についた。高さ三メートルか四メートルくらいのところで、その上がバッサリとない。けれどもしっかりと根付いているようにも見える。幹のほとんどは蔦《つた》に覆われて、根元の裂け目が丸くふくらんでいて、中を覗くと空洞になったところにお地蔵様がいらした。可愛らしい。それにしてもこの寺院には巨樹が目立つ。きっと湧き水が影響しているのだろう。

さて、ここからも山道のようだが、冊子地図を見ても案内がわからない。先ほど歩いてきたところと似ている溝沿いの細道があったので歩いていくと、どんどん藪になっていく。いや、でも方角的には西に歩いているんだから間違っていないと思うのだが。

そのうちにレールのようなものにぶつかる。山の中の荷物を運搬するためのレールだろう。ということは、これを辿っていけば車道に出られるはずと、ずんずん進んでいくと、山の中に厳重に囲われた果樹畑に行きついた。うーむ。茂りすぎていてなんの果樹かもわからないが、たぶんミカン?? さらにレールに沿って歩いていくと、完全にフェンスで遮断されてしまった。レールだけがその先を走っている。貨車が通過する時だけドアを開けるようだ。間違ってしまった。

日本の棚田百選のひとつ、中山の千枚田

しかし藪山の中で迷ったとはいえ、レールがあるのでレールの通りに戻れば良いので気楽だ。ずんずん戻って溝のあるところまで辿り着いた。そのまま湯舟山まで戻ってもいいけれど、つまりは山の上を歩きすぎているだけで、方角は合っているのだからと、そのまま道なき斜面をずんずん下ってみた。幸いにして樹高の高いところで、下草もないし。先ほどの藪状態のところよりは全然楽。迷ったらスマートフォンの位置情報でも見ればいいさと下ってゆく。

そう、私は路地や町の中で迷うのは本当にストレスで、嫌でたまらなくて、間違った道を一歩でも歩きたくないのに、山の中だと気ままに適当に歩けてしまうのだった。蛇がいようが藪であろうが、山は気楽だ。

　足場のあるところを飛び降りるようにして下っていくと、先が明るくなってきて、細いけれども平らにならされた道が出てきた。これだろう、きっと。ギリギリ軽自動車が入れそうだ。そして右手には美しい棚田が波紋のように広がる。見事な風景。すごく美しいけれど、維持管理についつい思いをはせてしまう貧乏性。自治体で景観料を取ればいいのに、とすら思う。ちなみに道と棚田を隔てるのは、言わずとしれた猪除けの柵である。遍路道の半分くらいは、人界でなく獣界を歩いているのであった。

　そのまま歩いていくと、先ほど山の中で遭遇したレールが見えてきた。小さな貨車も。ここに着くように作ったのか。すごいなあ。この道の山側全部果樹園にすればいいのにと、昔ならば思っただろう。なぜ山の中に、藪に囲まれるようにしてポツンとあるのかと。しかし田舎に住んでみると、土地権利問題がいかに複雑なのかを見聞きするようになるので、さもありなんと思うばかり。

　そのうち四十七番栂《とがの》尾《お》山《さん》への案内板に遭遇。ローギアで降りてくださいと書かれてある。冊子地図にも急な下り坂とある。しかしなんだかんだ言っても、車が入れる舗装道路なのだ。急な下りでもそれほど大変ではない。

どんどん下っていくので、てっきり栂尾山は「山」と付くけれども人里に近いところなのだろうと勝手に思っていたら、どんどん下りながらも山深くなってゆく。どういうこと⁇　そのうち車も入れない山道を下ることに。なんと、栂尾山は、崖っぷち岩窟系のお堂であった。これまでの岩窟寺院よりは小ぶりで可愛らしいのだけれど、岩窟に張り付くように立っているのだ。あれだけ下っておきながらも、最後に少し登ったせいか、見晴らしはとても良い。時刻は十一時半。

気温も高くなってきたせいか、身体のほてりが止まらないのでリュックを開けて保冷バッグをとりだし、中に入っている保冷剤をわきの下に挟み、両耳の下にもあてる。素晴らしい……。何の気なしに持ってきたけれど、これ、必需品かも。あっという間にほてりがとれていく。

栂尾山のお堂も、まるで岩窟寺院

巡拝を済ませ、そそくさと洞窟を出る。どうも天井が低く、暗く湿った洞窟の中は落ち着かないので、長くは滞在できない。猿がいたずらをするらしく、扉にはしっかり閂をしてほしいと書いてあった。

しばらく進んだところに岩大師堂があり、こちらで昼食のおにぎりなどをほおばる。時刻はちょうど正午。えーとあといくつ回るんだろう……。地図を確認したら気が遠くなってきた。

四十八番毘沙門堂までの道のりは、急な山道ではあったが新しい手すりが付いていたので、安心して下って行けた。よかった。途中の木々が、やっぱりこれまで歩いた中では一番太いような気がする。水が豊かなのだろうか。

毘沙門堂は、スキッとシャキッとしたたたずまいで立っていた。なんと平成十一年に新築されていた。建築様式は古式ゆかしく伝統にのっとった造りだが、スキッとしているわけだ。しかもお堂の扉には、御詠歌とご本尊である毘沙門天王の真言が貼ってあり、その前に納札を入れる金属の箱がどんと置かれてあるだけ。香立てやロウソク立てどころか賽銭箱すらない!!　いやよく見れば、扉の市松が二つつながった穴がある。ここから投げ入れよということらしいが、説明書きもない。

ここまで省略されているのも、なんだか清々しい気持ちになる。ならばこちらも省略して読経だけしようという気にはならない。お香を焚くのは、読経とセットでご本尊に捧げるものと考えたい。

今後こういうところも増えていって当然なのだから、自前でロウソク立てと香立てと、それらを持ち帰る袋を工夫して作ると良いのではないか。何で作ったらいいかしら、いや持ち帰る袋は携帯灰皿でいいかもしれない、などと考えながら巡拝を済ませた。

　残りの線香とロウソクの燃えさしは、水をかけたあとでコンビニのレジ袋に入れて持ち帰ることにした。

　しかしこれまで五つの札所を訪ねて、すべて無人。道中を含めて人間に会ってないかも。これはこれで楽しいのだが。

地区は中山から肥土山となり、山の向かいに、懐かしい白い大観音が小さく見えて来た。うわーあれが見えて来たということは、小豆島一周の輪がつながりかけているということ。うわー。随分時間もかかったけれど、いよいよ島を一周したという気分になってきたぞ。

　道は舗装されているとはいえ、山の中。猪の柵沿いから扉を開け閉めしながら進み、四十六番多聞寺の裏側に辿り着いた。裏手から見ても大きな屋根。ああ、肥土山集落に降りてきたようだ。

V

かけこみ結願

20 打ち止めの日

肥土山集落は、これまで歩いてきた中山集落とともに内陸部にあって、海が全く見えない。山に囲まれ水に恵まれているので、水田が多い。そして今も農村歌舞伎舞台があり、地域住民たちによる年に一度の歌舞伎公演があるのも同じ。虫送りという行事が残っているのもこの二集落だったはず。観光的視点で言えばとても共通点が多い。

けれども住民視点で見れば、中山と肥土山の間には、土庄町と小豆島町の町境があるのだった。車で走っている時は、中山集落から肥土山集落に入るところに看板が出ているので、あ、町境を越えたなとわかるのであるが、今回はいつのまにか山の中で越えていたことになる。

あれ、島の北側を回っていた時の、土庄町から小豆島町への町境はどうだったか。あわてて冊子地図とスマホで出した地図を比べてみると、町境は山の中だった。県道国道上には必ず標識が出るのだが、山道にはないのだろうか。それとも単に忘れて通り過ぎただけ??

ともあれ小豆島町内の遍路は全部歩き終えたのだ。そしてまた土庄町に戻ってきたことを強烈に意識しつつ、四十六番多聞寺の屋根を見る。正面はどこだろう。

歩き遍路の山道は、大きな寺院だと必ずと言っていいくらい裏手に到着する。正門に回り込んだほうがいいのだろうかと迷うのだけど、一刻も早く本堂を見つけたいのも事実で、うろうろするうちに本堂に辿り着いてしまい、鐘楼を見落とす時もある。巡拝を終えてから、ぎゃっ！　鐘楼があったんだここ……。なんてこともよくある。

戻り鐘はついてはいけないので、巡拝をしてしまったらもう鐘をつくことはできない。ああまた間違えてしまった、と落ち込むこともよくあった。というか最後の巡拝にあたっても、遍路の作法のすべてを完璧に身に付けたとは言えない。お恥ずかしいが忘れてばかりなのだ。本堂ではない建物を巡拝しちゃったり。学生時代は参禅するうちに自然に覚えた般若心経も、結局覚えられないまま結願するのかと思うと、悲しいやら情けないやら。

いや、努力が足りなかった部分もあるが、道を間違えないように、迷子にならないようにするだけで必死だったとも言える。どうにもこうにもやり遂げてきた感が湧かないのに、終わりはじりじりと近づきつつある。

幸いにも多聞寺の鐘楼は門の形をしていて、屋根も凝った造りで自然と目に留まり、礼拝前にちゃんとつくことができた。梵鐘は土庄町指定工芸となっていた。境内はとても広く整然としていて、本堂以外にも建物が並ぶ。『小豆島八十八ヶ所霊場』を開くと、御本尊の薬師瑠璃光如来をはじめとして立派な仏像がいくつもあるようだった。昔の閻魔《えんま》像は大きく、子どもたちが怖がったとも。一度はご本尊や文化財級の仏像神像を拝んでみたかった気もするのだが、時間の読めない歩き遍路で、しかも暇ができて晴れてたら突然明日歩くか、などとやっているようでは、どう考えても申し込みようもない。

本堂で巡拝を済ませて左手を見ると、狭苦しいお堂に真っ赤な像が目を剝いて座っている。……？　異様な存在感なのに、看板なしの無記名。それなりに値打ちのありそうな時代物の像と思われるのに、むき出しに近い状態。前掲書にもなんの記述もない。いや、もしかして閻魔様？　いや閻魔像は官服で烏帽子《えぼし》のようなものも被っているはず。私の故郷鎌倉のお寺ではそうだった。

あとで慈空さんに伺って判明したのだが、賓頭盧尊者《びんずるそんじゃ》なのだそうだ。おびんずるさまと呼ばれているお方。力を誇示して閻浮提《えんぶだい》（人間界）から放逐されたなどの逸話がある。十六羅漢の一人でもあり、中国では聖僧としてお寺の食堂に祀られるそうだが、なぜか日本では本堂の外陣や回廊に祀られるようになったとか。病んでいる場所と同じところを撫でると治るという信仰もある。そうそう、おびんずるさまって回廊にいて、触られたところがつやつや黒光りしているイメージなのだ。しかし多聞寺のおびんずるさまは、顔料らしきもので赤く塗られているのだが、艶がない。しかも下半身は胡粉《ごふん》の白い下地が見えている。さらに剝げて木地が見えているところもある。風雨のせいなのか、足が痛む巡拝者にたくさん触られたからなのか。

像として結構な存在感があるんだから、看板もしっかり立ててあげればお賽銭も集まりそうにも思うが、この妙に欲がないというか、ラフに放置されている感じも嫌いではない。そう、この小豆島八十八か所霊場の中で、観光客にも知られている霊場はごくわずかで、大半が観光資源的には放置状態なのである。もったいないと思いつつも、誰もが訪れる地になって、島の人すら来たことがないという秘境っぽさが薄れてしまうのも少々惜しい。

本堂のそばにラフに座っておられた
びんずるさま

奥の本堂で巡拝を済ませ、庫裏で納経を済ませる。本日はじめて人間と顔合わせしたのであるが、特に会話もなく終了。ここで以前に回った番外霊場藤原寺の朱印もいただいた。もうずいぶん前に回ったところで、どんなところだったかも思い出せない。一年以上間が空いているはず。冊子では藤原寺当所で納経できるように記されているのだが、冊子ができた後で無人となったようだ。藤原寺は島の北西部分、見目集落のあたりだ。多聞寺と隣接しているわけでもない。わかりにくいといえばわかりにくいけれど、まあ全部回るうちにいつかは全部の朱印をいただけるのであるから、特に気にならない。

まだまだ先が長いので歩き出そうと思いつつ、『小豆島八十八ヶ所霊場』を読み直す。「地下へ下る階段」とあるよね、やっぱり。そんなものはこの広い境内に見あたらないのだが。歩き回ること数分、地下への入り口を発見した。いやはやこの寺院、奥ゆかしいにもほどがありはしまいか。わかりやすい看板を出せばいいのに。

地下は不動護摩堂。護摩焚きをしていただく場なのであった。やはり護摩焚きはほの暗い場所が良いのだろうか。というかこれまで考えたことなかったけれど、木造建築内での護摩焚きは消防法的に難しくなってきている可能性もあるなあ。洞窟と似た圧迫感が少々息苦しく、フルセットの礼拝をするべきか一瞬迷ったが、線香に点火して読経を捧げた。

多聞寺を出発したのは午後一時。大丈夫だろうか、これから八か所も回ることができるのだろうか。不安に駆られるが、次の円満寺まで辿り着けば、土庄行きのバスがある。乗り換えが必要だが、車を停めている小豆島中央病院まで帰ることができるはず。そう言い聞かせて歩き出した。

道は平坦、肥土山集落の中だ。ただし日差しが猛烈に強く、暑くなってきた。吸い寄せられるように小さなスーパーの前に立つ自動販売機へ。そう、ここに自動販売機があるのは何度か車で通った時に頭に入れていた。ここがあるから水分を遠慮なくがぶ飲みしてきた。手持ちの水分はまだあるけれど、その半分は凍ったままである。

ペットボトルのお茶と冷たい缶コーヒーを購入した。贅沢なもので水ばかりだと飽きてきて、缶コーヒーがとても美味しく感じる。公民館や幼稚園などを過ぎ、川を渡る。田んぼの向こうは山、その奥も山、という景色は島の内陸だけのものだ。次の川を渡り、大通りから円満寺に入る道がどうにも自信がなく、スマホの位置情報で確認しながら進む。

途中で「黒石さん」という看板に至る。田んぼの中になんの変哲もない石が鎮座しているだけなのだが、集落名である黒岩の起源となった石なのだそうだ。いつのまにか肥土山を過ぎ、黒岩に来ていた。三方を石積みの壁に囲われて、小さいながらも磐座《いわくら》っぽい。

いやしかし。黒石さんの小ささといったら。両手で抱えることができるくらい。さすがに持ち上げることは無理。でもね、このくらいの大きさの石ならば、そこらにゴロゴロしているのだが。なにしろ小豆島は石の島。島の北側の石切り場や、前島の重岩など、巨岩奇岩の宝庫のようなもの。それらに比べれば、とっても素朴で地味な岩……。それでもこうして大事に祀って、看板まで立てているということは、地域の方がとても大事にされているのだろう。お辞儀をして通り過ぎた。

さてはて。多聞寺から三十分で、七十四番円満寺に到着。多聞寺が四十六番なので、一気に番号が飛んだ。以前に回った七十三番救世堂も近くにある。そう、ちょっと北西に行ったら笠ヶ瀧集落なのだった。これで以前に利用したバス路線、北廻り福田線とは目と鼻の先の距離である。

平成四年に再建した本堂は焼杉の分量が多くしっとりしていて、境内の庭や垣根などの設えがとても美しい。樹齢四百年の真柏《しんぱく》など巨木も多く、休憩用の東屋に座ってうっとり境内を眺めまわす。あれ、なんだろう。地蔵菩薩像の前に、一尺にも満たない小ぶりの地蔵さまがいくつも並んでいるのが目につき、近寄って見てたじろいだ。それらのうち三つほどが頭がもげていて、その頭が隣にゴロッと置かれてあるのである。生首感がヒシヒシと漂う。うーむ。できるものならくっつけて差し上げたいくらいだけれど、これがまたみんな見事に丸く滑らかな割れ口なのだった。まるでもともと頭と胴体が別々の石のような。捨てるわけにもいかずに持ち寄られているのだろうか。

ちょっとしんみりした気持ちで巡拝し、納経を済ませる。こちらはセルフ納経だった。

円満寺の御詠歌は、なかなかいい感じだ。

望《もち》の夜の　月の姿に似たるかな　心まどかに　満つる願ひは

「まどか」と「満つる」で寺号と合わせている。円満という寺号は、『小豆島八十八ヶ所霊場』によると江戸元禄期に京都大覚寺から賜ったという。ということは、御詠歌が作られたのはそれ以降ということなのだろうか。

黒岩もまた内陸なので、満月は山から出てくるのだろう。一体どんな風に見えるのだろう。

円満寺を辞して道路に出たとたんに、山がどんと迫ってきた。大きい。方角的に自分が歩いてきた山ではない。あの山の中に札所がなくて本当に良かった。

さあここからは北廻り福田線のバス通り。ちょうど土庄行きのバスが通り過ぎる。いやまだ二時を回ったところであるし、降参するほどは疲れていない。舗装道路をひたすらてくてく歩き、四十九番東《とう》林《りん》庵《あん》への曲がり道と思われる消火栓に辿り着く。そう、ここにはなんの案内板もないのだが、冊子地図のとおりに消火栓がある。ほどなく遍路マークのシールがガードレールに貼ってあるのを発見。よし、間違っていないぞ。シールは五センチ四方にも満たない小ささなのだが、本当に心強い。何度助けられただろう。

東林庵には二時半になる前に着いた。暑さがピークに達していた。お茶を飲み、リュックを身体から引きはがし、菅笠や虫よけの網も腕カバーも首に巻いたタオルも取り払って座り込んだのだが、体内に湧きあがる熱気は去らない。出口を見つけられないまま、滞留している。息が上がってきた。なんだこれ。最後の急な登りがきつかったためだ。歩いている時にはわからないもので、止まった途端に湧き上がるようだ。

リュックを開けて保冷袋を取り出して氷水を飲み、中に入れていた保冷剤を両脇に挟み、さらに首元に当てた。小さな保冷剤をたくさん突っ込んできて大正解だ。少しずつ熱気が収まっていく。いやはや、保冷剤がなかったらこのまま倒れていたかも。

これからあと七つって、七つ⁇　いやあ、ちょっと難しいかな。とりあえずこれだけ汗をかいたのだから、塩分補給もしなければ。コンビニで買っていたのは、なぜか塩せんべい。なぜそれを選んだのか。ちゃんとクエン酸入り塩飴が売ってたのに。と自分に突っ込みを入れながら、塩せんべいを一袋平らげた。口の中がもそもそするのをお茶で潤す。

巡拝を済ませて出発。いったん県道に出てみると、県道に大きな標識がある。車での入り道だからなのだろう。歩きでの入り口は二百メートルほど後方にあるのだが、そちらには案内なし、だ。ま、同じ標識をつけるわけにもいかないんだろうけれど、小さな目印でいいから、あるとありがたいのだが。

県道に出たと思ったら、すぐにまた裏道に引っ込む。まあ、それでも県道に沿っての住宅と田畑が並ぶ路地なので、苦しい傾斜もない。十分ほどで五十番遊苦庵《ゆうくあん》に到着。ここはなんと、目の前が蓮田。隣が水田。白い蓮のつぼみが一輪、ポツリとあった。蓮のシーズンは七月だろうか。ぜひまた訪れてみたい。

木造の普通の家のような庵は、木の柵といい、時計のかかった正面入り口といい、昔の寺子屋のようなたたずまい。いや、寺子屋のことよく知らないけど。本堂の扉は開いていて、祀られている仏像も見える。その後ろに鍵のかかった金色の扉があるので、本当のご本尊はしまってあるのだろう。お花だけでなくお菓子や飲み物のお供えも多くて、にぎやかだ。里の中にあって、猿が荒らすこともないのだろうか。

巡拝を済ませて歩き出す。ここからは少し県道と離れていく。とはいえ県道に戻ろうと思えばいつでも戻れそうな距離感で、県道に並走する路地を歩く。五分も歩かないうちに、道の先にこんもりとした繁みが見えた。あれがきっと宝生院《ほうしょういん》の真柏に違いない。

五十四番宝生院の同じ敷地内に、五十一番宝幢坊《ほうどうぼう》、五十二番旧八幡宮がある。正直な心情を告白すれば、三つ一気に稼げる、だ。なんとか三時半になる前には辿り着き、三つ分の巡拝をして……。あと二つを回れるのだろうか。冊子地図のコピーを畳み、足を速めた。

宝生院の真柏は、以前にも見に来たことがあるのだが、その時には日が暮れていたためなのか、スケールがイマイチよくわからなかった。やっぱり樹齢千六百年、世界一と謳うだけあり、ド迫力であった。すごい。しかも根を傷めないためなのか、回廊のような通路を歩くことで、三つに分かれてうねるように広がる幹を間近に眺めることができる。

その真柏の真横に旧八幡宮がある。小さな神殿である。いや神殿と呼んでいいのかもよくわからない。八幡宮といえば神社のはずなのに、冊子地図には寺マークである卍がついているし。無量寿如来がご本尊だ。しかし悩む暇もなく、とにかく三つの巡拝を早くこなそうという気持ちが先行し、巡拝。宝幢坊も同じく、急いで巡拝。

そして宝生院の本堂へと移動。さすがに大きくて立派な本堂である。中に入ると、極彩色の天人たちが躍る欄間彫刻に釘付けになった。漆喰彩色なのだろうか。精緻というほどではない。造形はほどほどに粗い。たなびく羽衣も雲も優雅というよりは、のびやかでおおらか。天人たちの顔もなんとなく呑気な感じが、とても好ましい。

天井の植物画も見事だった。で、欄間と天井画に気を取られて、正面に祀られていた像の記憶が飛んでいるのだった。残る写真を見る限りでは、ご本尊である地蔵菩薩にも十一面観音にも見えない、怒り顔だが不動明王でもない誰か。

……まことに残念ながら、私の乏しい仏像の知識ではこのくらいしかわからない。鎌倉に住んでいた時に回ったお寺はほとんど疑問に思わずに済むくらい、看板書きがあった。

観光地化されているからなのか。

小豆島の八十八か所霊場は、おそらく集団で巡拝する場合には詳しい先達さんが教えてくださるのだろう。『小豆島八十八ヶ所霊場』に出てくるのはあくまでもご本尊であり、重要文化財で非公開のことも多く、実際に前に立つ仏像がそれとは限らない。むしろ無人のためもあり、ほとんど違うものが設置されて私を迎えてくださったのではないかと思うのだ。仏像が盗難に遭うこともあるのだから、致し方ないと言えよう。

とはいえ、だんだん回っているうちに、目の前のお方が何者なのかを知るために仏像の知識が欲しくなってしまったのも事実である。わかれば読経にも一段と心がこもるのではなかろうか。


さて、宝生院で納経も済ませたところでまだぎりぎり四時台である。これはあと二つ、最後までいけるんじゃないか⁇

宝生院を出て、路地を進んでゆく。気が付くと、こころなしか登り坂。あれ？　いやどうせ住宅地だしと何も考えずに歩けば歩くほど、なんだか高度が上がっている。ふと見ると、下に町が広がっていて、ドラッグストアのコスモスが見えるじゃないか！　そう、気が付くと山の中。なのに降りてすぐのところにはコスモス。都会の人にはわからないだろうから解説すれば、小豆島の中でコンビニやチェーンのスーパーやドラッグストアがある場所は開けたところなのである。コスモスがあるということは、すぐ先には家電量販店のケーズデンキもあるはず。島の中でも一番開けたところに近づきつつあると言うのに、山の中ってどういうことなんだ!?

軽いパニック状態になったのは、猪柵が出て来た時だ。柵の向こうは本格的な山だ。もう住宅街とは言えない。コスモスがすぐそばにあるのに。

正直に言えば、多聞寺に降りて来た瞬間、これでもう山とはお別れなのだと思い込んでいたのだ。しかしまさか最後に山道か。救いは大した距離ではないことだけ。竹林を抜けてあっという間に五十五番観音堂に到着した。ご本尊は馬頭観音で、昔から牛馬の安全を祈願するとのこと。巡拝を済ませて四時半。最後の五十六番行者堂《ぎょうじゃどう》までは冊子地図には○・三キロと書いてある。徒歩道のみ。しかし地図を眺めれば、なんだか険しそうな山道っぽい気がするんだよなあ。

さすがに山道を登る体力を温存していたとは言い難いが、なぜか思ったよりは疲れていない。行けるだろう。歩きはじめてすぐに「行者堂まであと五百メートル」という看板。ううう、冊子地図、鯖《さば》読んでるの？　まあええ。もうええ。歩くだけじゃ。山道を登りつめ、車道に出たと思ったらその道を登った先にお堂らしきものが見える。やっと到着！

と思ったら、行者堂の裏手には行者堂の大岩という磐座があるという看板。まだ登れと。

いや、総合的に見れば、今日一日の登りは、さほどキツィ登りでもない。けれどもとにかく山道から町に一度出て、さらにまた山の中に入るのに、脳が疲労し抵抗している。登り坂や足場の悪いゴロゴロ石などを、脳が受け付けてくれないのだ。

嫌がる心身を引っ張るのは、ただただこれが最後の札所なんだからという気持ちだけ。最後なんだし磐座も見とけよ、な？　と自分をなだめて一回り。かなり大きな磐座でございました。

行者堂に戻り、最後の巡拝を終わらせた。ご本尊は神変大菩薩。聞いたことないんですけど？　と検索したら、役《えん》の行者の別称とあって驚いた。山岳信仰の開祖だ。小豆島遍路に大変ふさわしいご本尊だ。八十八か所中ここだけがご本尊にしていた。

境内からの眺めは素晴らしい。かなり高台にあるらしく、ケーズデンキどころかその先にある海が見える。土庄の、いや小豆島で一番建物が密集した地域。そしてその奥に見えるのは、たぶん前島だ。

参拝記念にどうぞと、置いてあった特製護符に、打ち止めの札所と書いてあり、ようやく打ち止めの実感が少し湧いてきた。一応八十八か所、回ったんだよね。とはいえ今日はたくさん歩きすぎたのだろうか、どうもやっぱり実感が湧かない。

急な下りの山道を一気に降りて、人家が見えたと思ったそのすぐ先はもう赤穂屋の交差点だった。車でよく通る交差点であり、バス停もすぐそこだ。バスの時間を確認して、すぐ向かいにあるコンビニでアイスクリームを購入し、ベンチに座って食べた。美味いけど、達成感はあんまり湧かなかった。

家に戻り風呂に入り、はて？　となった。今日一日歩きながら、祈りながら、亡くなった友人のことも、自分が遭ったストーカー被害のことも、全く一度も脳裏に浮かばなかったことに気が付いたのだ。人と会うことも少なくてビクビクすることもなかった。

今日一日、何を祈っていたのかと言われても、よくわからない。空っぽ？　てこと？

こうしてほしいだとか、こうなりますようにだとか、これまで手を合わせるたびに、読経するたびにしつこく思い続けてきたものが、ない。

もちろんそれらの思いが消えたわけではない。悩みはそのまま残っているし、何も変わっていない。はずなのだが。

21 祈りの効用

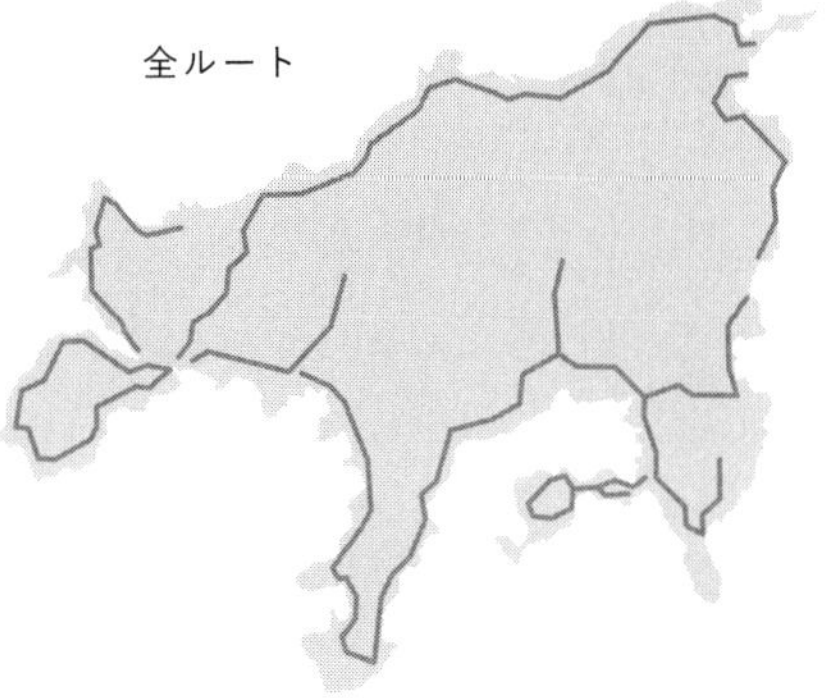

それにしても長かった。八十八か所回りきるのに、数えてみれば二年弱かかったのだが、その倍くらいの間はとりかかっていたような気がしてならない。そして歩き終えたという達成感はというと、どうなのだろう。あると言えばあるし、ないと言えば、ない。なんとも煮え切らない。

もしこれが一週間くらいに凝縮して、朝から晩まで体力の限界まで歩き詰めていたら、違っていたはず。達成感は確実にあっただろう。身体を追い込み、使い続けることで無駄な雑念も飛んでいく。身体的にはキツイけれど、心地よさにあふれる世界だ。

大学生の時に参加していた臨済宗円覚寺居士林の学生座禅会で、そうした感覚を何度も味わった。一週間弱の合宿形式で、基本的には修行僧が行う摂心と同じスケジュール。毎朝三時に起きて参禅、途中の食事や歩き方まで、曹洞宗ほど厳しくはないものの、決められた作法に則って動かねばならなかった。私語は厳禁。老師による講話や清掃、そして午睡を挟んで、一日六時間以上は座禅。線香が燃え尽きるのがおよそ三十分くらいだったろうか。その間は足を組み替えることはおろか、身動きすらできない。初参加は八月の座禅会だったので、蚊にも刺され放題。

円覚寺は鎌倉の有名な古刹であり、文学者とのゆかりも深く、好きな作家が居士林に参禅していたことを知って門をたたいただけの浮ついた大学一年生にとっては、地獄の責め苦のような一週間だった。

しかし、すべて終わり山門をくぐった時の達成感、身体が浮き上がるような爽快感は、今もはっきりと覚えている。格別の自己肯定感があった。だからこそ、春も秋もそして社会人で運営する土日座禅会にもと、のめり込むように参加したのだった。祈りや信仰、読経に対しての疑問も警戒心も何もなかった。

巡拝で般若心経を唱えるたびに、学生時の参禅体験を思い出していた。今から三十年も前のことだ。ふと気になって調べてみたら、二泊三日と多少短めなスケジュールになってはいたけれど、現在も続いていた。

もし大学生が、泊まりがけで小豆島の歩き遍路に挑戦したらどんな感じだろう。景色が変わるので座禅よりは苦痛ではないものの、歩き続けるので体力の消耗は激しい。けれど座禅と同じように、これまでの学生生活では味わえない達成感を得られるのではないか。

そう考えていた矢先に、島内で「教育と遍路」という講演が開かれた。主催者は慈空さん。講師は人間塾・塾長の仲野好重先生。仲野先生は大学生対象の給付型奨学金を支給したり、さまざまな教育支援を行う中で、小豆島遍路を研修として取り入れているのだそうだ。

仲野先生が学生たちと面談していて感じるのは、学業は優秀にもかかわらず、彼らは自己評価がおしなべて低いことなんだそうで。自分に自信がない。そんな学生たちの悩みを解決するために、彼らの自尊心を回復させるためには、話して聞かせるだけでなく、何か体験させたいと考え、二〇一一年に小豆島遍路をはじめたという。四泊五日でおよそ半分を回り、二年連続で参加すると結願となる。以来九年間、奨学生たちを小豆島に送り込んできた。もちろんベテランの先達さんがつき、宿からの送迎バスもつくのだから、至れり尽くせりの恵まれた遍路ではあるのだけれど、その分歩きに専念できるスケジュールのため、ハードになるとも言える。

歩き遍路体験を終えると学生は何を思うのかというと、やっぱり考えていたとおり、達成感を得て自尊心を高めることができるんだそうだ。そうだろうなあ。よくわかる。

しかし体験や経験というならば、宗教から離れた別の運動でもいいのではないか。信仰心が定まっていなかったり、別の宗教の信者かもしれなかったりする学生たちを参加させても良いのか、と思う人もいないだろうか。

学生時に参禅した自分の体験から思うに、頭を下げて祈ることや、般若心経を唱えることには、信仰の有無にかかわらず心に響く何かがあるのも事実だ。それがその人の信仰につながらない場合もあるかもしれない。私だって三十年間信仰を持たずに生きてきたけれども、般若心経を唱える体験が若いうちにできたことは、やっぱり良かったと思っている。

自分の歩き遍路に話を戻す。平均五時間前後。体力的にはふくらはぎが張る程度の軽負担。足にマメができたこともない。出かける前と帰宅後には仕事の締め切りは当然として、ヤギ舎の掃除や草刈り、ヤギの世話などのルーティンワークがあったため、非日常世界に倒れるまで没頭するというわけにはいかなかった。

いやしかし、多忙の合間、という意味では本当によく歩き切れたと思う。女子へんろに参加した二〇一六年十二月は、ヤギのまさおと茶太郎をやむなく引き取ってきて二か月ほど経った頃。茶太郎は、最初に飼った雌ヤギのカヨが産み里子に出した雄ヤギなので、出戻ってくるのは仕方ないとして、なぜかその時まさおも一緒についてきてしまった。ヤギ舎も廃墟となったビニールハウスを借りたばかりで、整備の真っ最中。

それから茶太郎とカヨの母子交配が続き、子ヤギが生まれるたびに乳を搾り、カラスやタヌキなどの襲撃から守ってやる関係上、産屋の壁と天井を網で覆わなければならないなどなど世話に追われ続けていた。

また一方で、二〇一七年前半には被害を受けていたストーカーの再逮捕があり、取り調べのために何度も高松地方検察庁に通い、裁判もあった。有罪判決となり懲役刑となってから二か月ほどは、燃え尽きた灰状態となっていた。その間どうやってヤギの世話や仕事をしていたのかもよく覚えていない。

被害に苦しめられていた時期に、ストーキングが依存性の精神疾患であることを知り、逮捕にこぎつけた暁には加害者を起訴すると同時に治療もさせたいと意気込んでいたのに、起訴するならば治療させることは事実上あきらめねばならなかったのだった。司法がストーカーに治療命令を出すことはできない。不起訴にして示談条件に治療をつけることならできると言われたのだが、それでは意味がない。犯した罪は、罪として裁かれてほしい。

現行法ではかなわぬこととわかっていながら声を上げつづけてみたのであるが、見事に相手にされなかった。失望感、無力感に打ちのめされていた。これでは出所してからまた復讐しにやって来るかもしれない。

そんなどうにもならない気持ちを抱えてこその、二〇一七年秋、遍路スタート。張り切って回るはずだった。しかし私は、被害者である自分のどうにもならなさを少々舐めていたのではないかとも思う。

遍路道は集落の中を通らねばならないのだが、地域の人＝知らない人と会うのが、挨拶をするのが、怖い。いや、怖くてどうしようもないというわけではない。ちゃんと挨拶もできる。話もできる。できるのだが、怖いのだ。

特に男性が怖い。何も悪いことをしているわけでもないし、きちんと遍路の格好をしているので怪しまれることもないにもかかわらず、怖い。非難されるのではないか、突然怒鳴られるのではないかと、びくびくしてしまう。

特に軽トラックを停める場所に公的な駐車場がない時には、気を遣った。「へんろ中」という張り紙をしておけば大丈夫と教わったのだが、それでも怒られるのではないかと過剰に気になって仕方がなかった。

あまりにも人に会うのが、知らない道を歩くのがしんどくて、どうしても身体が動かず、一か所だけ巡拝して帰ってきた時もある。また、親切に話しかけていただくと、それはそれで現住所を聞かれるのが辛かった。小豆島に住んでいると言うと、けげんな顔をされるだけで、しんどい。特にストーカー体験を週刊誌で連載していた時期には自意識過剰となってしまっていた。とりわけ集落の路地を歩く時には、標識も少なく迷いがちであることと、住民の方とすれ違うことの二つが重なり、風情のある路地も、無邪気にカメラレンズを向ける気になれなかった。

親切で話しかけてくださったり、道を教えてくださったりした方もいらしたし、札所でもなく通りがかりに飲み物やお菓子をくださった方もいた。そういった親切をありがたく頂戴する時も、どこかで心を閉ざしている自分を意識せざるを得ずで、申し訳なかった。

山の中を歩いている時が、とにかく気楽で楽しかった。身体がどんなに辛くても、猪に崩されて道がなくなっていようとも、標識が多くて道に迷うことはまずなく、そして人に会うこともない。滑り落ちたり転んで岩に頭をぶつけたりしても誰も助けに来てくれないだろうという不安はあったけれど、人に会う怖さに比べたらましだった。そういえば、山道を歩いていて誰かに会ったことは、とうとう一度もなかった。

この対人恐怖は、二年間の遍路の間で少しずつ、本当に少しずつ薄皮を剥がすように消えてきた。なかなかゼロにはならないだろうけれど、時間をかけて克服していくしかないものと思えるようになった。

生きていると、自分の力ではどうにもならないことが少なからず起きる。少なからずどころか、山をなすほど遭ってきた。やっかいなことに、自分の処世やかじ取りを間違えたがゆえに陥っていることと不可分だったりもする。

どこからが自分のせいで、どこからがそうではないのかも、判然としない。台風災害だって浸水しやすい地域に住んだお前が悪いと言われてしまう世の中だ。全部お前が悪いんだと言われれば、ハイそうですねと言うしかないのかと思っていた。けれど、ストーカー被害に遭ってからは居直った。どうにもならないものを社会が放置するのは間違っていると、はっきり言えるようにはなった。

大学一年生の夏、円覚寺居士林で参禅した時の自分にも、悩みはたくさんあった。けれどもどうにもならなさを抱えるにはまるで至っていなかったように思う。今同じように数日宿泊して、座禅でも歩き遍路でもいいのだが、心身を追い込んで祈る行為に没頭したとしたら、当時と同じような達成感を得られるだろうか。爽快感は味わえるだろうし、達成感も、二年かけてのボチボチへんろよりはあるとは思う。けれど、どうだろう。同じような無邪気な達成感、全能感は、やはりもう得られないのではないか。

どうにもならないからこそ、祈るしかない。

祈りとは、絶望から生まれるものなのだと書物や映画から知り、はてさて自分が文字通りどうにもならない状況になってみて、じゃあ祈ってみようかとなったのであるが、私はどうにもならない自分をすべてなげうって祈ることがきちんとできたのか。

非常に疑わしい。

「すべてなげうつ」なんて、文字で打てば簡単だけど、どうしたらいいというのか。簡単にできないからこそ、五体投地があるんだな。ヨガの太陽礼拝だったら毎朝やっているんだから、今思えば各札所でやればよかったな。動作として私の身体に沁みついた祈りの方法ではある。

わからないままに、どうスタンスをとれば良いのか迷いながら光明真言を唱え、般若心経を唱え、歩いて、歩いて、それでも祈ることができている気がしないまま、私はストーカー事件の真の終結（加害者の執着が消えること）と、癌になった友人が寛解に向かうように、病が悪化・進行してからは少しでも長く、痛くなく生きてくださるよう、念じてきた。友人が亡くなってからは、気持ちがまとまらないまま、安寧を。

前回書いたように、遍路の最終日、それまでずっと手を合わせれば湧いてきたこの二つの思念が、出てこなかった。それにも気づかずに最後の札所での礼拝を終えて家に帰る途中で、あれ？　となった。

今思えば、その前の遍路で西ノ瀧のご住職の前でわあわあ泣いて、岩山の棒にしがみついた時に、落としてきたのだ。その時は、それとわからず、気づかずに。

これが「祈る」ということなのか、確信はできない。今も彼女が亡くなったのは寂しいし、ストーカーへの恐怖と怒りは消えない。悩みや悲しみは変わらない。けれども、たぶん私はあきらめ、受け入れたのだ。恐怖や悲しみをぎゅっと抱えて、祈ろう祈ろうなんとか解決してやろうと念じながら歩き続けることをあきらめて、それはそれとしてあることを、恐怖も悲しみもどうにもならないことを、認めたのだ。そういえば高群逸枝も、大悟とはあきらめることと書いていた。

だから手を合わせても、なんにも出てこなかったのだ。静かで、からっぽのまま、瀬戸内の海のような南無大師遍照金剛。想像したような爽快さも喜びもなく、ただただ虚しい？　いや虚しさすらなく、なんの感想も湧かないというのが正直なところ。

大学生の時の参禅体験のような達成感も、高揚感も、自己肯定感もない。対人恐怖もきれいに消えたわけではない。けれど遍路を終えたことで、何かが落ちていった。

円覚寺居士林には、大学二年生時まで通った。一般参禅者と学生の指導を担当していた僧侶は、ことあるごとに学生たちに「はやく娑婆に出ていきなさい」と言っていた。「ここが逃げ場所になってはいけない」とも。それくらい参禅で得られた達成感や自己肯定感は甘美であり、度を越して通いつめれば、面倒事の多い会社や学校からの逃避場所にも容易になりうる。

社会人になってからは、オウム真理教による地下鉄サリン事件もあり、逃げ場所をつくってはいけないと必死になって頑張ってみたり、へこんでみたりしながらも、居士林に戻ることはなかった。「逃げ場所にするな」と名指しで言われたわけでもないのだが、実は誰よりも逃げ場所にしかねないと自己分析していたのだろう。

ただ今改めて思うのは、大人にも社会や共同体からの一時休憩の逃避場所は必要で、それが座禅でも遍路でも一向にかまわないのではないだろうか。戻る場所なく逃げ続けなければならない人だっているかもしれない。遍路しつづける人がいても、いい。

遍路をはじめるまでは、手書きの標識など全く気にも留めなかった。山の入り口に手書きの赤い文字と指さしマークがあるのを見ても「昔の道で今は使われてないのだろう」くらいに思っていた。まさか今も現役で、道中あれほどまでに頼りにすることになるとはつゆ知らず。それが歩き終えたとたんに、赤い手書きの線が血管のごとく島の中を巡り、つながって見えるようになった。まるでひとつの生命体のように。これにはちょっと驚いた。海辺から山を眺めても、今までだったら「あーあそこにぽちっと見えるお堂、札所らしいね」で終わったのが、今ではその霊場への険しい山道が見える。

もりもりとうねる山肌の中に埋め込まれた歩き遍路道が、経脈のごとく島中に張り巡らされていることを足で知ることは、自己肯定感とは違う種類の肯定感を持つことにつながった。それは土地への自信だ。

住んで何年経ったところで、小豆島を知ったという気にはなれないし、集落の名前も全部は覚えきれないだろう。けれど、遍路道を踏破し、点と点だった集落が連なりをもって把握できたことで、この土地に住みつくことへの不安を少しばかり薄めることになったのではないかと思う。島の人と話をしていて集落の名前が出ても、首を傾げずに「ああ、あそこですか」とあたりが付くようになった。ほんのちっぽけな自信であるが、文字通り右も左もわからない土地で、しかも小豆島町と土庄町の二つの自治体にまたがるこの歩き遍路道を足で知っていることは、私にとっては大きな収穫となった。

小豆島の外からやって来る人にとっての小豆島遍路の魅力は、なんといっても、小さい島にギュッと詰まった多様なる絶景に尽きる。絶景の宝石箱と言っても過言ではない（どこかのグルメリポーターみたいだが）。岩と一口に言ったって、峻厳なる絶壁からまるっこいものまで、いろんな種類の岩肌がある。海は海で東西南北で青みが変わり、かわいらしい島がボチボチと点在しているものだから、入り江ごと、集落ごとに全然違う絶景があるのだ。歩いていて景色が単調で退屈する、ということはほぼない。札所から札所までの距離もとても短く、一日にいくつも回ることができるので達成感も得やすいはず。

そして何度も書いたように、山の上のほうに点在する岩窟系寺院群。これは本当に、トルコのカッパドキアやエチオピアのラリベラに匹敵するほど素晴らしい。素晴らしいわりには知られていないのが本当に残念でならない。せめて各港に寒霞渓の紅葉だけでなく、この岩窟系寺院の巨大ポスターでも貼ればいいのにと思う。どこもまさしく「霊場」と呼ぶにふさわしい、威容を誇っている。

私自身はこの三年ほど予知夢や生き霊（?）を見ることが続いて、なんだろう、もしやこれはそろそろスピリチュアルな世界に呼ばれて越境するのか?? と少しばかり期待していたのであるが、これだけ強力な霊場たちを巡り歩き祈り倒してみても、龍神がバーンと降りて来るとか、不動明王の火焔が額に張り付くだとか、そんな劇的な変化はまるでなかった。気が付いたら執着を少しばかり落としてくださってた、ありがとうございます!! という、わりと素朴なご利益であった。それはそれで、私としてはとても満足しているし、八十八か所すべての札所に深く感謝している。

また近いうちに、小豆島八十八か所遍路道を歩いてみたい。次は草刈り鎌と折りたたみのこぎりも持って、自分が歩き切ることよりも、他のお遍路さんたちのために、道の整備をしながら歩いてみたい。草刈りと藪かきは得意なので、少しは恩返しができるのではないかと思う。

22 恩返しの「てくてくへんろ」

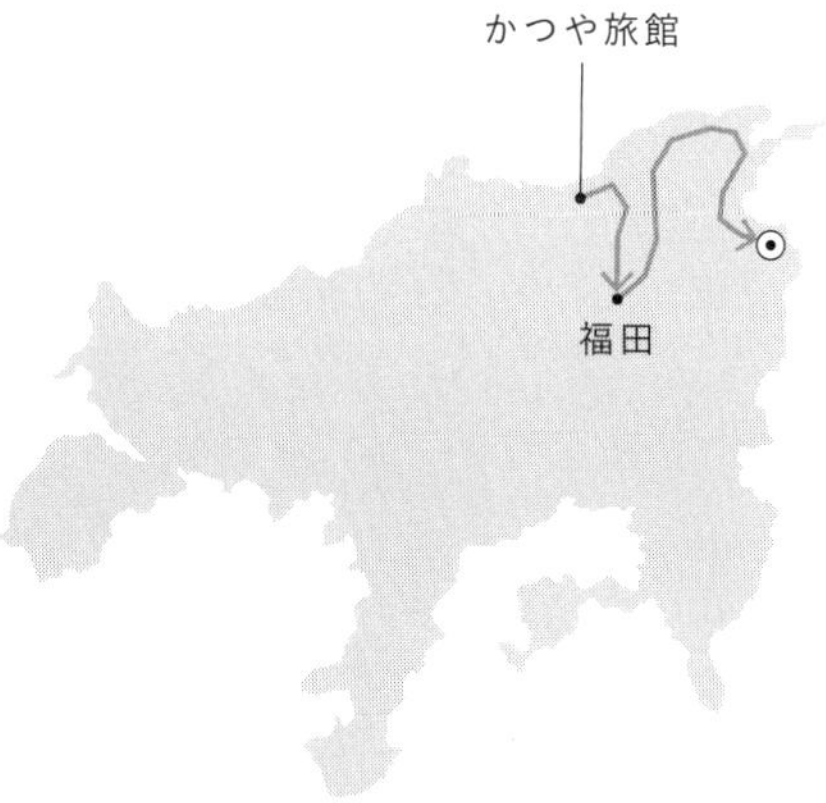

近いうちにまた歩き遍路をしてみたい。

などと言ってみたけれど、まさかその直後に本当に歩くことになるとは思わなかった。

小部まで軽トラを走らせながら、ちょっと憂鬱な気持ちになる。果たして最後まで歩けるだろうか。途中で棄権離脱するなら、八十二番吉田庵だよなあ。あそこなら、バス停に出て車を停めているところまで帰ることができる。

今回はたまたま慈空さんが主宰する「てくてくへんろ」が十一月に開催されるため、ご一緒させていただくことになったのだった。多くのスタッフが関わっていた「女子へんろ」の時とは打って変わり、少ない人数で、参加者へのおもてなしも最低限にしてシンプルに歩くスタイルにするそうだ。

コースは、八十一番恵門ノ瀧を登って降りて、吉田ダムまで長い山道を歩き、八十三番福田庵に抜ける。峠を三つ越えるようなものだ。これ全部一日で回るのはかなりキツイと思う。

恵門ノ瀧は距離的にはそれほどでもないが、急峻な山道を登っていかねばならない。くたくたになる。しかも吉田ダムまで山道を歩いてからいったん里に下りるのに、また福田への峠を越えるのは、かなり辛かった。私は恵門ノ瀧までで一日、吉田から福田まででもう一日と、二日に分けて歩いたところだ。むしろ三日に分けてもいいコースだったんじゃないかとすら思う。しかし今回は歩き終えた地点にお迎えの車が来てくださるので、楽と言えば楽なのかもしれない。

あんまり得意でないグループ遍路に再び参加してみようと思ったのは、このコースに起因していた。長いのは大変憂鬱で体力に自信がないのだけど、恵門ノ瀧の登り道は、島内で一番不燃ごみが多かった。どうしてなのかわからないのだが、茶碗や瓶の欠片も多かったのだ。しかも、なぜか道の上にだけ落ちているように見えた。転んで手をついたら危ないと思い、できるだけ脇に投げてきたけれど、とても全部はできなかった。

それから吉田ダムへの山道と福田の峠は、一番倒木や石が道を邪魔していることが多かった。これもまた、歩きついでに蹴落としたりしてきたけれど、どうせまた猪が穿り返したりしてめちゃくちゃになっているだろう。

そう、遍路道の中でも私が一番後ろ髪を引かれた部分なのだ。結願した後に慈空さんにお目にかかり、感想を聞かれた時に、「また八十八か所を歩くのもいいですけれど、道の整備などのお手伝いができれば……」と申し上げたら、「実は今回のてくてくへんろ、鋏《はさみ》を持って歩くんです」とのこと。さらにコースを知って、それならぜひ私も参加させてくださいと相成ったのだった。

コースの長さは不安だけど、自分の歩き遍路を振り返りながら、道の整備のお手伝いもできる。のこぎりと植木鋏ならば常に軽トラに置いてあるし、枝切りはヤギの餌を確保するためにしょっちゅうやっているので慣れている。

私がこの島の中を巡る道に出合うことができたのは、先人たちが指標を付け、遍路道を整備してきたからである。もちろんお堂の清掃整備なども含まれる。近隣住民のどなたかだったり、もしくはお寺の関係者の方だったり、いろいろだろう。たくさんの人たちの手で遍路道が維持されてきたのだ。感謝しかない。

ただし高齢化と人口減に加えて、猪の生息数の増加も手伝い、保全がところどころ追いつかなくなってきている？　というのが、道を実際に歩いてみた感触だった。微々たる力かもしれないが、自分も遍路道を維持するためのお手伝いがしたい。

遍路道の手入れなんて勝手にやればいいのではないか、というご意見もあるかもしれないけれど、田舎で「勝手に」はご法度。遍路道の手入れをしている人が一体どなたなのかわからない状態で、勝手に草刈りした時に「代わりにやってくれて助かる」と快く受け取ってくださるとは限らないのだった。「いやあ、喜んでくれると思いますけどねえ。まあ近隣のお寺に断りを入れるほうが良いでしょう」と慈空さんは言うけれど。

とりあえず今回のてくてくへんろに参加して、歩きながら気になっていた場所の整備ができたら嬉しい。それと該当の場所を歩いてから一年経過して、その間に道の状態がどれくらい変わるのか、それとも変わらないのかも知りたい。距離の長さについていけなかったら、途中で棄権しよう。

集合場所であるかつや旅館には、女性二人男性二人の参加者がいらした。二十代から四十代くらいだろうか。いずれも島民。自己紹介を終えてすぐに歩きはじめた。

同じ道を二度歩くのは、前島に続いて二回目だけど、これがまた面白いくらい道を忘れている。ええ？　こんな道だったか⁇　と思っていたら、突如見覚えのある鶏小屋が出てきて、違う道を歩いてきたことが判明。山への道は何本もあり、坂を上って山に近づいていくうちに統合されるのだ。ああびっくりした。このあたりに標識はない。その後山入りする直前では、私がひとりで歩いた時と同じところで迷った。少し離れたところに立つ石標を見つけて、すぐに事なきを得たが。

　なるほど、何度も来ている慈空さんでさえ道を完全には覚えていない。しかも迷いやすいポイントは、私と共通していた。

　山道に入って、少し驚いた。昨年秋に来た時と比べて落ちているどんぐりの量がとても少なかったり、紅葉の色が違ったり。秋なら毎年同じものが見られるというわけではないのだった。私がひとりで歩いた遍路道は、毒気を感じるくらいにもっと色とりどりだった。景色のすべてが一期一会なのだ。

　それと、たくさん付いていたはずの遍路道の指標がほとんど落ちてしまっている。セルロイドのような白い板に赤く「遍路道」と書いてある札なのだが、穴からヒビが入って落ちてしまっていた。木の枝などに針金で括りつけられていたのだが。

　たった一年でこんなに傷んでしまうものなのかと、仰天した。ひょっとして私が道すがらに見てきた指標の数々は、何年も前に、もしかして十年くらい前に付けられたのかと思っていたけれど、とんでもない。ひそかに毎年歩きながら指標を取り付けて回っている人がいるのかもしれない。いや絶対いるでしょう、これ。

　ええ、知らなかった。うわあ、でも取り付けた人はお遍路さんだという以外、どこのだれなのかもよくわからないってのが、なんだかおもしろい。指標にグループ名を書いているところもあるけれど。

急峻な山道の後半になると、茶碗の欠片が増えてきたはずなのだが、これも去年に比べれば、少なくなっていた。私が道の脇に投げたように、他の歩き遍路の方々も投げたり拾ったりしたのだろうか。それでもやっぱりごみは多い。

拾い集めているうちに、持ってきたビニール袋はすぐに一杯になった。瓶の欠片がメインなので結構ずっしりと重い。じつはこのほかにどんぐりも拾っていたので、ずっしりさは二倍。知っている道だからできるとはいえ、これからずっと持ち歩くのかと思うと、辛い。

誰かの手によって遍路道の安全が保たれていることをしみじみ感じる

ごみ拾いだけではない。枝払いも微力ながら実行していた。先頭の慈空さんともうひとりの若い男子が、よく切れる鋏でほとんどの枝をチョキチョキしていくので、私の出る幕はそれほどなかったのだが、一応道にはみ出てきている枝にチョイチョイ鋏を入れた。

「よく切れる鋏ですねえ」と同行の女性に感心されたが、いやいや、慈空さんの持っているのに比べたら。私の場合はそもそも手と腕の力が足りないので、重い道具を持ち歩くよりは軽くて少ない力でそこそこ太い枝を切ることができる設計の鋏（たいていは女性用と銘打ってある）を選ぶしかないのだった。それが一番身体を痛めない。二年間、手首と肘を痛めながらヤギの餌とりをしていて得た教訓だ。

　そもそもこの手の道具類のほとんどが男性の身体に合わせてできているのがおかしいと、最近ようやくメーカーも気づいたのだろう。軽いもの、力が少なくて済むもの、電動補助付き、などなどさまざまな道具が出はじめている。それはつまり、男性だけの労働力を当てにしていては山の手入れも立ち行かない時代が来ているということなのだ。獣害対策を調べていても、担い手がおばあさんたちであるところも出てきている。

　しかし、だ。こうして慈空さんたちが目の前で枝打ちしているのを見れば、力の差は歴然としており、処理能力の違いも大きい。頼む男性がひとりもいないという状態にならないかぎり、女性である私が道整備の当てにされることはないだろうということがよくわかる。実際に吉田ダムの下りでは、直径七十センチ近い大木が道を塞ぐように倒れており、こうなると男手で早急にとなってしまう。

　一度に処理できる量が少なくても、繰り返し続けていけば、どんな藪もかたづいていくことを、私はヤギの餌とりの経験から知っているのだけれど。力のある男性からすれば、歯がゆいというか、意味のない行為にしか映らない可能性もあるということだ。

自分が住む地域の近所のお寺に遍路道の手入れをしたいと言う時には、どう切り出したらいいのか、よく考えないとダメだろうなあ。

枝打ちしながらとはいえ、恵門ノ瀧には順調に、思ったよりも早めに到着した。意外だった。この分なら、明るいうちに最後まで歩き切ることもできるかもしれない。

しかし。こちらのご住職はとても話し好きな方なのだった。私はたまたま前回財布を忘れるという大ポカをやらかしたために、話しかけたそうなご住職の視線を躱《かわ》すように、伏し目がちに素早く巡拝してそそくさと本堂を後にしたのだった。うう、ごめんなさい、あの時は。と心の中で呟く。嬉しそうにご住職は話し続けている。

今回は慈空さんと一緒なので、護摩焚きをお願いするだろうと思っていたら、やっぱりすることとなった。そういえばひとりで回っている時には、どこの札所でも護摩焚きをお願いする気にはなれなかった。なぜならば、ひとりだから。木札を一枚だけ焚いてもらうのがなんだか申し訳ないという気持ちのほうが先に立ってしまったのだ。

しかし間違っていた。焚いてもらいたければ、ひとりで何枚も書いていいらしい。慈空さんが護摩木をがつっと五枚くらい掴んで、家族全員の名前を書いている。そうか自分だけではなくて、だれか他の人の名前と年齢を書いてもいいんだ!!　これなら一枚だけ焚いてもらうことの寂しさや、少額で祈禱させてしまう申し訳なさもなくなる。そうだったのか。出費はちょっとかさむけれど、今度はぜひ家族や知人の分も書いてみよう。
しかし、護摩焚きの準備とご住職のお話とで時間は刻々と過ぎてゆく。名残惜しそうに見送りに出てきてくださったご住職に、門前に置いておいた、道中で拾った不燃ごみの袋を託すと、神妙に受け取ってくださった。それから急ぎ足で下山したものの、里まで降りて来たらほぼ昼となっていた。うわあああ、いつのまに。慈空さんもあわてて昼食の手配時間を遅らせる電話を入れている。大変だよなあ。

焦り気味に集落を通り、吉田ダムを目指してまた登り始める。「恵門ノ瀧から山続きに吉田ダムまで行く道はないんですか」と慈空さんに尋ねたのだが、ないらしい。尾根沿いに行けたら気分的にも楽なんだけどなあ。

グループ遍路の楽さは、道に迷う心配がないことだが、それでも初めて歩く道は「あとどれくらい」かが気になる。特に吉田ダムまでの距離はとても長く、「峠まであと一キロ」みたいな数字の指標がとてもありがたいようで、みんなで読みあげて唸っている。そう、恵門ノ瀧を登って降りて、明らかに全員の脚力が落ちてきた。

私はといえば、ありがたいことに初めての時ほど指標を当てにしなくても済むようになった。一度歩いている経験ってすごいなと思う。ここまで違うのか、とも。慈空さんの案内がついているからというのも大きいのだが。疲れのために目的地まであとどれくらいか

護摩焚きの時はいつも心が静かになる（筆者左端）

知りたくて、標識を探しまくることは少なかった。もちろん私の身体も疲れている。前回歩いた時よりも、恵門ノ瀧を歩いてきた分、相当疲れている。今日のほうが絶対に身体を酷使している。

けれども不安は断然少ない。経験から大まかにこれくらいとわかっているだけで、楽に歩くことができる。私の歩き遍路での疲れの大半が、未知の道への不安と緊張に起因していたということが、だんだんとわかってきた。

吉田ダムに到着してからも、昼食をとるポイントまでダムの周りを地味に歩き続けねばならないのだが、ダムの水が見えたとたんに気力が尽きたらしく、ダムに着いてから昼食休憩までの道が一番辛かったという方もいらした。わかる。「ここからまだ結構ありますよ」とか教えてあげればよかった。福田の峠がいかにきついかはお話ししたんだけど。着いた、とか、これでもうきつい登りはおしまいだとかいったん思い込んでしまうと、再びがんばる力を呼び戻すのが難しくなるのだ。

昼食休憩ポイントに到着したのが二時過ぎ。慈空さんの奥方である幸絵さんが、お弁当とインスタント味噌汁を持ってきてくださった。苗羽のお弁当屋さんのものらしいのだが、ものすごく美味かった。夢中でむさぼった。しょっぱくて温かい味噌汁が沁みる。

寝っ転がったら二度と起きられないような気がしたが、身体を横にしたかった。そしてしばらくして起き上がる頃には、我ながら驚いたことに、まだなんとか福田の峠は越せる体力が残っていることを確信できた。

吉田キャンプ場の事務所で飲み物を補充し、トイレにも行き、八十二番吉田庵を巡拝。集落や墓地と切り離されたようにポツンと立つ珍しい庵であると、慈空さんは力説する。「地の果て」感はここが一番と。たしかにそうなのだが、私にはこの庵からは、どういうわけかとてもにぎやかで温かな空気を感じてしまうのだった。どこがどうと説明できないのだが。

こうして無事に全員脱落することもなく、かなりハイペースなまま福田の峠を登った。もうすでに、足は高く上げようにも上がらない状態になっていて、上げられた分だけでも踏み込み、登れ、といった感じで、なんとかかんとか峠まで上がることができた。下りは惰性で。しかし福田の峠の下りは石がぐらぐらしているところも多く、金属パイプの手すりの存在が非常にありがたかった。

この手すりも、島内の先達の方たちがこしらえてくださっているそうだ。さび止めもきちんと塗ってある。まず道のカーブに沿ってパイプを曲げる技術とか、どんな道具を運び込んで作るのか、打ち込むのか想像もつかないが、この手すりの作り方も誰かが教わっておかないと、ダメだよなあ。保存の道は険しい。

峠を無事に降りて福田の集落に入った時も、まだ十分明るかった。すごいハイペースだった。無事に福田庵、雲海寺、本地堂を巡拝して一息ついたところに、お迎えの車がやってきた。素晴らしいタイミング。身体が冷える間もなく車に乗り込める幸せを噛みしめた。

シミジミと実感する。やっぱりひとりの歩き遍路は、大変だったのだと。半日遍路ゆえ、一日の移動距離は短かったけれど、疲れ自体はひとりの遍路の時のほうが大きい。知らない道を歩く不安であるとか、バスの時間であるとか、始点に停めた車が迷惑をかけていないかだとかの、いかに気苦労が大きかったのかがわかる。ちなみに、駐車が原因でのトラブルは一度もなかった。

植木鋏で枝打ちをしながら進んで行く。道中のすべてに感謝

こうしてグループで歩いてみると「よくひとりで歩き切ったな」と、あらためて達成感が湧いてきた。ひとりで歩くのは大変だし、送迎も頼まなかったので帰りも大変ではあった。けれど、目指す庵やお寺に辿り着いた時の喜びはと言えば、比べ物にならないくらい、ひとりのほうが大きいのだった。いや、でも、同行の方々と分かち合う喜びはひとりでは味わえないか。どっちを取るのか、どっちが向いているのかは人それぞれ、だ。

とりあえず少なくともこの遍路は、私のような方向音痴でも、スマホの力は大いに借りたが、なんとかひとりで歩き切ることはできるという証明にはなっただろう。

今回はじめて遍路に参加された男性は、移住されてきたばかりだそうで、福田の峠の途中、「見晴らしの良いところから山肌を見ながらこの山を歩いて来たんですよね、なんだか山を見る目が変わります」と感慨深げにおっしゃっていた。そうなんですよ、それ。それなんですよ。私は嬉しくなって何度もうなずいてしまった。

一度歩いて一周してしまうと、遍路とはすなわち歩き遍路なりで、お寺やお堂だけを維持保全すればよいとは全く思えなくなる。歩き道もすべて含めたもの、島そのものが、小豆島八十八か所霊場なのだ。それには少しでも、歩き遍路を増やしたい。歩くことが一番の道の保全になるはずだから。そのためには何ができるのか、ゆっくり考えていきたい。

おわりに

　都会に住んでいた頃は、海外を旅することばかり考えていた。次はいつ行こうか、どこに行こうか。何をしようか。キャリーケースを引きずり、成田空港で世界各国の航空会社のカウンターがずらりと並ぶところに立つと、どこにでも飛んで行けそうな気がして武者震いしたものだ。

　小豆島に引っ越してから一度も出国せずに、今年で六年目を迎えている。気が付いたらパスポートの有効期限も切れていた。自分でも驚くくらい、遠くに旅したいという気持ちが湧いてこなくなった。

　今年の春からはｃｏｖｉｄ-19の世界的流行で、人類全体に移動制限がかけられるという大変深刻な事態に陥っているのであるが、私自身の移動欲に限って言うと、さほど困っていないのだった。十年前の自分だったら今頃あああもういいかげん日本語で会話するの飽きた!!　どこか遠くに行きたい!!　とブチ切れているのではないかと思うのだが。

　そんなに小豆島での暮らしが居心地よいのかと問われると、首を横に振りはしないけれど、斜めに傾けてしまう。もちろんヤギや猪と暮らすこともできたし、楽しいこともたくさんあるのだけれど、引っ越す前から予想していた通り、よそ者としての肩身の狭さもあるし、面倒なトラブルだってある。不便さもある。手放しで田舎暮らしを礼賛する気にはなれない。

ただし、景色だけは別だ。海も山もどこもかしこも絶景だらけなのだ。しかもちょこまかと変化する。

小豆島の遍路道は、島の絶景を数珠つなぎにしたようなものだ。歩いていて退屈な景色はほとんどないと言っていいくらい、変化に富んだ景色を楽しむことができる。そして目に見えない霊的なものから逃げ回っておいて最後の最後にこんなことを書くのは恐縮なのだが、「霊場」と呼ぶのにふさわしい気を湛えている。

先日、友人のエッセイスト宮田珠己氏が島にやってきたので軽トラで四十二番西ノ瀧寺を案内したところ、明らかに下界と異なる空気を感じた。歩き遍路していたときには、全然気付けなかった。

ちょっとだけ異界に近いところに来ているような、しゅっと身が締まる感覚。あれ、この感じ。歩き遍路をしている間に、いつのまにか通奏低音のように身についている!? どうして今まで気が付かなかったのだろう。遍路をしていないときにも海岸線を辺地している心地を僅かに感じ続けていることを。

こういうことを文章にしたことがないので、うまく説明できているのか自信がない。今も遍路が終わったという感覚はなくて、これからもずっと歩き続けていくのが当然のように思っている。そして実際に歩かなくても、心のどこかでは歩き続けている。信仰も祈りの意味もいまだわからず受け入れたとも言えないままなのに。何回も何回も遍路を重ねる人たちも、そんな心地でずっと歩きつづけるのだろうか。

ところで、結願してから大林慈空さんと何度か車で回り、不確かだった歩き遍路道を教えていただいた。私が方向音痴であることも大きく付与しているけれど、全ルートの三割くらいは本来とは違う道を歩いたと思われる。迷ったり間違えやすいところなどをまとめようかと思いかけたが膨大すぎたのと、冊子地図と霊場会のホームページを見ればひとりでも間違えずに歩ける人もいると思い、やめた。番号に関係なく巡拝しても良いのであれば、ルートは唯一無二とはならないことも大きい。私よりも若く聡明にして何度も歩いている慈空さんですら時々道を間違えているのを見ていると、私が正確なルートを把握するのにこだわると、一生本を出版できなくなってしまうとも思った。

冊子地図を頼りにひとりで歩き回るよりは、きちんと指導してもらいながら正確な道を歩きたいという方は、小豆島霊場会に連絡をとれば、先達さんを紹介していただける（有料）。

ともあれ、常光寺の大林慈空さんには礼拝手ほどきから本文イラストまで何から何までお世話になりっぱなしであった。一生頭があがらない。本当にありがとうございました。そしていつか慈空さんの筆による小豆島遍路案内を本にできたらと今も思い続けている。是非にと思う版元編集者様、ご連絡お待ちしております。

そしてポンコツで遅れがちな私の原稿を辛抱強く待ち続けてくださった編集者の三野知里さん、「小説宝石」編集長の田中省吾さん、本当にすみませんでした。そしてありがとうございました。装丁家の寄藤文平さん、いつも素晴らしい装丁をありがとうございます。

皆様のおかげでなんとか結願と上梓に辿り着けたようなものです。ひとり遍路と言いながら、ひとりでは何もできなかった。そしてこの本を書き、まとめている間に蒲和美さんに続いて康夏奈さんも彼岸に旅立ってしまった。まだ二人とも四十代。小豆島に移住するに当たって親切にしてくださった二人がいなくなってしまったことになる。二人とも同病に罹り寛解した私の話を聞きに来てくださったのだけど、なんの役にも立てなかった。

九月末、ふるさと村の夢想館に展示されていた康夏奈さんの作品「花寿和島の秘密」は撤去となり、見ることができなくなった。とても残念だが、島内の別の場所で彼女の作品を展示しようという動きもある。彼女の作品を小豆島で再び見ることを祈念している。

海外旅行がいつ解禁になるのかもわからない、先行き不安な今だからこそ、小豆島に来て山道を歩き、岩に張り付く霊場群を、青い海に浮かぶ小さな島々を、見ていただけたらとても嬉しい。歩き遍路してくださったらさらに嬉しい。

本当に美しい、宝石がぎっしり詰まったような島です。

内澤旬子

小豆島八十八ヶ所　札所一覧

参考
『小豆島八十八ヶ所霊場』（朱鷺書房）
ホームページ「小豆島霊場会　小豆島八十八ヶ所めぐり」

1　洞《どう》雲《うん》山《ざん》

●**ご本尊**：毘沙門天　●**真言**：オン ベイシラマンダヤ ソワカ　●**納経**：3番観音寺にて受付　●**見どころ**：6月1日頃から7月20日頃までの晴天日に、岸壁に「夏至観音」が浮かび上がる
●**山岳霊場**

〒761-4425　香川県小豆郡小豆島町坂手灘上甲730
TEL：0879-82-0685

2　碁《ご》石《いし》山《ざん》

●**ご本尊**：浪切不動明王（海上安全）
●**真言**：ナウマクサンマンダ バザラダン センダン マカロシャダ ソワタヤ ウンタラタ カンマン　●**納経**：8番常光寺にて受付
●**見どころ**：海を背に立つ不動明王像
●**山岳霊場**

〒761-4421　香川県小豆郡小豆島町苗羽甲2254
TEL：0879-82-2181

3　観《かん》音《のん》寺《じ》

●**ご本尊**：十一面観世音菩薩　●**真言**：オン マカキャロニキャ ソワカ　●**納経**：あり。あるいは1番洞雲山、3番奥の院隼山、5番堀越庵、6番田ノ浦庵、86番当浜庵にて受付　●**見どころ**：ソテツと真柏
●**寺院**

〒761-4425　香川県小豆郡小豆島町坂手甲589
TEL：0879-82-0685

3　奥の院 隼《はやぶさ》山《さん》

●**ご本尊**：聖観世音菩薩　●**真言**：オン アロリキャ ソワカ　●**納経**：3番観音寺にて受付　●**見どころ**：海がよく見える素晴らしい眺望。洞雲、碁石、隼の三山には四国霊場をあらわす八十八体の石仏がならんでいる　●**山岳霊場**

〒761-4425　香川県小豆郡小豆島町坂手東谷259
TEL：0879-82-1901

4　古《ふる》江《え》庵《あん》

●**ご本尊**：阿弥陀如来
●**真言**：オン アミリタ テイセイ カラ ウン
●**納経**：8番常光寺にて受付
●**見どころ**：海辺との距離が近く、風光明媚
●**堂庵**

〒761-4422　香川県小豆郡小豆島町古江166-3

5　堀《ほり》越《こし》庵《あん》

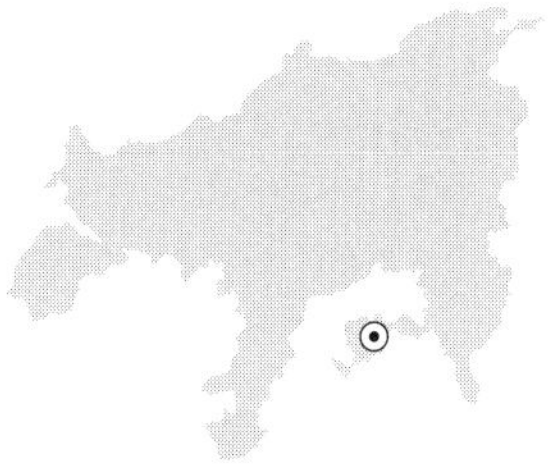

●**ご本尊**：阿弥陀如来
●**真言**：オン アミリタ テイセイ カラ ウン
●**納経**：3番観音寺にて受付
●**見どころ**：堀越集落内に作家・壺井栄の生家がある
●**堂庵**

〒761-4423　香川県小豆郡小豆島町堀越甲296

6　田《た》ノ《の》浦《うら》庵《あん》

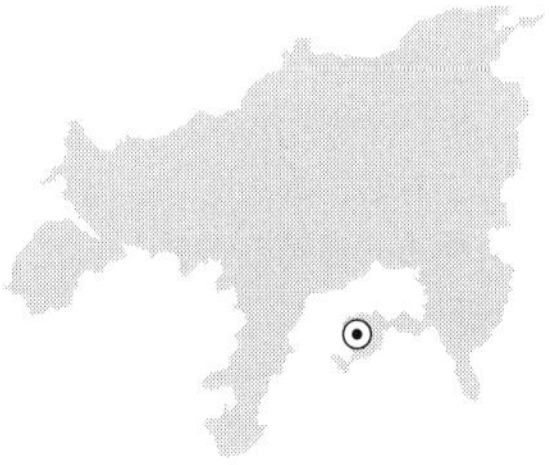

●**ご本尊**：無量寿如来
●**真言**：オン アミリタ テイセイ カラ ウン
●**納経**：3番観音寺にて受付
●**堂庵**

〒761-4424　香川県小豆郡小豆島町田浦甲420

7　向《むかい》庵《あん》

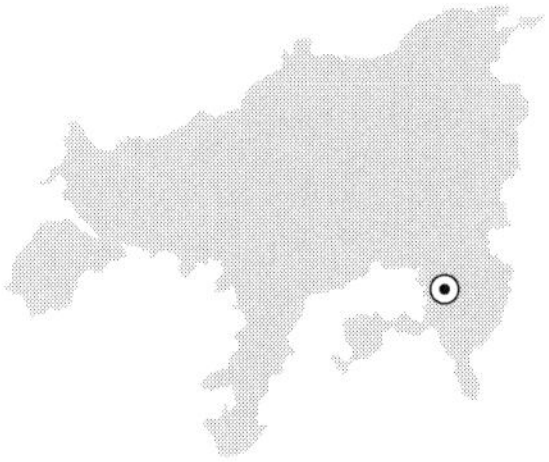

●**ご本尊**：阿弥陀如来
●**真言**：オン アミリタ テイセイ カラ ウン
●**納経**：8番常光寺にて受付
●**堂庵**

〒761-4421　香川県小豆郡小豆島町苗羽字川向86
常光寺から徒歩すぐ

8　常《じょう》光《こう》寺《じ》

●**ご本尊**：薬師如来　●**真言**：オン コロコロ センダリ マトウギ ソワカ　●**納経**：あり。あるいは2番碁石山、4番古江庵、7番向庵、9番庚申堂、10番西照庵、11番観音堂にて受付　●**見どころ**：本堂の天井画が素晴らしい。常光寺桜も見事　●**寺院**

〒761-4421　香川県小豆郡小豆島町苗羽甲1529
TEL：0879-82-2180

9　庚《こう》申《しん》堂《どう》

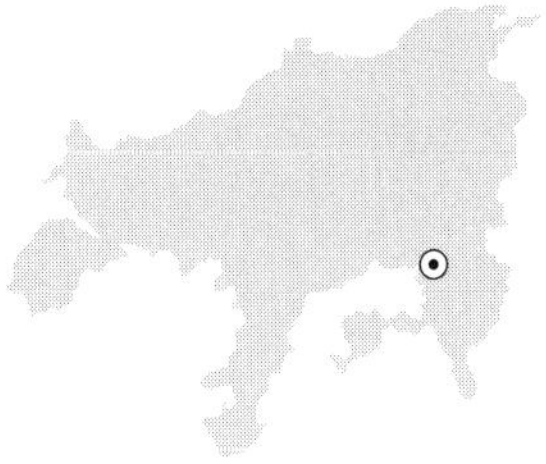

●**ご本尊**：大聖不動明王　●**真言**：ナウマクサンマンダ バザラダン センダン マカロシャダ ソワタヤ ウンタラタ カンマン
●**納経**：8番常光寺にて受付
●**見どころ**：本堂の屋根瓦の細工が見事
●**堂庵**

〒761-4421　香川県小豆郡小豆島町苗羽甲1341

10　西《さい》照《しよう》庵《あん》

●**ご本尊**：愛染明王　●**真言**：オン マカラギャ バゾロシュニシャ バザラサトバ ジャクウンバンコク　●**納経**：8番常光寺にて受付　●**見どころ**：向かいのタケサン醤油「一徳庵」でトイレを借りたり、ソフトクリームを食べたりできる　●**堂庵**

〒761-4300　香川県小豆郡小豆島町芦ノ浦甲2216-1

11　観《かん》音《のん》堂《どう》

●**ご本尊**：聖観世音菩薩
●**真言**：オン アロリキャ ソワカ
●**納経**：8番常光寺にて受付
●**堂庵**

〒761-4426　香川県小豆郡小豆島町馬木

12　岡《おか》ノ《の》坊《ぼう》

- **ご本尊**：六地蔵菩薩
- **真言**：オン カカカビ サンマエイ ソワカ
- **納経**：13 番栄光寺にて受付
- **堂庵**

〒 761-4411　香川県小豆郡小豆島町安田甲 712

13　栄《えい》光《こう》寺《じ》

- **ご本尊**：無量寿如来
- **真言**：オン アミリタ テイセイ カラ ウン
- **納経**：あり。あるいは 12 番岡ノ坊、14 番清滝山、15 番大師堂、88 番楠霊庵にて受付
- **寺院**

〒 761-4411　香川県小豆郡小豆島町安田甲 1621
TEL：0879-82-0786

14　清《きよ》滝《たき》山《さん》

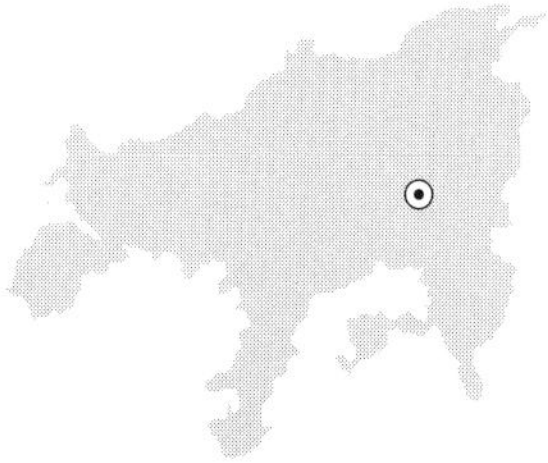

- **ご本尊**：地蔵菩薩
- **真言**：ウン カカカビ サンマエイ ソワカ
- **納経**：13 番栄光寺にて受付
- **山岳霊場**

〒 761-4411　香川県小豆郡小豆島町安田乙 18-3

15　大《だい》師《し》堂《どう》

- **ご本尊**：弘法大師
- **真言**：南無大師遍照金剛
- **納経**：13 番栄光寺にて受付
- **堂庵**

〒 761-4412　香川県小豆郡小豆島町木庄甲 217

16　極《ごく》楽《らく》寺《じ》

- **ご本尊**：阿弥陀如来
- **真言**：オン アミリタ テイセイ カラ ウン
- **納経**：あり。あるいは 17 番一ノ谷庵、18 番石門洞、19 番木ノ下庵にて受付
- **寺院**

〒 761-4431　香川県小豆郡小豆島町片城甲 427
TEL：0879-82-0454

17　一《いち》ノ《の》谷《たに》庵《あん》

- **ご本尊**：薬師如来
- **真言**：オン コロコロ センダリ マトウギ ソワカ
- **納経**：16 番極楽寺にて受付
- **堂庵**

〒 761-4300　香川県小豆郡小豆島町小坪

18 石《せき》門《もん》洞《どう》

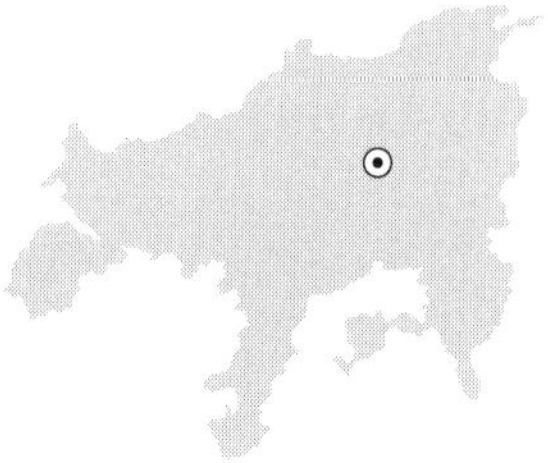

- **ご本尊**：勝軍地蔵菩薩
- **真言**：オン カカカビ サンマエイ ソワカ
- **納経**：16 番極楽寺にて受付
- **山岳霊場**

〒 761-4433　香川県小豆郡小豆島町神懸通り越恵谷
TEL：0879-82-2160

19 木《きの》下《した》庵《あん》

- **ご本尊**：薬師如来
- **真言**：オン コロコロ センダリ マトウギ ソワカ
- **納経**：16 番極楽寺にて受付
- **堂庵**

〒 761-4433　香川県小豆郡小豆島町神懸通り

20 佛《ほとけ》ヶ《が》滝《たき》

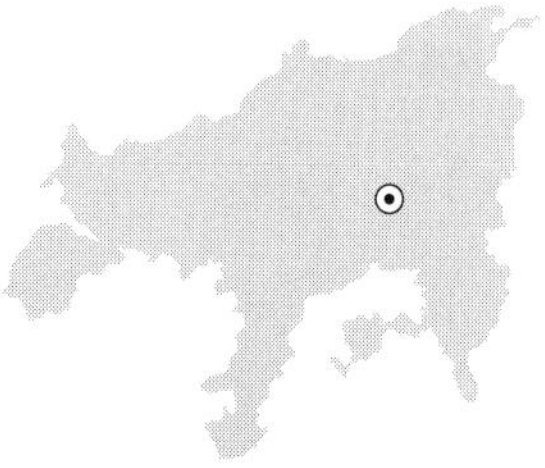

- **ご本尊**：薬師如来
- **真言**：オン コロコロ センダリ マトウギ ソワカ
- **納経**：21 番清見寺にて受付
- **山岳霊場**

〒 761-4433　香川県小豆郡小豆島町神懸通り
TEL：0879-82-1061

21 清《せい》見《けん》寺《じ》

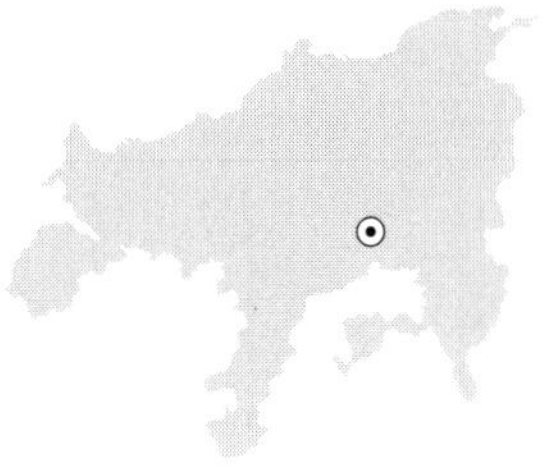

●**ご本尊**：不動明王　●**真言**：ナウマクサンマンダ バザラダン センダン マカロシャダ ソワタヤ ウンタラタ カンマン　●**納経**：あり。あるいは 20 番佛ヶ滝、22 番峯之山庵、23 番本堂、87 番海庭庵にて受付

●**寺院**

〒 761-4432　香川県小豆郡小豆島町草壁本町 395
TEL：0879-82-0294

22 峯《みね》之《の》山《やま》庵《あん》

●**ご本尊**：千手観世音菩薩

●**真言**：オン バザラ タラマ キリク

●**納経**：21 番清見寺にて受付

●**堂庵**

〒 761-4432　香川県小豆郡小豆島町草壁本町尺越 659

23 本《ほん》堂《どう》

●**ご本尊**：釈迦如来

●**真言**：ナウマクサンマンダ ボダナン バク

●**納経**：21 番清見寺にて受付

●**堂庵**

〒 761-4432　香川県小豆郡小豆島町草壁本町 738

24　安《あん》養《よう》寺《じ》

●**ご本尊**：如意輪観世音菩薩

●**真言**：オン バラダ ハンドメイ ウン

●**納経**：あり。または25番誓願寺庵にて受付

●**寺院**

〒761-4434　香川県小豆郡小豆島町西村甲795
TEL：0879-82-1443

25　誓《せい》願《がん》寺《じ》庵《あん》

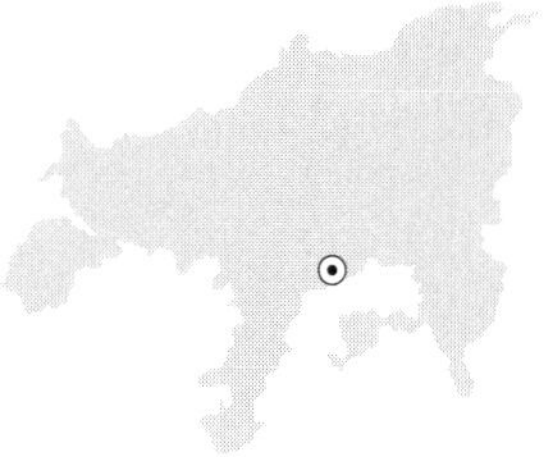

●**ご本尊**：薬師如来

●**真言**：オン コロコロ センダリ マトウギ ソワカ

●**納経**：24番安養寺にて受付

●**堂庵**

〒761-4434　香川県小豆郡小豆島町西村甲956

26　阿《あ》弥《み》陀《だ》寺《じ》

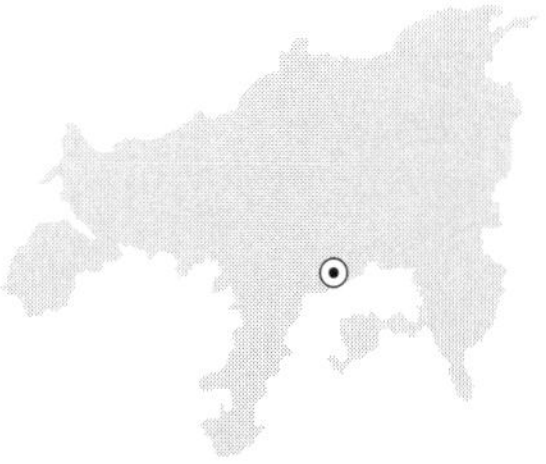

●**ご本尊**：無量寿如来

●**真言**：オン アミリタ テイセイ カラ ウン

●**納経**：あり

●**寺院**

〒761-4434　香川県小豆郡小豆島町西村水木1666
TEL：0879-82-0509

27 櫻《さくら》ノ《の》庵《あん》

●**ご本尊**：十一面観世音菩薩
●**真言**：オン マカ キャロニキャ ソワカ
●**納経**：26番阿弥陀寺にて受付
●**堂庵**

〒761-4434　香川県小豆郡小豆島町西村水木1595

28 薬《やく》師《し》堂《どう》

●**ご本尊**：薬師如来
●**真言**：オン コロコロ センダリ マトウギ ソワカ
●**納経**：30番正法寺にて受付
●**堂庵**

〒761-4307　香川県小豆郡小豆島町蒲野田尾855
TEL：0879-76-0441

29 風《かざ》穴《あな》庵《あん》

●**ご本尊**：地蔵菩薩
●**真言**：オン カカカビ サンマエイ ソワカ
●**納経**：30番正法寺にて受付
●**堂庵**

〒761-4300　香川県小豆郡小豆島町富士甲126
TEL：0879-76-0117

30 正《しょう》法《ほう》寺《じ》

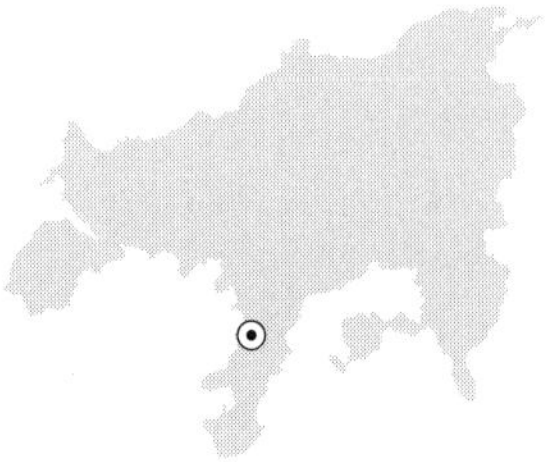

- **ご本尊**：大日如来
- **真言**：オン アビラウンケン バザラ ダトバン
- **納経**：あり
- **寺院**

〒 761-4306　香川県小豆郡小豆島町吉野 280-2
TEL：0879-76-0003

31 誓《せい》願《がん》寺《じ》

- **ご本尊**：阿弥陀如来
- **真言**：オン アミリタ テイセイ カラ ウン
- **納経**：あり
- **見どころ**：日本一と称される大きなソテツがある
- **寺院**

〒 761-4305　香川県小豆郡小豆島町二面 571
TEL：0879-75-0252

32 愛《あい》染《ぜん》寺《じ》

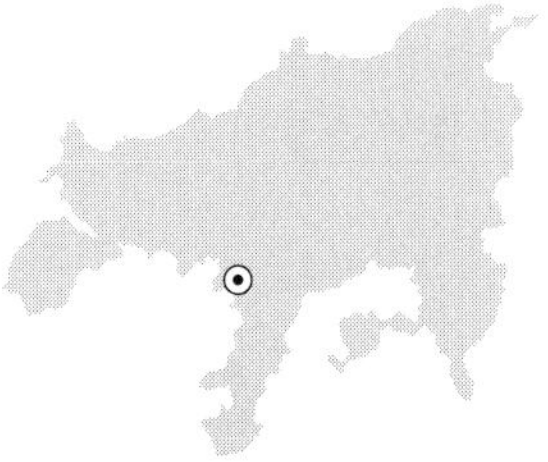

- **ご本尊**：愛染明王
- **真言**：オン マカラギャ バゾロシュニシャ バザラサトバ ジャクウンバンコク
- **納経**：あり。34 番保寿寺庵でも受付
- **寺院**

〒 761-4304　香川県小豆郡小豆島町室生 2106
TEL：0879-75-0628

33　長《ちょう》勝《しょう》寺《じ》

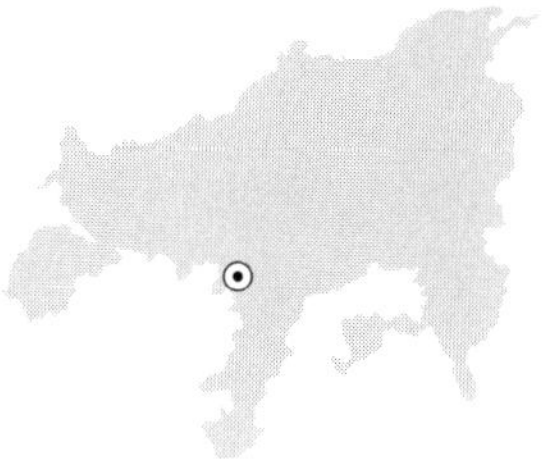

●**ご本尊**：大日如来

●**真言**：オン アビラウンケン バザラ ダトバン

●**納経**：あり。あるいは35番林庵、42番西ノ瀧にて受付

●**寺院**

〒761-4301　香川県小豆郡小豆島町池田1561
TEL：0879-75-0343

34　保《ほ》寿《じゅ》寺《じ》庵《あん》

●**ご本尊**：無量寿如来

●**真言**：オン アミリタ テイセイ カラ ウン

●**納経**：32番愛染寺にて受付

●**堂庵**

〒761-4304　香川県小豆郡小豆島町室生410-2

35　林《はやし》庵《あん》

●**ご本尊**：阿弥陀如来

●**真言**：オン アミリタ テイセイ カラ ウン

●**納経**：33番長勝寺にて受付

●**堂庵**

〒761-4300　香川県小豆郡小豆島町林2554

36 釈《しや》迦《か》堂《どう》

- **ご本尊**：釈迦如来
- **真言**：ナウマクサンマンダ ボダナン バク
- **納経**：37 番明王寺にて受付
- **堂庵**

〒 761-4301　香川県小豆郡小豆島町池田 4305

37 明《みよう》王《おう》寺《じ》

- **ご本尊**：不動明王
- **真言**：ナウマクサンマンダ バザラダン センダン マカロシャダ ソワタヤ ウンタラタ カンマン
- **納経**：あり。あるいは 36 番釈迦堂にて受付　●**寺院**

〒 761-4301　香川県小豆郡小豆島町池田 4305
TEL：0879-75-0474

38 光《こう》明《みよう》寺《じ》

- **ご本尊**：無量寿如来
- **真言**：オン アミリタ テイセイ カラ ウン
- **納経**：あり。あるいは 39 番松風庵にて受付
- **寺院**

〒 761-4301　香川県小豆郡小豆島町池田
TEL：0879-75-1025

39　松《まつ》風《かぜ》庵《あん》

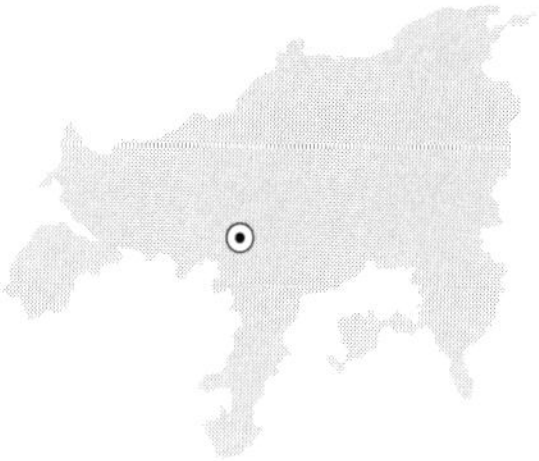

- **ご本尊**：地蔵菩薩
- **真言**：オン カカカビ サンマエイ ソワカ
- **納経**：38 番光明寺にて受付
- **堂庵**

〒 761-4301　香川県小豆郡小豆島町池田

40　保《ほう》安《あん》寺《じ》

●**ご本尊**：十一面観世音菩薩　●**真言**：オン マカ キャロニキャ ソワカ　●**納経**：あり。あるいは 41 番佛谷山にて受付

- **行事**：土用丑の日に行われる「諸病きうり加持」がある
- **寺院**

〒 761-4302　香川県小豆郡小豆島町蒲生 1277
TEL：0879-75-0247

41　佛《ぶつ》谷《こく》山《さん》

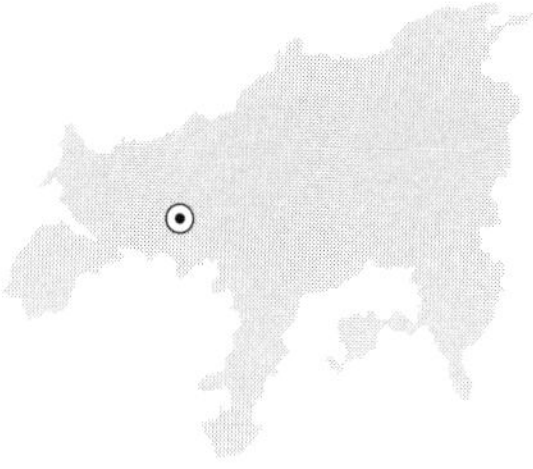

- **ご本尊**：薬師如来
- **真言**：オン コロコロ センダリ マトウギ ソワカ
- **納経**：40 番保安寺にて受付
- **山岳霊場**

〒 761-4302　香川県小豆郡小豆島町蒲生
TEL：0879-75-1084

42　西《にし》ノ《の》瀧《たき》

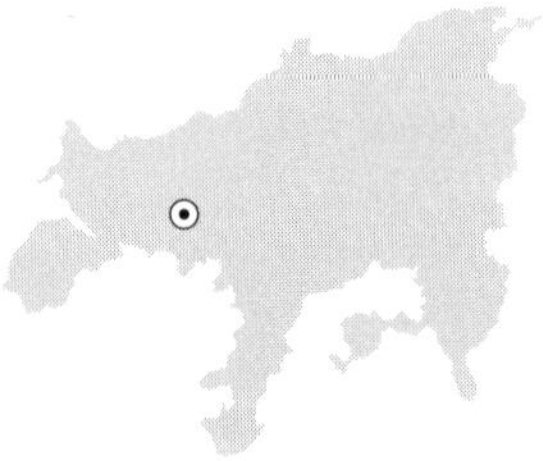

●**ご本尊**：十一面観世音菩薩
●**真言**：オン マカ キャロニキャ ソワカ
●**納経**：33 番長勝寺にて受付
●**山岳霊場**

〒 761-4300　香川県小豆郡小豆島町大石 558
TEL：0879-75-1818

43　浄《じよう》土《ど》寺《じ》

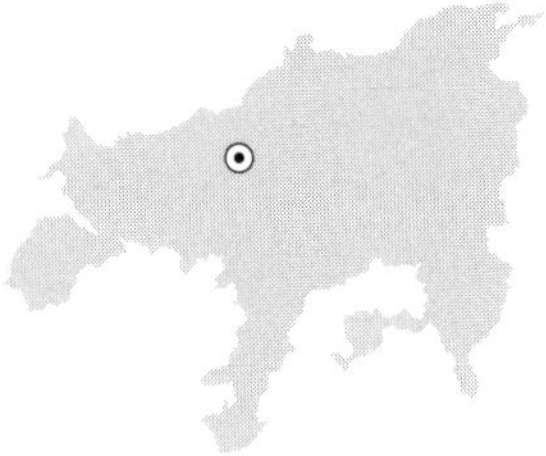

●**ご本尊**：無量寿如来
●**真言**：オン アミリタ テイセイ カラ ウン
●**納経**：あり。あるいは 44 番湯舟山、45 番地蔵寺堂にて受付
●**寺院**

〒 761-4303　香川県小豆郡小豆島町中山字水口 1883
TEL：0879-75-0460

44　湯《ゆ》舟《ぶね》山《さん》

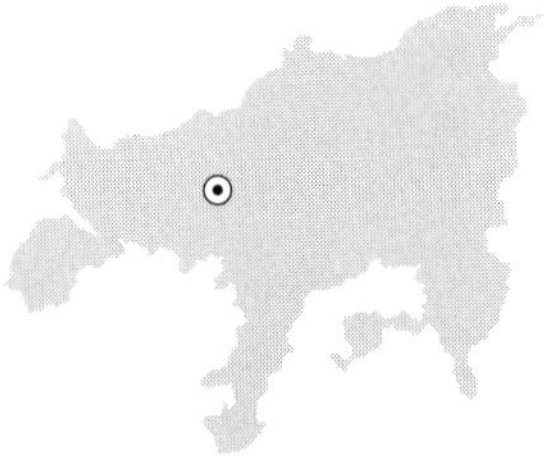

●**ご本尊**：千手千眼観世音菩薩
●**真言**：オン バザラ タラマ キリク
●**納経**：43 番浄土寺にて受付
●**山岳霊場**

〒 761-4303　香川県小豆郡小豆島町中山字杉尾 1384
TEL：0879-75-2125

45 地《じ》蔵《ぞう》寺《じ》堂《どう》

●**ご本尊**：地蔵菩薩
●**真言**：オン カカカビ サンマエイ ソワカ
●**納経**：43 番浄土寺にて受付
●**堂庵**

〒 761-4303　香川県小豆郡小豆島町中山水口 1883
TEL：0879-75-0460

46 多《た》聞《もん》寺《じ》

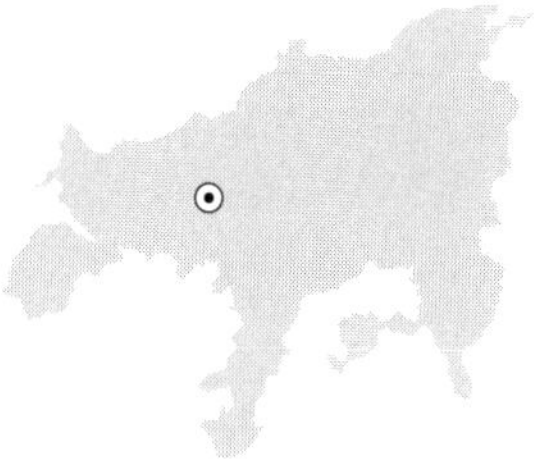

●**ご本尊**：薬師瑠璃光如来　●**真言**：オン コロコロ センダリ マトウギ ソワカ
●**納経**：あり。あるいは 47 番栂尾山、48 番毘沙門堂、番外藤原寺にて受付
●**見どころ**：ご本尊は眼病平癒の仏とされている　●**寺院**

〒 761-4151　香川県小豆郡土庄町肥土山甲 2151
TEL：0879-62-1670

47 栂《とが》尾《のお》山《さん》

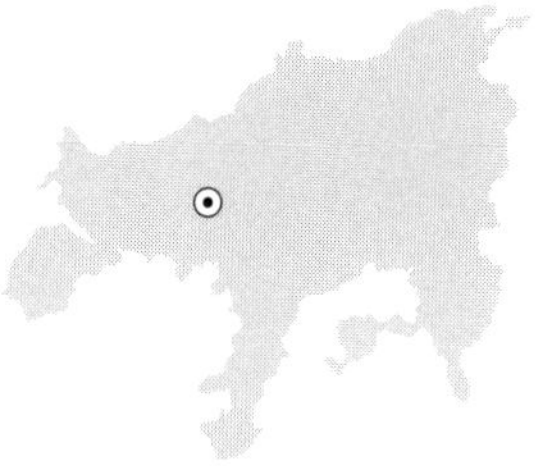

●**ご本尊**：十一面観世音菩薩
●**真言**：オン ロケイジンバラ キリク
●**納経**：46 番多聞寺にて受付
●**山岳霊場**

〒 761-4151　香川県小豆郡土庄町肥土山 394-2

48 毘《び》沙《しや》門《もん》堂《どう》

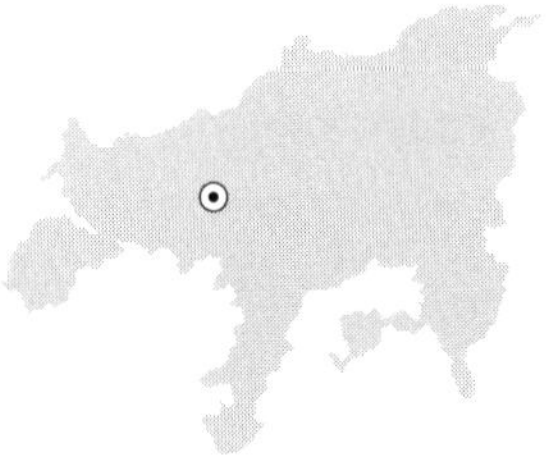

- **ご本尊**：毘沙門天
- **真言**：オン ベイシラマンダヤ ソワカ
- **納経**：46番多聞寺にて受付
- **山岳霊場**

〒761-4151　香川県小豆郡土庄町肥土山2194-1

49 東《とう》林《りん》庵《あん》

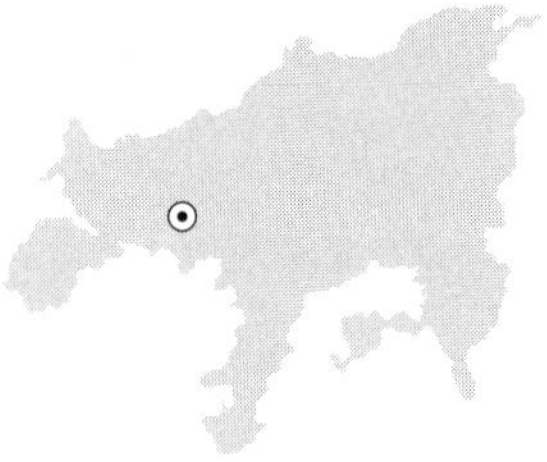

- **ご本尊**：地蔵菩薩
- **真言**：オン カカカビ サンマエイ ソワカ
- **納経**：54番宝生院にて受付
- **堂庵**

〒761-4122　香川県小豆郡土庄町上庄甲957

50 遊《ゆう》苦《く》庵《あん》

- **ご本尊**：薬師如来
- **真言**：オン コロコロ センダリ マトウギ ソワカ
- **納経**：54番宝生院にて受付
- **堂庵**

〒761-4122　香川県小豆郡土庄町上庄800-1

51　宝《ほう》幢《どう》坊《ぼう》

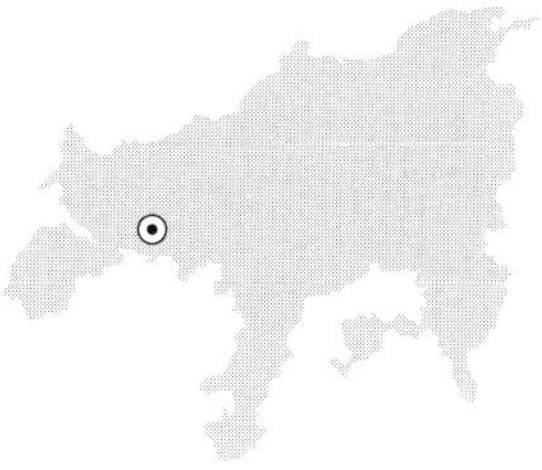

●**ご本尊**：十一面観世音菩薩
●**真言**：オン ロケイ ジンバラ キリク
●**納経**：54 番宝生院にて受付
●**堂庵**

〒 761-4100　香川県小豆郡土庄町北山 412
(54 番宝生院内)

52　旧《きゅう》八《はち》幡《まん》宮《ぐう》

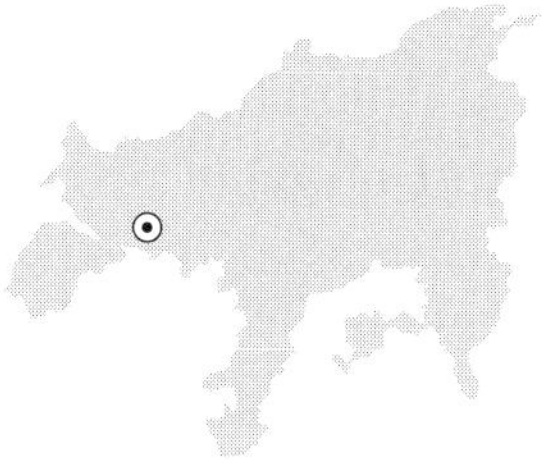

●**ご本尊**：無量寿如来
●**真言**：オン アミリタ テイセイ カラ ウン
●**納経**：54 番宝生院にて受付
●**堂庵**

〒 761-4100　香川県小豆郡土庄町北山 412
(54 番宝生院内)

53　本《ほん》覚《かく》寺《じ》

●**ご本尊**：五大力明王　●**真言**：ナウマク サンマンダ バザラダン センダン マカロシャダ ソワタヤ ウンタラタ カンマン
●**納経**：あり。あるいは 57 番浄源坊、65 番光明庵にて受付
●**寺院**

〒 761-4121　香川県小豆郡土庄町渕崎甲 462
TEL：0879-62-0333

54

宝《ほう》生《しょう》院《いん》

- **ご本尊**：地蔵菩薩
- **真言**：オン カカカビサンマエイ ソワカ
- **納経**：あり。あるいは 49 番東林庵、50 番遊苦庵、51 番宝幢坊、52 番旧八幡宮、55 番観音堂、56 番行者堂にて受付
- **寺院**

〒 761-4122　香川県小豆郡土庄町上庄 412
TEL：0879-62-0682

55

観《かん》音《のん》堂《どう》

- **ご本尊**：馬頭観世音菩薩
- **真言**：オン アミリトドハンバ ウン パッタ ソワカ
- **納経**：54 番宝生院にて受付
- **堂庵**

〒 761-4100　香川県小豆郡土庄町平木 123-2

56

行《ぎょう》者《じゃ》堂《どう》

- **ご本尊**：神変大菩薩（役行者）
- **真言**：オン ギャクギャク エンノウバソク アランジャ ソワカ
- **納経**：54 番宝生院にて受付
- **堂庵**

〒 761-4100　香川県小豆郡土庄町赤穂屋

57 浄《じよう》源《げん》坊《ぼう》

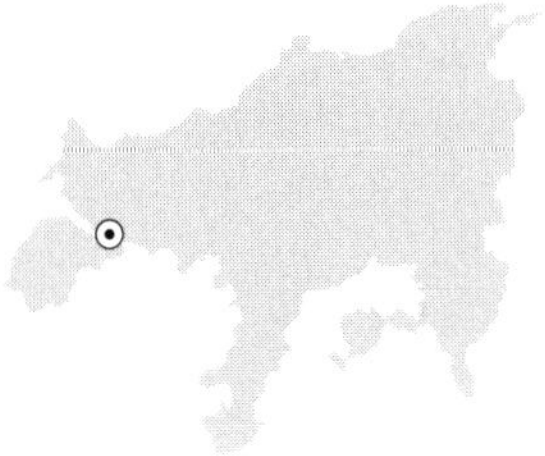

- **ご本尊**：子安地蔵菩薩
- **真言**：オン カカカビ サンマエイ ソワカ
- **納経**：53 番本覚寺にて受付
- **堂庵**

〒 761-4121　香川県小豆郡土庄町淵崎甲 770

58 西《さい》光《こう》寺《じ》

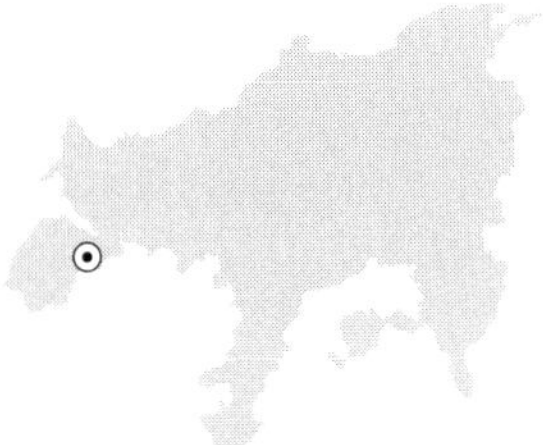

●**ご本尊**：千手観世音菩薩　●**真言**：オン バザラ タラマ キリク　●**納経**：あり。あるいは 58 番奥の院誓願之塔、59 番甘露庵、60 番江洞窟、61 番浄土庵、62 番大乗殿、63 番蓮華庵、64 番松風庵にて受付　●**見どころ**：樹齢 250 年を超える大銀杏　●**寺院**

〒 761-4106　香川県小豆郡土庄町本町銀杏通
TEL：0879-62-0327

58 奥の院 誓《せい》願《がん》之《の》塔《とう》

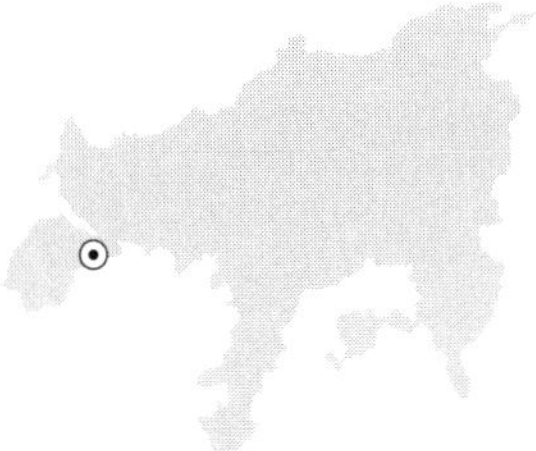

- **ご本尊**：弘法大師
- **真言**：南無大師遍照金剛
- **納経**：58 番西光寺にて受付
- **堂庵**

〒 761-4100　香川県小豆郡土庄町王子山
(西光寺境内)

59　甘《かん》露《ろ》庵《あん》

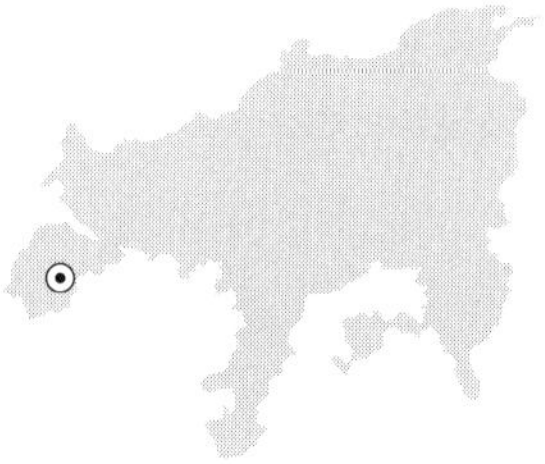

- **ご本尊**：阿弥陀如来
- **真言**：オン アミリタ テイセイ カラ ウン
- **納経**：58番西光寺にて受付
- **堂庵**

〒761-4112　香川県小豆郡土庄町鹿島

60　江《ごう》洞《とう》窟《くつ》

- **ご本尊**：弁財天
- **真言**：オン ソラソバ テイエイ ソワカ
- **納経**：58番西光寺にて受付
- **見どころ**：ネパールから贈られたマニ車が奉安されている
- **堂庵**

〒761-4113　香川県小豆郡土庄町柳

61　浄《じょう》土《ど》庵《あん》

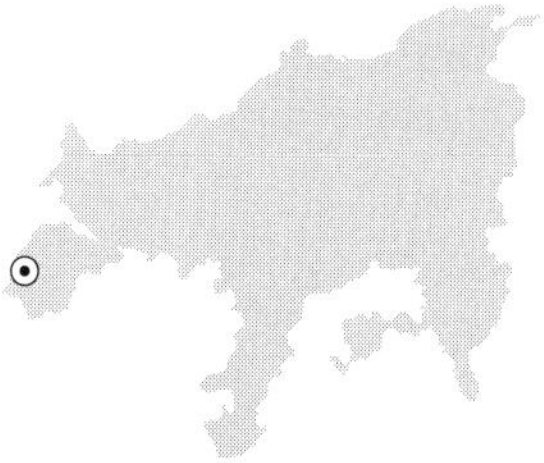

- **ご本尊**：無量寿如来
- **真言**：オン アミリタ テイセイ カラ ウン
- **納経**：58番西光寺にて受付
- **堂庵**

〒761-4115　香川県小豆郡土庄町小瀬
TEL：0879-62-3367

62 大《だい》乗《じょう》殿《でん》

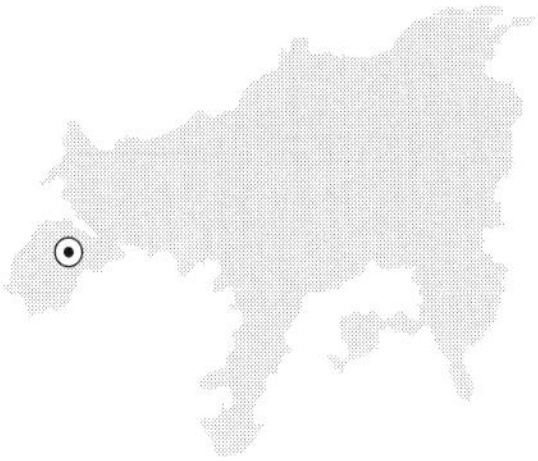

- **ご本尊**：阿弥陀三尊
- **真言**：オン アミリタ テイセイ カラ ウン
- **納経**：58 番西光寺にて受付
- **堂庵**

〒 761-4103　香川県小豆郡土庄町大木戸 5708

63 蓮《れん》華《げ》庵《あん》

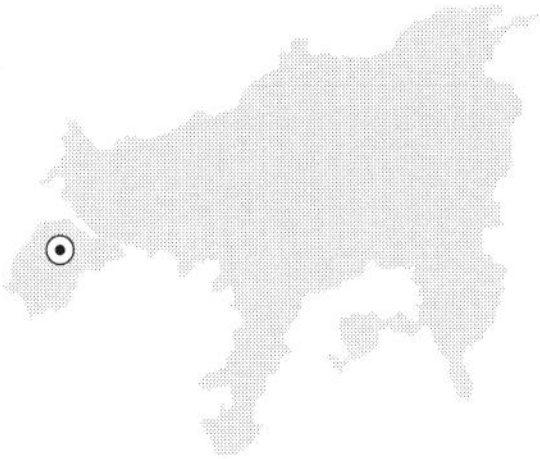

- **ご本尊**：千手観世音菩薩
- **真言**：オン バザラ タラマ キリク
- **納経**：58 番西光寺にて受付
- **堂庵**

〒 761-4103　香川県小豆郡土庄町大木戸 5708

64 松《まつ》風《かぜ》庵《あん》

- **ご本尊**：延命地蔵菩薩
- **真言**：オン カカカビ サンマエイ ソワカ
- **納経**：58 番西光寺にて受付
- **堂庵**

〒 761-4100　香川県小豆郡土庄町天神甲 833

65 光《こう》明《みよう》庵《あん》

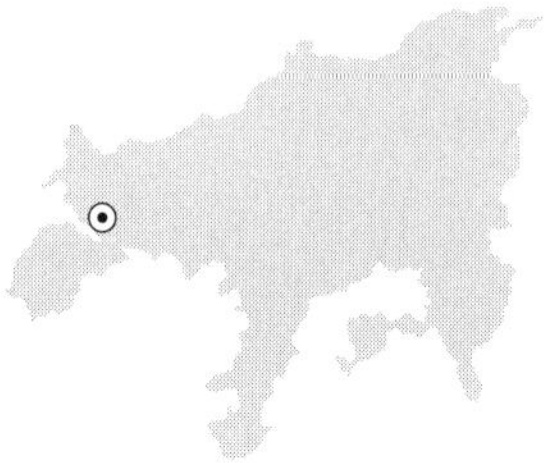

- **ご本尊**：阿弥陀如来
- **真言**：オン アミリタ テイセイ カラ ウン
- **納経**：53 番本覚寺にて受付
- **堂庵**

〒 761-4121　香川県小豆郡土庄町渕崎甲 462

66 等《とう》空《くう》庵《あん》

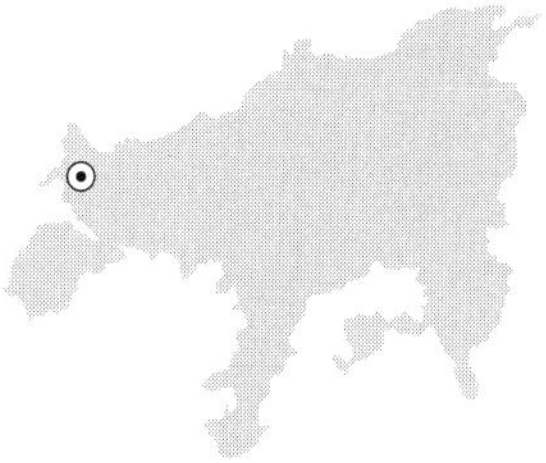

- **ご本尊**：阿弥陀如来
- **真言**：オン アミリタ テイセイ カラ ウン
- **納経**：68 番松林寺にて受付
- **堂庵**

〒 761-4131　香川県小豆郡土庄町伊喜末南条

67 瑞《ずい》雲《うん》堂《どう》

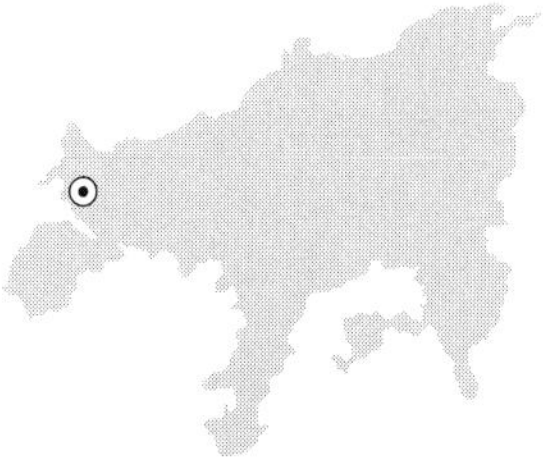

- **ご本尊**：釈迦如来
- **真言**：ナウマクサンマンダ ボダナン バク
- **納経**：68 番松林寺にて受付
- **堂庵**

〒 761-4131　香川県小豆郡土庄町伊喜末

68　松《しょう》林《りん》寺《じ》

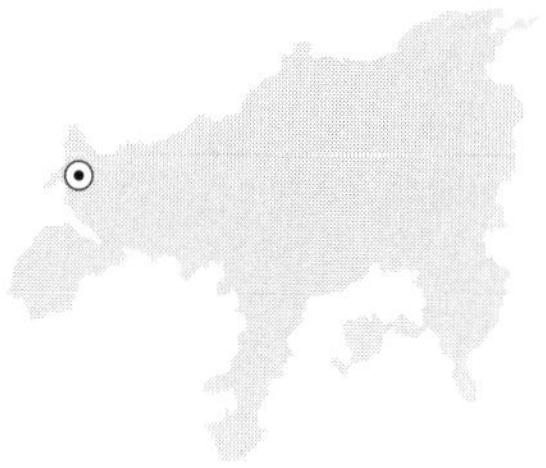

- **ご本尊**：薬師如来
- **真言**：オン コロコロ センダリ マトウギ ソワカ
- **納経**：あり。あるいは 66 番等空庵、67 番瑞雲堂、68 番松林寺にて受付
- **寺院**

〒 761-4131　香川県小豆郡土庄町伊喜末 641
TEL：0879-64-5306

69　瑠《る》璃《り》堂《どう》

- **ご本尊**：薬師如来
- **真言**：オン コロコロ センダリ マトウギ ソワカ
- **納経**：70 番長勝寺にて受付
- **堂庵**

〒 761-4132　香川県小豆郡土庄町小江 946

70　長《ちょう》勝《しょう》寺《じ》

- **ご本尊**：阿弥陀如来
- **真言**：オン アミリタ テイセイ カラ ウン
- **納経**：あり。あるいは 69 番瑠璃堂にて受付
- **寺院**

〒 761-4133　香川県小豆郡土庄町長浜甲 2229
TEL：0879-64-5157

71　滝《たき》ノ《の》宮《みや》堂《どう》

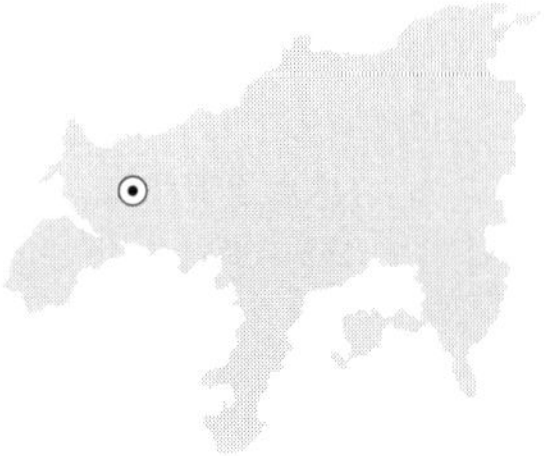

- **ご本尊**：薬師如来
- **真言**：オン コロコロ センダリ マトウギ ソワカ
- **納経**：75 番大聖寺にて受付
- **堂庵**

〒 761-4134　香川県小豆郡土庄町滝宮甲 1011

72　瀧《りょう》湖《こう》寺《じ》

- **ご本尊**：無量寿如来
- **真言**：オン アミリタ テイセイ カラ ウン
- **納経**：あり。あるいは 72 番奥之院笠ヶ瀧、73 番救世堂にて受付
- **寺院**

〒 761-4154　香川県小豆郡土庄町笠滝甲 406
TEL：0879-62-0710

72　奥の院　笠《かさ》ヶ《が》瀧《たき》

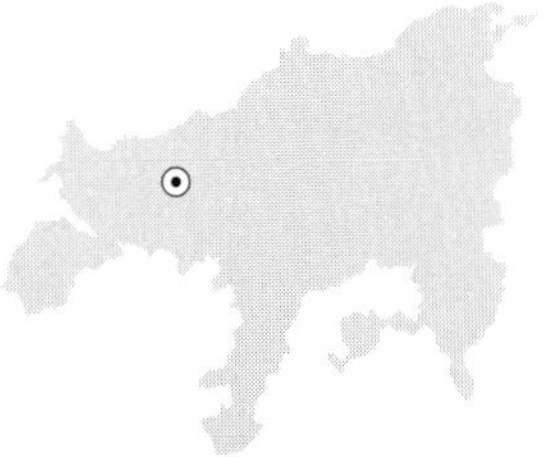

- **ご本尊**：不動明王
- **真言**：ナウマクサンマンダ バザラダン センダン マカロシャダ ソワタヤ ウンタラタ カンマン
- **納経**：72 番滝湖寺にて受付
- **山岳霊場**

〒 761-4154　香川県小豆郡土庄町笠滝乙 56
TEL：0879-62-1017

73 救《ぐ》世《ぜ》堂《どう》

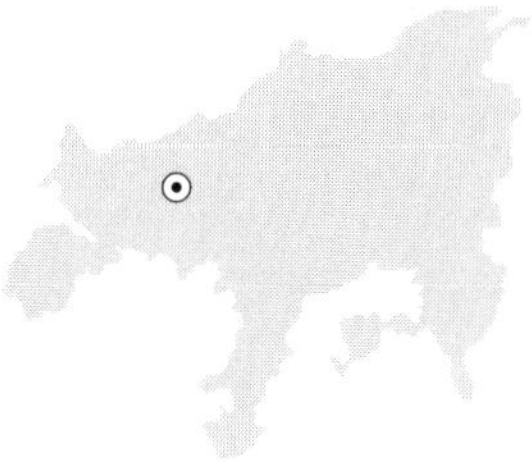

- **ご本尊**：聖観世音菩薩
- **真言**：オン アロリキャ ソワカ
- **納経**：72 番瀧湖寺にて受付
- **堂庵**

〒 761-4153　香川県小豆郡土庄町小馬越甲 416

74 円《えん》満《まん》寺《じ》

- **ご本尊**：十一面観世音菩薩
- **真言**：オン マカ キャロニキャ ソワカ
- **納経**：あり
- **見どころ**：樹齢 400 年を超える真柏
- **寺院**

〒 761-4152　香川県小豆郡土庄町黒岩 462
TEL：0879-62-6367

75 大《だい》聖《しよう》寺《じ》

- **ご本尊**：不動明王
- **真言**：ナウマクサンマンダ バザラダン センダン マカロシャダ ソワタヤ ウンタラタ カンマン
- **納経**：あり
- **寺院**

〒 761-4141　香川県小豆郡土庄町馬越甲 1332
TEL：0879-65-2030

76 金《こん》剛《ごう》寺《じ》

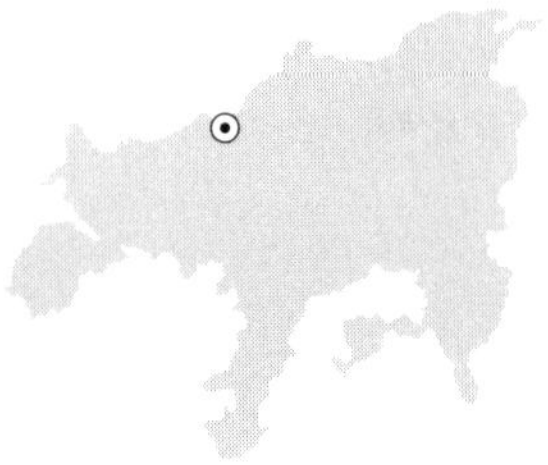

- **ご本尊**：不動明王
- **真言**：ナウマクサンマンダ バザラ ダン マカロシャダ ソワタヤ ウンタラタ カンマン
- **納経**：あり
- **寺院**

〒761-4142　香川県小豆郡土庄町屋形崎甲987
TEL：0879-65-2132

76 奥の院　三《さん》暁《ぎょう》庵《あん》

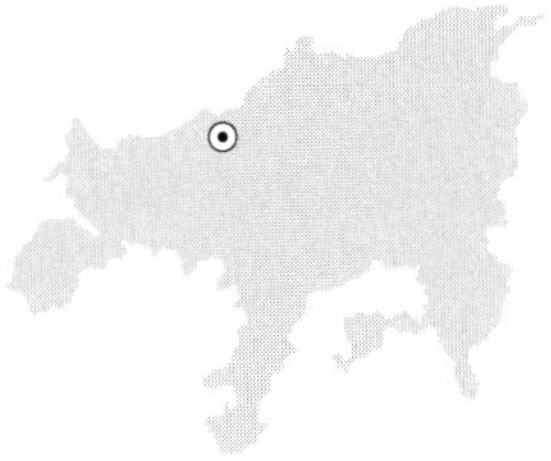

- **ご本尊**：弘法大師
- **ご宝号**：南無大師遍照金剛
- **納経**：76番金剛寺にて受付
- **堂庵**

〒761-4142　香川県小豆郡土庄町屋形崎甲145
TEL：0879-65-2824

77 歓《かん》喜《き》寺《じ》

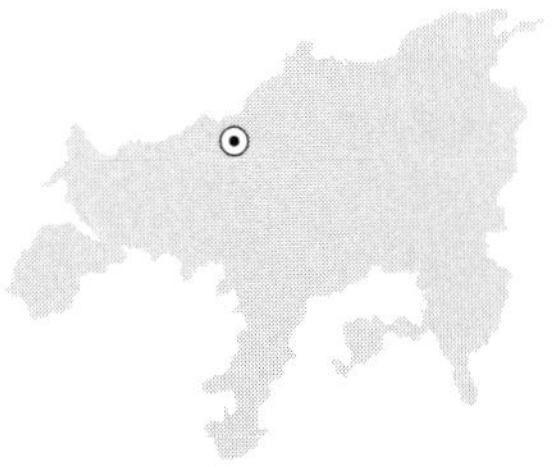

- **ご本尊**：如意輪観世音菩薩
- **真言**：オン ハンドメイ シンダマニ ジンバラ ウン
- **納経**：あり
- **寺院**

〒761-4143　香川県小豆郡土庄町見目甲397
TEL：0879-65-2052

78　雲《うん》胡《こ》庵《あん》

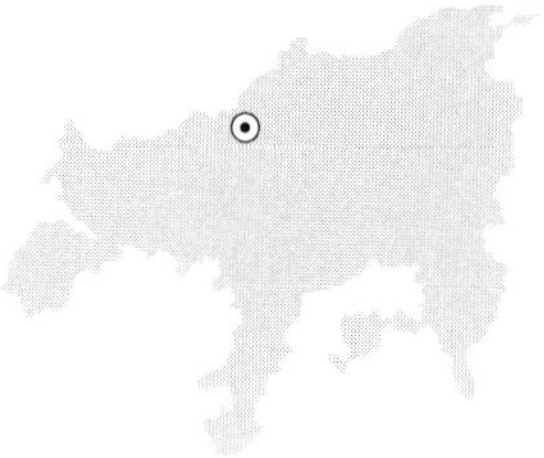

- **ご本尊**：聖観世音菩薩
- **真言**：オン アロリキャ ソワカ
- **納経**：77 番歓喜寺にて受付
- **堂庵**

〒 761-4144　香川県小豆郡土庄町小海甲 528
TEL：0879-65-2367

79　薬《やく》師《し》庵《あん》

- **ご本尊**：薬師如来
- **真言**：オン コロコロ センダリ マトウギ ソワカ
- **納経**：80 番観音寺にて受付
- **堂庵**

〒 761-4100　香川県小豆郡土庄町田井

80　観《かん》音《のん》寺《じ》

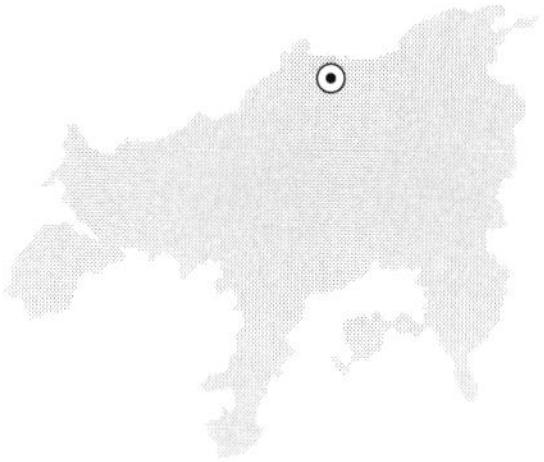

- **ご本尊**：聖観世音菩薩　●**真言**：オン アロリキャ ソワカ　●**納経**：あり。あるいは 79 番薬師庵、81 番恵門ノ瀧にて受付
- **見どころ**：手打ちうどんの接待がある「うどんの寺」として知られる
- **寺院**

〒 761-4145　香川県小豆郡土庄町大部甲 2040
TEL：0879-67-3006

81 恵《え》門《もん》ノ《の》瀧《たき》

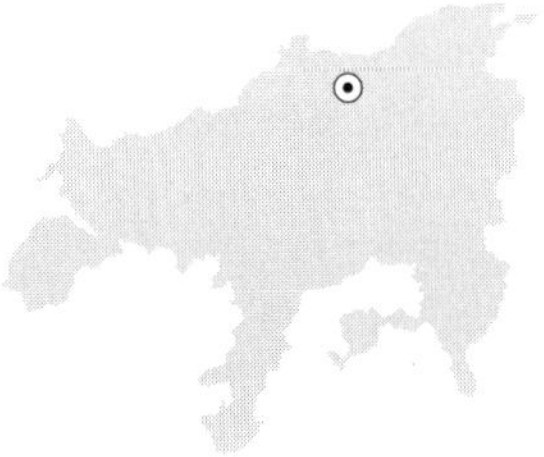

- **ご本尊**：不動明王
- **真言**：ナウマクサンマンダ バザラダン センダン マカロシャダ ソワタヤ ウンタラタ カンマン
- **納経**：80 番観音寺にて受付
- **山岳霊場**

〒 761-4146　香川県小豆郡土庄町小部乙 159
TEL：0879-67-2873

82 吉《よし》田《だ》庵《あん》

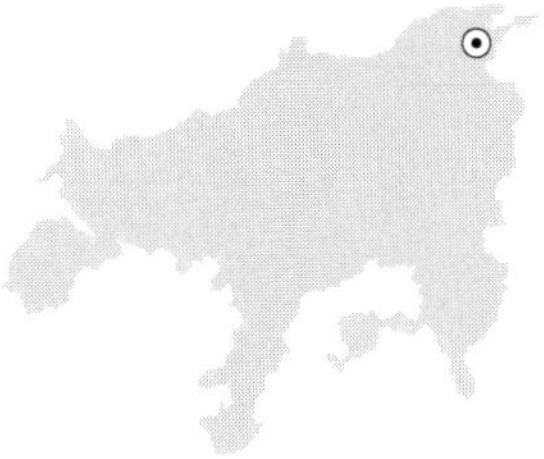

- **ご本尊**：薬師如来
- **真言**：オン コロコロ センダリ マトウギ ソワカ
- **納経**：84 番雲海寺にて受付
- **堂庵**

〒 761-4100　香川県小豆郡土庄町吉田 263

83 福《ふく》田《だ》庵《あん》

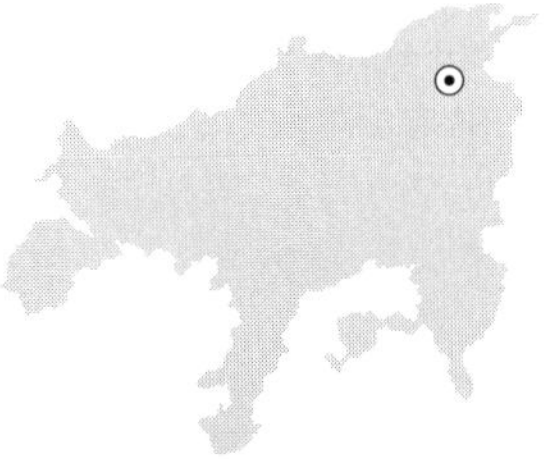

- **ご本尊**：薬師如来
- **真言**：オン コロコロ センダリ マトウギ ソワカ
- **納経**：84 番雲海寺にて受付
- **堂庵**

〒 761-4402　香川県小豆郡小豆島町福田 986

84 雲《うん》海《かい》寺《じ》

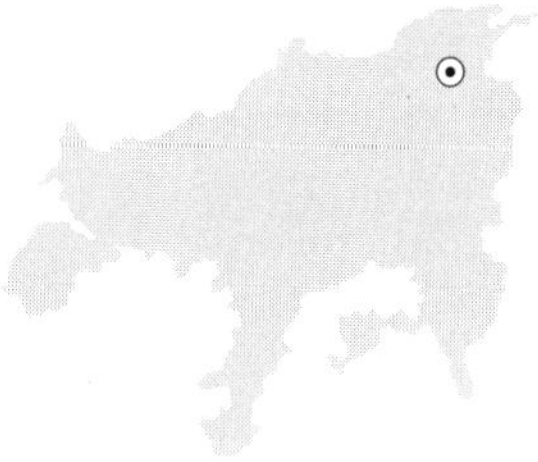

●**ご本尊**：如意輪観世音菩薩
●**真言**：ハンドメイ シンダマニ ジンバラウン
●**納経**：あり。あるいは 82 番吉田庵、83 番福田庵、85 番本地堂にて受付
●**寺院**

〒 761-4402　香川県小豆郡小豆島町福田 369
TEL：0879-84-2335

85 本《ほん》地《じ》堂《どう》

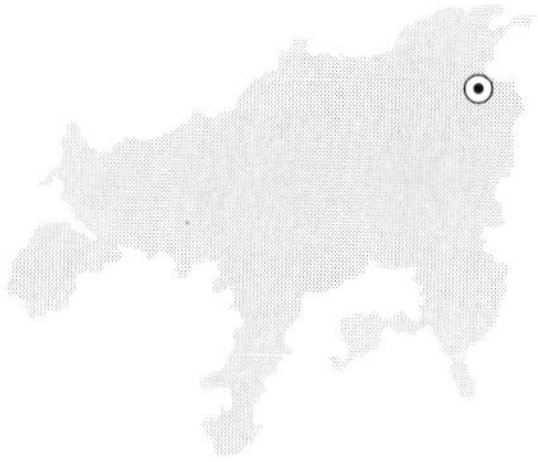

●**ご本尊**：弁財天
●**真言**：オン ソラソバ テイエイ ソワカ
●**納経**：84 番雲海寺にて受付
●**堂庵**

〒 761-4402　香川県小豆郡小豆島町福田 369
(84 番雲海寺併設)

86 当《あて》浜《はま》庵《あん》

●**ご本尊**：千手観世音菩薩
●**真言**：オン バザラ タラマ キリク
●**納経**：3 番観音寺にて受付
●**堂庵**

〒 761-4103　香川県小豆郡小豆島町当浜甲 270

87 海《かい》庭《てい》庵《あん》

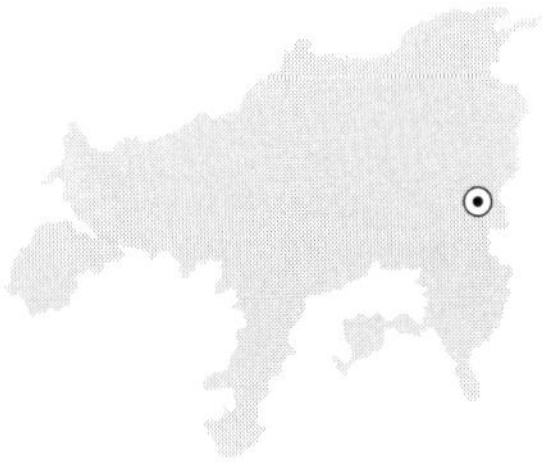

●**ご本尊**：十一面観世音菩薩
●**真言**：オン マカ キャロニキャ ソワカ
●**納経**：21 番清見寺にて受付
●**堂庵**

〒 761-4404　香川県小豆郡小豆島町岩谷 87

88 楠《なん》霊《れい》庵《あん》

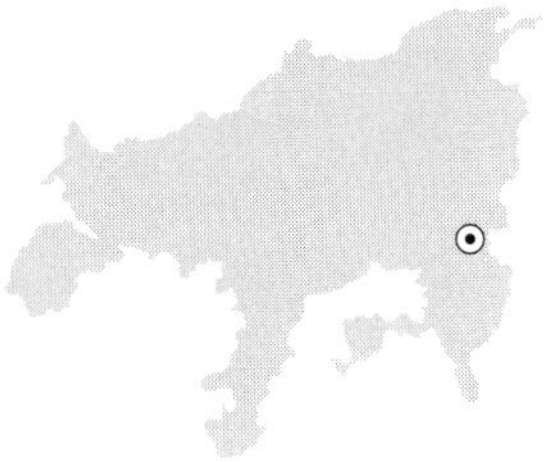

●**ご本尊**：延命地蔵菩薩
●**真言**：オン カカカビ サンマエイ ソワカ
●**納経**：13 番栄光寺にて受付
●**堂庵**

〒 761-4405　香川県小豆郡小豆島町橘甲 90
TEL：0879-82-3684

番外 藤《とう》原《げん》寺《じ》

●**ご本尊**：浪切不動明王
●**真言**：ナウマクサンマンダ バザラダン センダン マカロシャダ ソワタヤ ウンタラタ カンマン
●**納経**：46 番多聞寺にて受付
●**寺院**

〒 761-4100　香川県小豆島町見目甲 1736

「内澤遍路」先達ごあいさつ

常光寺副住職　大林慈空

私がはじめて小豆島を歩き遍路したのは、高野山での修行を終えて、大阪から小豆島へ移住した二〇〇九年のことでした。すでに島に住んでいましたが、遍路宿に泊まって、終日遍路三昧の日々を一週間続けました。朝早くから日が暮れるまで、携帯の電源を切って己と向き合う瞑想のような道中。その一瞬一瞬を、ただ巡礼に捧げる贅沢な時間。今でも月に一度ほど歩き遍路の先達をしますが、参加者の方には、その時自分が経験したような自己の内面と向き合うような時間を持っていただきたいと思っています。

内澤さんに歩き遍路を勧めたときも、身も心も非日常の修行モードになって一気に回るのがオススメですよ、と言った記憶があります。それから、彼女の仕事が多忙を極め、ヤギの世話やストーカー被害などいろいろあり、歩き始めたのは一年以上経ってからでした。泊まりはおろか日帰り、いや半日遍路になるかもしれないという内澤さんのお遍路は、予想していたとおり、私の思い描く遍路とは別物になりました。

誰かが主催する遍路ツアーに参加すると、スタート地点やゴール地点への送迎はあらかじめ用意されていて、考える必要がありません。しかし内澤遍路は、どこに車を停めて、どうやって家に帰るかが最大の関心事となり、道中もそのことが精神的な枷になり続けます。さらにヤギの晩ご飯までに帰るという時間的制約ものしかかり、携帯の電池残量まで気にしないといけません。携帯の地図情報アプリを見ている最中に電話やメールの着信に気づくこともあったでしょう。巡礼に没入するどころか日常のあれこれを抱え込んだまま歩き始め、境界がないままふだんの生活に戻る。私が本書のキャッチコピーをつけるとしたら、「日常の中の遍路」でしょう。

内澤さんが何度も「こんなんでいいのか」と自問していますが、忙しい現代人が、少ない休みをやりくりして歩き遍路をやるなら、この日常の中の遍路こそリアル。より多くの人に共感を与える、新しい形なのでしょう。

百人いれば百通りの悩みがあり、願い・求めるもの・歩ける体力・歩ける時間が違います。さまざまな遍路の形があり、その形は時代とともに変化し、善し悪しや正解・不正解があるわけではありません。

ただ、小豆島の霊場には、あらゆる形の遍路に対応できるだけの受け皿があり、歩いてみれば何かしら授かるものがある。二周目、三周目と回を重ねるごとに変化していくのもまた遍路の醍醐味です。

本書は2018年2月号〜2020年1月号まで「小説宝石」（光文社）で連載された
「女ひとり、小豆島半日へんろ」を加筆修正し、単行本化したものです。

内澤旬子　うちざわ・じゅんこ

1967年、神奈川県生まれ。文筆家、イラストレーター。
『身体のいいなり』で第27回講談社エッセイ賞受賞。
『世界屠畜紀行』『漂うままに島に着き』
『ストーカーとの七〇〇日戦争』『着せる女』など著書多数。
2014年に小豆島に移住。5匹のヤギと暮らす。

内《うち》澤《ざわ》旬《じゅん》子《こ》の島《しま》へんろの記《き》

2020年11月30日　初版第1刷発行

著　　者　内澤旬子

発 行 者　田邉浩司
発 行 所　株式会社　光文社
〒112-8011　東京都文京区音羽1-16-6
電話　編集部 03-5395-8172
書籍販売部 03-5395-8116
業務部 03-5395-8125
メール　non@kobunsha.com
落丁本・乱丁本は業務部へご連絡くだされば、お取り替えいたします。

組　　版　萩原印刷
印 刷 所　萩原印刷
製 本 所　ナショナル製本

　ISBN978-4-334-95206-8